Für Sabine

Ekkehard Koch

Karl Mays Väter

Die Deutschen im Wilden Westen

Hansa Verlag

Umschlagbild: Denison, neue Stadt an den Grenzen des Indianer-Gebiets, Holzschnitt um 1858

CIP-Kurztitelaufnahme der Deutschen Bibliothek

Koch, Ekkehard:
Karl Mays Väter : d. Deutschen im Wilden Westen
/ Ekkehard Koch. – Husum : Hansa Verlag, 1982.
  ISBN 3-920421-39-6

© 1982 by Hansa Verlag Ingwert Paulsen jr., Husum
Satz: Fotosatz Husum GmbH
Druck und Verarbeitung: Husum Druck- und Verlagsgesellschaft,
Postfach 1480, D-2250 Husum
ISBN 3-920421-39-6

„Die Bleichgesichter sind über das große Wasser herübergekommen. Dort gibt es lichthaarige, die Engländer, und dunkelhaarige, die Spanier. Zu welchen gehörest du?" – ... „Ich gehöre zu dem großen Volke der Germany, welche Freunde der roten Männer sind und noch niemals ihre Wigwams angegriffen haben." – ... „Die Germany sind gut. Sie haben nur einen Gott, nur eine Zunge und nur ein Herz."
    Der Teton-Häuptling Pokai-po zu Old Shatterhand
    in Karl Mays „Ölbrand"

*

Du hast Dich nicht nur Deines roten Freundes, sondern auch seiner ganzen verachteten, verfolgten Rasse angenommen ... Konnten die Bleichgesichter nicht alle so zu uns kommen, wie Du, der Einzelne, zu mir, dem Einzelnen kamst? Ich sage Dir, alle, alle meine roten Brüder wären ebenso gern ihre Schuldner geworden, wie ich der Deine geworden bin!
    Winnetou zu seinem Blutsbruder Old Shatterhand
    (in „Winnetou IV")

*

Er war ein ehrenwerter, aufrichtiger Mann, in dessen Herz kein Falsch zu finden war!
    Irokesen-Indianer über den Missionar
    Johann Cammerhoff

Er war der beste Freund, den die Indianer je gehabt!
    James Clarke, Theologe,
    über Innenminister Carl Schurz

Eisenauge, die Zeit war kurz, welche Du unter meinem Volke lebtest. Aber sie war doch lang genug, um uns erkennen zu lassen, daß Du als Freund kamest... Eisenauge, kehre zurück – und Du wirst uns immer als Freunde finden!
  Sitting Bull, Dakota-Führer,
   zu dem Schriftsteller Rudolf Cronau

Das wahre Glück dieses Lebens war mir in den letzten beiden Jahren in Deutschland beschieden!
  Häuptling Two Two 1914

Geleitwort

Nordamerika und der „Wilde Westen", das Land der Cowboys, Trapper und Indianer, ist eine Weltgegend, in der der deutsche Leser seit mehr als 100 Jahren besser zu Hause ist als in seiner eigenen Heimat. Fremde Länder haben immer die Fernensehnsucht verlockt, aber keines in dem Maße wie der Far West. Unsere Kinder spielen nicht Neger, Chinesen oder Südseeinsulaner, sondern Indianer; und als es der deutschen Filmwirtschaft schlecht ging, halfen ihr keine Schicksalsdramen aus dem Bayrischen Wald oder aus exotischer Tropenhölle, sondern es war die Szenerie des Wilden Westens, die ihr wieder volle Kassen brachte. Nordamerika zwischen 1700 und 1900 übt eine seit hundert Jahren ungebrochene Faszination aus. Vieles kommt da zusammen: Der Mythos vom „edlen Wilden", in dem die antizivilisatorische Kulturkritik ihr ausdrucksstärkstes Bild gefunden hat und der in der Gestalt des Indianers, wie sie uns die Literatur überliefert, eine besonders überzeugende Verkörperung findet; das Bedürfnis, der drückenden Enge des heimatlichen Lebens wenigstens mit Hilfe der Phantasie in ein Land der Freiheit zu entfliehen, das menschlicher Bewährung unbegrenzte Möglichkeiten eröffnet; und schließlich die Tatsache, daß Millionen von Deutschen in den letzten 200 Jahren auch in der Wirklichkeit nach Amerika ausgewandert sind, dort ihr Glück gesucht und manchmal auch gefunden haben; es gibt kaum eine deutsche Familie, die nicht Verwandte „drüben" hätte.

Alle diese Traditionsströme, in denen Dichtung und Wirklichkeit, realitätsabgewandte Sehnsucht und irdisches Glücksstreben eine unlösliche Verbindung eingehen, laufen im Werke Karl Mays zusammen, der wohl nur deswegen aus so heterogenen Elementen eine geschlossene literarische Welt schaffen konnte, weil er die Realität Amerikas nicht aus eigener Anschauung kannte: So konnte der Typus des „edlen Wilden" in der Gestalt des „Winnetou" eine so reine Ausprägung finden, wie sie die Wirklichkeit nie hätte hervorbringen können; so konnte er der materiellen und persönlichen Abhängigkeit des Menschen in der industrialisierten Massengesellschaft den Entwurf eines unabhängigen, selbstgestalteten, naturverbundenen Lebens in einem imaginierten „Wilden Westen" entgegensetzen, der in der Realität denn doch ziemlich anders aussah; und er konnte diese Welt mit so vielen ausgewanderten Deutschen bevölkern, daß der Leser fast geneigt ist, Amerika als eine Provinz des Deutschen Reiches zu betrachten. May hat den überlieferten literarischen Motiven, die er in der deutschen Abenteuerliteratur zur Vollendung und auch zum Abschluß gebracht hat, einen weiteren Topos hinzugefügt: die Schuld der weißen Rasse gegenüber der roten. „Der Weiße kam mit süßen Worten auf den Lippen, aber zugleich mit dem geschärften Messer im Gürtel und dem geladenen Gewehr in der Hand. Er versprach Liebe und Frieden und gab Haß und Blut" (Winnetou, Bd. 1, S. 3). Das Thema des Völkermordes hat seither eine noch schaurigere Aktualität erlangt; wenn sich heute die Anteilnahme der Europäer intensiver als früher den realen Lebensbedingungen der Indianer zuwendet, so wird man Karl May ein Verdienst daran nicht absprechen können.

Gleichwohl: Unsere Anschauung vom Amerika der Pionierzeit ist ganz überwiegend literarisch vermittelt, eine Heldensage mehr als ein historisch beglaubigter Bericht. Ekkehard Koch hat es sich zur Aufgabe gemacht, den durchaus vorhandenen Tatsachenkern aus der mythischen Legende herauszuschälen und darzustellen, wie es sich mit „Karl Mays Vätern" in der Wirklichkeit verhalten hat. Sein Buch füllt eine Lücke auf unserem Büchermarkt insbesondere dadurch, daß der tatsächlich sehr bedeutende Anteil, den deutsche Auswanderer und Reisende an der Erforschung, Besiedlung und Entwicklung Nordamerikas hatten, hier einmal ebenso gedrängt wie umfassend nachgezeichnet wird. Politiker wie Steuben und Schurz, landeskundige Autoren wie Sealsfield, Armand, Gerstäcker und Möllhausen, Reisende wie der Prinz zu Wied sind dem deutschen Publikum dem Namen nach auch heute noch bekannt. Wer sich aber über diese Männer und über zahllose andere deutsche Emigranten, deren Namen heute keiner mehr nennt, die aber als Personen des öffentlichen Lebens oder als Chronisten einen ehrenvollen Platz in der amerikanischen Geschichte behaupten, näher informieren und sie in die historischen Zusammenhänge richtig einfügen will, wird im vorliegenden Buch einen verläßlichen Führer finden. Spezielles Augenmerk hat Koch den Beziehungen zwischen Deutschen und Indianern gewidmet, die nicht selten freundschaftlich gewesen sind und ebenfalls in der Blutsbrüderschaft zwischen Old Shatterhand und Winnetou eine späte literarische Verklärung gefunden haben. Da sich der Anteil der Deutschen aus dem Kontext der amerikanischen Geschichte nicht herauslösen läßt, unterrichtet Kochs Buch gleichzeitig auch über die amerikanische Siedlungsgeschichte im ganzen und über das Schicksal der roten Völker und ihrer bedeutenden Persönlichkeiten. Ich habe das Buch mit Anteilnahme und großem Gewinn an Kenntnissen gelesen: Es ist darin vieles festgehalten, was dem Gedächtnis der Nachwelt nicht verlorengehen sollte.

Prof. Dr. Claus Roxin, München

Vorwort

Der deutschen Öffentlichkeit ist der Schauplatz „Wilder Westen" von Abenteuerbüchern oder -filmen her wohl vertraut. Die Jahr für Jahr erscheinenden Wildwest-Romane haben ihren festen Leserkreis, und die Steubenschen Tecumseh-Erzählungen, die Lederstrumpf-Geschichten oder die Karl-May-Romane haben einen festen Platz im Bücherschrank der meisten Heranwachsenden. Kein anderer Abschnitt der Weltgeschichte dürfte – und sei es oft auch nur klischeehaft – so bekannt geworden sein wie die Eroberung des „Wilden Westens". Insbesondere üben die indianische Welt und Geschichte auf viele Deutsche einen merkwürdigen Zauber aus. Die Europäer gingen gegen die Ureinwohner anderer Erdteile nicht weniger grausam vor als gegen die Indianer, aber doch erfreuen sich weder die Asiaten noch die Neger noch die Südsee-Insulaner einer so großen Anteilnahme wie der „Rote Mann", und es gibt wenig andere Völker, in denen dem Indianer mit derselben Sympathie begegnet wird wie im deutschen Volk, eine Tatsache, die es durchaus einmal wert wäre, von Soziologen, Historikern und Psychologen näher untersucht zu werden. Wohl mögen die Sehnsucht nach Freiheit, Abwechslung und Abenteuer, Fernweh und der Wunsch, das Leben nach eigenem Ermessen zu gestalten, eine Ursache für die Faszination sein, die der romantisch verklärte „Wilde Westen" auf viele Deutsche ausgeübt hat und immer noch ausübt. Aber liefern solche Sehnsüchte, die Schranken einer spießbürgerlichen Industriegesellschaft zu durchbrechen, wirklich die ganze Erklärung? Oder könnte es nicht sein, daß ein geheimer, unbewußter „Seelenzipfel", der den Deutschen vielleicht mehr gemein ist als anderen Völkern, gerade durch die indianische Welt in besonderem Maße angesprochen wird? Und was, so muß dann die Frage lauten, ist geschehen, als sich in Amerika deutsche und indianische Welt begegneten? Traten die deutschen Einwanderer und ihre Führer den Ureinwohnern anders gegenüber als die englischen oder schottisch-irischen?

Bemerkenswerterweise ist die reichhaltige Geschichte der Begegnungen zwischen Deutschen und Indianern auch in der Fachwelt nur wenig bekannt geworden. In der einschlägigen Literatur füllt sie nicht einmal eine Fußnote. Diese Lücke zu schließen, ist ein Anliegen des vorliegenden Buches. Auf viele Begebenheiten der indianischen Geschichte wird dabei ein bislang wenig bekanntes Licht geworfen. Von den Kolonialzeiten bis zur Befriedung der Apachen war der Einfluß der Deutschen unvergleichlich groß. So verdanken wir einzelnen Deutschen nicht nur die Darstellung der Kultur mancher Stämme vor ihrem Untergang, sondern auch Verbesserungen der Indianergesetzgebung oder die Rettung ganzer Völkerschaften vor der Ausrottung, Fakten, die in der deutschen Öffentlichkeit bisher nahezu unbekannt geblieben sind. Deutsche wurden in indianische Stämme adoptiert oder wurden Schlüsselfiguren in den Auseinandersetzungen zwischen Weiß und Rot. Kaum ein Weißer kannte die Irokesen so gut wie Johann C. Weiser; die Cherokee fanden nie einen besseren Freund als Christian G. Priber; keiner verstand besser mit den Apachen umzugehen als Al Sieber; und keiner nahm sich mehr der Indianer im allgemeinen an als Carl Schurz. Unzertrennliche Freundschaft hat es zwischen Weiser und dem Irokesen-Häuptling Shikellamy gegeben. Der Missionar Cammerhoff wurde von den Irokesen als einer der ihren angesehen. Während puritanische Geistliche dazu aufrufen, die Indianer „auszumerzen", schützten deutsche sie vor amerikanischem Pöbel, und zu Kolonialzeiten – und auch noch später – wußten die Indianer zwischen Deutschen und Engländern zu unterscheiden. Der Irokesenhäuptling Hendrick und sein Volk hatten mit Pfälzer Flüchtlingen mehr Mitleid als der englische Gouverneur und holländische Landspekulanten. Und dem deutschamerikanischen Richter Otto verdankte eine Vielzahl zum Tode verurteilter Santi ihr Leben. Karl May hat der deutsch-indianischen Freundschaft in der Freundschaft zwischen Old Shatterhand und Winnetou ein bleibendes literarisches Denkmal gesetzt.

Freilich hat es auch unter den Deutschen Ausnahmen

gegeben, hartgesottene Skalpjäger oder unfähige Offiziere, die die Indianer verfolgten; aber das Gros der deutschen Immigranten und eine Vielzahl hervorragender einzelner Deutscher begegnete den amerikanischen Ureinwohnern mit Anteilnahme. So konnte es geschehen, daß Deutsche zur Ansiedlung in Minnesota geworben wurden, weil man davon ausging, daß sie sich mit den dort ansässigen Chippewa-Indianern besser vertragen würden als Engländer und Iren.

Auch der Beitrag der deutschen Emigranten zur Erschließung Nordamerikas ist bisher nur selten entsprechend gewürdigt worden. Dabei haben verschiedene Leistungen der Deutschen in Amerika weltgeschichtliche Bedeutung erlangt. Wernher von Braun, der große Raketenspezialist unseres Jahrhunderts, oder Baron von Steuben, der die amerikanische Armee im Unabhängigkeitskrieg organisierte, stehen stellvertretend für viele hervorragende deutsche Persönlichkeiten, die in der amerikanischen Geschichte einen wichtigen Platz einnehmen. Aber die Geschichte der Vereinigten Staaten war nicht zuletzt immer die Geschichte ihrer Ausdehnung nach Westen. Auch hier haben deutsche Pioniere einen nicht zu unterschätzenden Anteil. Die Deutschen in Pennsylvanien waren früher Gegenstand allgemeiner Verachtung, so daß es kaum ein Historiker der Mühe wert fand, ihre Kultur zu erforschen. Aber nur durch den Zugriff der Deutschen wurde Pennsylvanien die reichste Kolonie in Amerika. Im Mittelwesten verhinderten die Deutschen die Ausweitung der puritanischen Lebensweise, und in den Präriegebieten waren sie als erfahrene Bauern willkommen. Die Besiedlung der kanadischen Präriegebiete wurde erst durch Deutsche begonnen. Deutsche Pioniere waren im Westen unterwegs. Der erste zivile topographische Ingenieur und einige der erfolgreichsten Goldsucher (wie der Entdecker der legendären Lost Dutchman Mine) in Arizona waren Deutsche. Deutsche brachten mit als erste Kulturgüter nach Texas, und die Entwicklung Kaliforniens ist ohne Deutsche überhaupt nicht zu denken. Deutsche Wissenschaftler begleiteten amerikanische Expeditionen in den

Westen, ein Deutscher stand als einer der ersten am Fuß des Grand Canyon. Und die wichtigsten Karten, die die Siedler als Führer nach Oregon oder Kalifornien verwendeten, stammten von deutschen Kartographen. Über sie alle findet man in den meisten der in Deutschland bekannten Fachbücher kein Wort. So soll das vorliegende Buch nicht nur die Deutschen während der indianischen Geschichte, sondern allgemein ihren Anteil an der Erschließung der amerikanischen Grenzgebiete zum Inhalt haben. Außerdem ist jedem Kapitel ein Vorspann beigefügt, in dem über andere Leistungen der Deutschen in Amerika berichtet wird.

Der große Aufbruch

Im Jahre 1000 erreichte der Wikinger Leif der Glückliche die amerikanische Küste. Einer seiner Begleiter war sein alter Freund und Erzieher, der Deutsche Tyrkir, der aus dem Rheinland stammte und als der Entdecker des wilden Weines in Amerika in die Geschichte einging. Der Name Vinland, den Leif dem Landstrich an der Küste gab, erinnert an diese Episode.

Längst hat die Geschichtsforschung Kolumbus die Ehre streitig gemacht, der erste Entdecker Amerikas gewesen zu sein. In verschiedenen Jahrhunderten sollen Seefahrer den neuen Kontinent erreicht haben. Sogar noch 1473 befuhr der Hildesheimer Kapitän Diedrick Pining, der – damals in dänischen Diensten stehend – Statthalter auf Island war, die amerikanische Küste. Aber von Bedeutung waren alle diese Entdeckungen nicht. Erst die letzte und endgültige durch Christoph Kolumbus (1492) löste den großen Sturm aus, der zur Eroberung des neuen Erdteils führte. Es war ein deutscher Kartograph, Martin Waldseemüller, dem wir den Namen Amerika verdanken. 1507 verwandte er ihn erstmalig auf einer seiner Karten.

Amerika wurde aufgeteilt. Jede Nation beeilte sich, eine Scheibe vom großen Kuchen abzuschneiden. Forscher befuhren die amerikanischen Küsten. Es entstanden die ersten Niederlassungen. England versuchte schon zu Ende des 16. Jahrhunderts in Nordamerika Ansiedlungen zu bauen. Die Bemühungen scheiterten, die ersten Siedler sind im Dunkel der Geschichte verschwunden. Das englische Empire mußte erst noch gebaut werden, aber Gewinnsucht, vermischt mit Forschungsdrang, beherrschte die Engländer schon damals. 1607 landeten sie dann im heutigen Virginia. 1620 folgte die berühmte „Mayflower" mit den „Pilgervätern" – im heutigen Massachusetts beeilten sich die frommen Puritaner, den Grundstein für Neu England und vielleicht sogar schon für die amerikanische Unabhängigkeit zu legen. Weiter im Norden rührten sich die Franzosen, im Süden meldeten die Spanier Ansprüche an, und mitten zwischen den englischen Kolonien erschienen erst die Holländer, dann die Schweden. Schon damals kamen auch die ersten Deutschen ins Land.

Die Kolonisten waren anfänglich durch Hunger und Krankheit stark gefährdet. Auch die Ureinwohner beobachteten mißtrauisch die Landung der unheimlichen Fremden. Zu ihrem Glück trafen sowohl die Engländer in Virginia als auch die Pilgerväter in Massachusetts auf freundlich gesonnene Häuptlinge, die mit ihnen Verträge schlossen und ihnen ein wenig Land überließen. In Virginia rettete der mächtige Häuptling Powhatan nach anfänglichen Feindseligkeiten die Kolonie, indem er ein Abkommen mit den Eindringlingen schloß. Dennoch sollte er verräterisch von den Ansiedlern in einem Haus gefangen werden. Die Zimmerleute, die es errichten sollten, stammten aus Deutschland, sie hießen Unger, Folday und Keffer. Und noch ein deutscher Name ist aus diesen frühen Tagen der amerikanischen Geschichte überliefert: Johannes Wundes, der in Solingen zur Welt gekommen war. Allerdings machten die Deutschen das böse Spiel nicht mit, sondern liefen zu den Indianern über und verrieten den Plan. Die Ländergier der Weißen, ihre Mißachtung der Ureinwohner, ihre Ausschreitungen führten schon bald zu blutigen Aufständen: dem Auftakt für fast dreihundert Jahre blutige Grenzgeschichte – was 1622 in Virginia geschah, sollte sich bis zum Gemetzel am Wounded Knee noch vielfach wiederholen.

Bemerkenswerterweise ist den Engländern die günstige Lage des heutigen New Yorker Hafens entgangen. Hier griffen die Holländer zu. Schon 1609 landete der in holländischen Diensten stehende englische Seefahrer Henry Hudson in Manhattan und befuhr den Fluß, der nun seinen Namen trägt, bis in die Gegend des heutigen Albany. Bis dorthin gelangte fünf Jahre später auch der deutsche Seefahrer Hendrik Christiaensen; er erbaute hier ein Fort, aber Indianer zerstörten es zwei Jahre später, und Christiaensen endete mit einem Pfeil in der Brust. Weitere zehn Jahre vergingen, bis die Holländer endgültig am Hudson Fuß faßten. 1624 landete Cornelius Jacob May mit Wallonen – Protestanten französischer Sprache – auf Manhattan und baute die ersten Niederlassungen. Ein Jahr später erhielt Neu Holland den ersten „Direktor" und 1626 den ersten „Generaldirektor". Dieser war ein Deutscher, Peter Minnewitt.

Minnewitt oder Minuit entstammte einer alten rheinischen Patrizierfamilie. Nach anderen Quellen war er ein Nachkomme protestantischer Wallonen, die aus dem katholischen Frankreich fliehen mußten und im gastlichen Wesel Aufnahme fanden. Minnewitt, dort 1580 geboren, wurde Diakon der Reformierten Kirche und mußte 1620 Hals über Kopf aus Wesel flüchten, als die Stadt von den Spaniern erobert wurde. Er begab sich nach Holland, knüpfte – dank der Familie seiner aus Amsterdam stammenden Frau – Beziehungen mit der „Westindischen Handelsgesellschaft" an und wurde bald Generaldirektor der neugegründeten Kolonie.

Seine erste Tat war es, die Beziehungen zu den Indianern zu regeln. Er gewann ihr Vertrauen, weil er sie als Menschen behandelte, und Minnewitt gehört zu den ganz wenigen Gestalten der amerikanischen Geschichte, die den Indianern ihr Land nicht raubten, sondern abkauften. Das Gebiet, das er von den Wappinger-Sachems erwarb, umfaßte elftausend Morgen. Der Preis war denkbar gering und wurde in Eisen, Schmuck und Stoff bezahlt – der Grund, auf dem heute die Millionenstadt New York steht, hat nur hundert Mark gekostet.

Zu dieser Zeit bestand Neu Amsterdam aus etwa dreißig Häusern aus Baumrinde und Stroh. Das Gebäude der Kompanie besaß als einziges Steinwände. Daneben gab es noch sechs Farmen oder „Bouweries" am East River. Minnewitt ließ die Ansiedlung renovieren und begann mit der Erbauung eines Forts. Es entstand die erste steinerne Kirche. Die Siedlung, die vor allem durch Minnewitts Freund Quirin Friedrichsen, einen ebenfalls aus Wesel stammenden Festungsbaumeister, errichtet wurde, sollte rasch Orte wie Boston oder Jamestown übertreffen.

Mit den Indianern, die er stets freundlich behandelte, kam Minnewitt sehr gut aus. Er war energisch, und Mut, Opferbereitschaft, Scharfsinn und gutes Planungsvermögen zeichneten ihn aus. Aber er neigte zur Tyrannei und schaffte sich mit der Zeit eine Reihe von Feinden. Daß Minnewitt schließlich im Jahre 1631 abberufen wurde, hatte aber noch andere Gründe. Holländische Händler verkauften dem mächtigen Indianerbund der Irokesen Feuerwaffen und lehrten ihn den Gebrauch. Den Holländern war das militärische Übergewicht der Irokesen über die anderen Stämme mit zu verdanken, der unverantwortliche Handel rief allerorts Proteste hervor, konnte aber von Minnewitt nicht unterbunden werden. Die Konkurrenz der Engländer schädigte den holländischen Pelzhandel, und nicht zuletzt waren die Direktoren der Holländischen Westindischen Kompanie untereinander zerstritten und neideten Minnewitt den großen Erfolg, den er auch in der Landwirtschaft und Viehzucht in Neu Holland hatte. Ungeachtet der vielen Verdienste, die er sich um die Kolonie erworben hatte, wurde Minnewitt entlassen. Allerdings genoß er in bestimmten Kreisen bereits einen guten Ruf, und als man am Königshof in Schweden zu der Ansicht neigte, es dem Ansehen der Krone schuldig zu sein, ebenfalls eine Kolonie in der Neuen Welt zu gründen, wurde Minnewitt als der geeignete Mann an die Spitze des Unternehmens gestellt. Im März 1638 traf Minnewitt mit etwa fünfzig Schweden und Finnen am Delaware ein. Dort, wo heute die Stadt Wilmington steht, erbaute er Fort Christianna. Auch hier kaufte er das Land den Indianern ab, in Gegenwart der Sachems nannte er es „Neu Schweden". Aber seiner zweiten Gründung konnte er sich nicht mehr lange erfreuen. Im Herbst 1638 (nach anderen Quellen 1640 oder 1641) ertrank er während einer Handelsreise, die ihn zur Insel St. Christopher geführt hatte, im Hafen der Insel, als ein aufkommender Wirbelsturm das holländische Schiff, das er eben besuchte, mit sich riß.

Weder die Siedlungen in Neu Schweden noch die in Neu Holland waren von Dauer. Schweden selbst brauchte noch Pioniere, und aus religiösen Gründen Verfolgte, wie es die Pilgerväter waren, gab es hier nicht. Die Krone zeigte sich uninteressiert. Und der einzige tatkräftige Gouverneur Neu Schwedens, Johan B. Printz, legte sich mit den Holländern an, die noch lauter gegen Neu Schweden protestierten als die Engländer. Interessant ist, daß Printz, der möglicherweise deutsche Vorfahren hatte, vierundfünfzig deutsche Familien aus Pommern mit sich brachte, als er 1643 nach Amerika kam. Unter ihrem Zugriff blühte Neu Schweden kurze Zeit auf, bis es 1655 von den Holländern eingenommen wurde. Immerhin hat Neu Schweden der Nachwelt drei Errungenschaften vermacht:

Auf der fairen Indianerpolitik von Minnewitt und Printz basierte die spätere der Quäker, am Delaware wurde das Luthertum fest verwurzelt, und schließlich waren es die Siedler der schwedischen Kolonie, die hier das Blockhaus einführten, eines der Symbole der amerikanischen Grenzgeschichte.

Auch Neu Holland fristete nur so lange ein erträgliches Dasein, wie Minnewitt ihm vorstand. Seine Nachfolger ließen das Land verkommen oder stürzten es in Indianerkämpfe, die an weißem Barbarentum wohl niemals mehr übertroffen worden sind. Holland hatte auf Grund seines soliden Wohlstands auch keine Siedler, die materielles Glück oder religiöse Freiheit suchen mußten. Neu Holland wurde so wenig unterstützt, daß es kein Wunder war, als es 1664 an England fiel — sogar mit Einverständnis der meisten Einwohner. Aus Neu Amsterdam wurde New York, und das Bündnis mit den Irokesen ging auf die Engländer über, was diesen in den späteren Auseinandersetzungen mit den Franzosen entscheidende Vorteile bringen sollte.

Im 17. Jahrhundert erlebte Nordamerika einen großen Zustrom von Siedlern. Die meisten waren vor religiöser Unterdrückung oder den sozialen Verhältnissen geflohen. Zu den Einwanderern gehörten erst spärlich, dann immer zahlreicher werdend die Deutschen. Seit etwa 1640 kamen deutsche Mennoniten nach Amerika. Viele deutsche Katholiken siedelten eine Generation später in Maryland. Aber schon fünf Jahre nach der ersten Niederlassung in dieser Kolonie (1632) ist ein Deutscher namens Beckler hier nachgewiesen. Basil Wagner erhielt 1667 von der Krone Land in der heutigen Marylander Grafschaft Carroll. Zu den ersten Siedlern in Rhode Island gehörte der deutsche Captain John Luther.

Für die meisten der Immigranten begann hier im Osten der Wilde Westen. Sie lebten in ständiger Berührung mit der Wildnis. Die wenigsten blieben in den verhältnismäßig sicheren Küstenstädten; wer sich weiter nach Westen wagte, war oft Überfällen der Indianer ausgesetzt, die sich an den Pionieren für Landraub und Vertreibung rächten.

Blutige Indianerkriege brachen mehrfach über die Kolonien herein, die jedesmal durch das gewissenlose Vorgehen der Weißen hervorgerufen wurden. Die Namen Sassacus und Metacomet sind mit den großen Aufständen in Neu England im 17. Jahrhundert verbunden. Aber ihr heldenhafter Widerstand konnte die Ausbreitung der Weißen nicht aufhalten. Längst lockte sie das unbekannte Gebiet im Westen. Hier begann unberührtes, weites Land, das noch keines Weißen Fuß betreten hatte. In Virginia suchte der Gouverneur William Berkeley einen geeigneten Mann, der ins Ungewisse aufbrechen und Kunde von dem geheimnisumwitterten Land jenseits der Berge bringen würde. Er fand ihn in dem Hamburger Johann Lederer, der wohl Medizin studiert hatte und 1668 mit etwa 25 Jahren nach Virginia gekommen war. Bis 1670 unternahm Lederer drei Expeditionen in Virginia und Karolina, um Wege durch die Appalachen zu suchen. Er wurde von indianischen Führern oder Weißen begleitet. Als erster Europäer betrat er die Blauen Berge und das Gebiet des Rappahannock, als erster Weißer schaute er von einem Gipfel ins Shenandoah-Tal hinab und fand kurz danach den Zugang zu diesem herrlichen Land. Später lebte Lederer als Arzt in Neu England. Nach 1675 kehrte er nach Hamburg zurück.

Amerika mußte den unterdrückten Massen der Alten Welt wie ein Land Kanaan erscheinen. In ihrer Not gab es für sie oft kein Halten mehr. Heimlich verkauften sie ihre Habe, sie nahmen harte Repressalien seitens der Landesfürsten in Kauf, wurden von Herbergswirten und Schiffseigentümern um ihr letztes Hab und Gut gebracht und konnten froh sein, wenn sie die überfüllten Auswandererschiffe, auf denen Not und Tod die Begleiter waren, mit heilen Gliedern in der Neuen Welt verlassen konnten. Und beileibe nicht für alle Emigranten war mit der Ankunft in Amerika das Elend überstanden und das wahre Glück gefunden. Diese bittere Erfahrung mußten vor allem die Pfälzer machen.

Die Pfälzer stellten die erste große Welle deutscher Flüchtlinge in die Neue Welt. Das Elend, das sie hinter sich ließen, ist kaum zu beschreiben. Ihre Gebiete wurden alle paar Jahre durch die Franzosen geplündert und gebrandschatzt, die, nachdem der Dreißigjährige Krieg vorüber war, auf Geheiß des „Sonnenkönigs" ins Deutsche Reich einfielen, um den imperialistischen Zielen dieses Herrschers zu dienen, der ein ganzes Zeitalter bestimmte, ohne aber seiner Zeit im geringsten voraus zu sein. Hungersnöte, bittere Armut waren die Folge für die Bevölkerung. Die Intoleranz der Regenten, der Religionszwang, das Entstehen von Sekten kamen hinzu. Agenten von Land- und Schiffahrtsgesellschaften wanderten, gut gekleidet, bei den Pfälzern von Dorf zu Dorf und redeten ihnen ein, sie hätten ihr Glück in Amerika gemacht. Sie – die sogenannten „Neuländer" – und die „Briefe aus Amerika" machten den armen Einwohnern Amerika als Zuflucht schmackhaft.

Der evangelische Geistliche Joshua Kocherthal führte 1708 die ersten dieser unglücklichen Scharen den Rhein abwärts nach Holland und weiter nach England und schließlich nach New York. Der strenge Winter 1708/09, der so kalt war, daß der Wein in den Fässern gefror und Vögel tot vom Himmel fielen, veranlaßte tausende von Pfälzern zur Auswanderung. Als Kocherthal im Herbst 1709 in London anlangte, traf er zahllose deutsche Flüchtlinge, insgesamt 13 500, an. Ihr Führer war Johann Conrad Weiser sr., der in der Ortschaft Groß-Aspach ein Magistrat gewesen war. In England wußte man nicht so recht, was man mit den Flüchtlingen anfangen sollte, die kaum einen Pfennig Geld mehr hatten und eine Zeitlang – England gereicht es zur Ehre – so gut behandelt wurden, daß sich die Londoner Bettler benachteiligt fühlten. Schließlich behielt man die besten Handwerker in England und siedelte fast 4000 Pfälzer in Irland an. Für den Rest schlug der Offizier Robert Hunter, ein späterer Gouverneur von New York, vor, sie nach New York zu schicken und dort als Kronbauern („servants of the crown") Hanf und Teer für die englische Kriegsmarine gewinnen zu lassen, so daß sie auf diese Weise ihre Überfahrt abarbeiten konnten. Etwa 3000 Pfälzer, die Katholiken waren, wurden in ihr Elend nach Deutschland zurückgeschickt. Aber etwa 4000 Deutsche wurden dann von Hunter und Weiser in die Neue Welt geführt. Elf Schiffe, vollgepfercht mit Auswanderern, segelten 1710 nach Amerika. Die Überfahrt wurde zur Hölle. 470 Emigranten starben. Endlich erreichten die Überlebenden New York, aber hier wurden sie zuerst in Quarantänelagern gehalten, wo noch einmal 256 zu Grunde gingen. Die Überlebenden durften sich dann in sieben Dörfern am Hudson niederlassen. Doch auch hier wurden sie ihres Lebens nicht froh. Da sich die Rohstoffe dieser Gegend nicht für die Gewinnung von Teer und Hanf eigneten, wußten die New Yorker Behörden wieder nicht, was mit den Deutschen geschehen sollte.

Im Jahre 1711 brach zwischen England und Frankreich ein Krieg aus, der auch in Nordamerika seinen Widerhall fand. Die Pfälzer dienten als Soldaten, Weiser als Hauptmann. Aber als sie zu ihren Niederlassungen zurückkehrten, nahm man ihnen die Waffen weg, worüber sich die Deutschen empörten. Das gab den Ausschlag, weiter ins Landesinnere zu ziehen. Da 1712 der Plan, die Deutschen für die Kriegsmarine arbeiten zu lassen, endgültig fallen gelassen wurde, gab es für die ausgebeuteten Pfälzer kein Halten mehr. Waren nicht gleichzeitig mit ihnen verschiedene Irokesenhäuptlinge wie der junge Tiyanoga alias Hendrick in London gewesen? Diese waren über das unbeschreibliche Elend der Auswanderer so bestürzt gewesen, daß sie den Pfälzern kurzerhand Land am Schoharie und Mohawk geschenkt hatten. Daran erinnerten sich die Deutschen nun. Sie zogen zunächst nach Albany, wo sie überwinterten, und im Frühjahr 1713 mit Schlitten zum Schoharie, wo sie in der Gegend des heutigen Middletown neue Siedlungen anlegten.

Die Armut, mit der die Pfälzer fertig werden mußten, spottet jeder Beschreibung. Sie borgten sich eine Kuh und ein Pferd für ein Gespann, stellten sich Pflüge und Handwerkszeug aus Holz und Stein her und begannen, den Boden zu bearbeiten. Bis zur Ernte überlebten sie mit Wurzeln und Beeren und mit Hilfe der mitleidigen Irokesen.

Erst nach 1714 besserte sich ihre Lage ein wenig. Auf dem Rücken trugen sie die Feldfrüchte zu den Mühlen von Albany, die fünfzig Meilen entfernt waren.

Aber kaum waren die ersten Schwierigkeiten überwunden, drohten schon wieder neue. Holländische Grundherren machten Rechte auf die von den Pfälzern besiedelten Gebiete geltend. Diese mußten um ihre Ausweisung bangen. Sieben Jahre dauerte der Streit mit den Spekulanten und Patronen in Albany. Erst 1721 kam es zu einem Übereinkommen, aber die Mehrzahl der Pfälzer wanderte erneut aus. Auf freiem Land am Mohawk gründeten sie neue Ortschaften. Kundschafter wurden 1722 auf Landsuche geschickt, sie entdeckten die fruchtbaren Gebiete zwischen den Flüssen Susquehanna und Schuylkill. Mit Hilfe von Indianerpfadfindern führte der alte Weiser dreiunddreißig Familien zum Susquehanna, auf dem sie in Richtung der Kolonie Pennsylvanien fuhren. Zwischen Swatara und Tulpehocken legte Weiser Grenzsiedlungen an. Endlich hatten die Pfälzer ihr Glück gefunden.

Ein noch schlimmeres Los als die New Yorker Pfälzer traf die Pfälzer, die in die Karolina-Kolonien auswanderten. Hier gerieten die Unglücklichen vom Regen in die Traufe. Das Elend in Deutschland vertauschten sie mit dem Elend in Amerika, die Angriffe der Franzosen mit den Überfällen der Tuskarora, die Unterdrückung durch die Fürsten mit der Ausbeutung durch unehrliche Führer.

Initiatoren der Auswandererkolonie in Nord Karolina waren Franz Ludwig Michel und Georg Ritter. In dem weitgereisten, aber verarmten Schweizer Baron Christopher von Graffenried fanden sie den richtigen Mann für die Durchführung des Vorhabens. In Karolina erhielt Graffenried 1709 ein Gebiet von 5000 acre zugesprochen. Da er die Ansiedlung von Deutschen zusicherte, gewährten die Behörden das Vorkaufsrecht auf 100 000 acre. So konnten Ritter und Michel 1710 92 Pfälzer Familien nach Nord Karolina senden, deren Führer der Generalfeldmesser in Karolina John Lawson war. Später im Jahr brachte Graffenried noch 156 Schweizer Auswanderer herüber. 650 Emigranten gründeten dann Neu Bern.

23

Das Unglück begleitete die Auswanderer von Anfang an. Etwa die Hälfte der Pfälzer war schon auf See gestorben. Die andere Hälfte wurde von Lawson übervorteilt. Nach Angaben Graffenrieds siedelte Lawson die Pfälzer und Schweizer am Ufer des Trent in einem schlechten, ungesunden Gebiet an. Der Baron beklagte sich später bitter über Lawsons Unehrlichkeit. Dieser forderte einen hohen Preis für ein Land, für das er selbst keinen Rechtstitel hatte und das entgegen seinen Angaben den Indianern gehörte. Alles ging schief, die Vorräte ließen zu wünschen übrig, die Siedler erhielten nicht ihre versprochenen kleinen Anteile, und Graffenried sah sich gezwungen, sein Land zu verpfänden. Er verlor es schließlich ganz. Zu allem Überdruß brach nun auch noch ein Indianerkrieg aus, der allerdings nicht zu den „klassischen Aufständen" zählt und daher wenig bekannt geworden ist. Die Ursache für den Aufstand lag in der schlechten Behandlung der Indianer durch die Weißen, die nach Graffenrieds Worten „barbarischer und unmenschlicher als die Barbaren selber waren." Graffenried berichtet, daß die Weißen in Karolina die Eingeborenen betrogen, ihnen nicht erlaubten, in der Nähe ihrer Plantagen zu jagen, und ihnen ihr Wild, ihre Waffen und Munition wegnahmen, wenn sie sie in der Nähe ihrer Anwesen erwischten. Viel schlimmer wog allerdings, daß den Indianern ihr Land geraubt und Indianerkinder entführt und in die Sklaverei verkauft wurden. Den letzten Anstoß gab Neu Bern, das auf verbotenem Grund gebaut war. Der Häuptling der mächtigen Tuskarora, Henguig, schloß 1711 mit anderen Stämmen ein Bündnis mit dem Ziel, alle Weißen zu vertreiben. Gleich der erste Schlag galt Neu Bern. Graffenried und Lawson wurden im September 1711 in der Nähe der Ortschaft überrumpelt und im Triumph in die Dörfer der Indianer geschleppt. Bald danach griffen die Indianer Neu Bern an, töteten siebzig Bewohner und ließen Neu Bern zerstört zurück. Wohl wurde die Ansiedlung wieder aufgebaut, aber bei den ständigen Angriffen kamen die meisten der ursprünglichen Siedler ums Leben.

Lawson fand ein schreckliches Ende am Marterpfahl. Graffenried durfte sich auf Empfehlung des Tuskarora-Häuptlings Tom Blunt freikaufen. Die indianischen Anführer wußten zwischen den Machenschaften Lawsons und dem Unglück eines deutschen Siedlungsagenten zu unterscheiden, der auch ganz bewußt mit seiner nichtenglischen Staatszugehörigkeit argumentierte und sich recht kühn als „König der Pfälzer" bezeichnete. Er mußte versprechen, im Krieg neutral zu bleiben und kein indianisches Land mehr zu besiedeln. Wieder frei, eilte er nach Virginia, um Miliz zur Rettung der wenigen überlebenden Deutschen zu holen und Land für sie zu beschaffen. Er erhielt den Grund, auf dem heute Washington steht. Aber Michel unterstützte ihn nicht mehr, so daß er 1713 nach Europa zurückkehrte, wo er 1743, 82jährig, starb. Die unglücklichen Deutschen blieben ihrem Schicksal überlassen. Graffenried hinterließ eine Beschreibung des Tuskarora-Krieges. Nach blutigen Schlachten wurden die verbündeten Stämme von „Tuskarora-John" Barnwell und James Moore geschlagen. Die meisten Gefangenen wurden in die Sklaverei geschickt. Die Tuskarora zogen daraufhin nach Norden und verbanden sich als Sechste Nation mit der „Großen Liga" der Irokesen.

Im Gegensatz zu Nord Karolina gab es in den Anfängen der Kolonie Pennsylvanien keine Stockungen, kein Blut und keine Tränen. Hier war alles bis ins Kleinste organisiert. Pennsylvanien scheint das großartigste Kolonisationsunternehmen der Geschichte gewesen zu sein. Zu den Einwanderern gehörte der feste deutsche Kern, der Pennsylvanien mit seinen Wesenszügen stempelte.

Der Gründer, William Penn, war der Besitzer eines Gebietes zwischen neun Längen- und drei Breitengraden aufgrund einer Charta König Karls II. von England. Penn war Quäker, Mitglied einer verachteten und verfolgten Sekte, die Eid, Kriegsdienst und weltliche Vergnügungen ablehnte. Dennoch besaß er die höchste Gunst zweier Monarchen, nämlich Karls II. und Jakobs II. Allerdings war er auch kein Märtyrer wie die Quäker des alten Schlages, sondern Realist, Kolonisator und Gesetzgeber.

Penns Mutter war eine Niederdeutsche. Er selbst hatte eine hohe Meinung von den rheinischen Bauern, die – zumeist Mennoniten – in mancher Hinsicht den Quäkern ähnelten. Da er außerdem unter den Engländern zu wenig Boden gewann, versuchte er, deutsche Bauern zur Auswanderung in seine Kolonie zu bewegen. Seine Freundschaft mit dem deutschen Gelehrten Franz Daniel Pastorius ließ den Plan zur Wirklichkeit werden. Pastorius (1651–1720), zu seiner Zeit neben dem Puritaner Cotton Mather als der gebildetste Mann Amerikas bezeichnet, wurde vor allem dadurch bekannt, daß er die erste amerikanische Antisklaverei-Erklärung veröffentlichte. Die von ihm angelegte Ortschaft Deutschen-Stadt oder Germantown unfern von Philadelphia war eine der bedeutendsten deutschen Gründungen in Amerika. Sie entstand 1683 und war viele Jahrzehnte lang der Mittelpunkt des deutschamerikanischen Lebens in Pennsylvanien. Hier wirkte Pastorius als Lehrer, Richter und Bürgermeister. Seine Schrift über die amerikanischen Verhältnisse, „Bienenstock", wurde weit bekannt.

Penn, obgleich Aristokrat und Royalist und nicht zuletzt auf Gewinn bedacht, unterschied sich von seinen Zeitgenossen vor allem durch sein Eintreten für religiöse Toleranz. In der Verfassung von Pennsylvanien wurde der Grundsatz der Gewissensfreiheit verankert. Den verfolgten Mennoniten, Quäkern und sonstigen Sekten wollte er eine Heimstatt geben. Auch die Indianer, mit denen er einen Vertrag schloß, wurden von ihm so gerecht behandelt, daß in den wildesten Indianerkriegen jeder Quäker seines Lebens sicher war.

In den folgenden Jahrzehnten ergossen sich die deutschen Einwandererströme nach Pennsylvanien. Von Germantown zogen die Deutschen weiter nach Westen und später nach Kanada, Maryland, Virginia, Tennessee und Kentucky. Ab der Mitte des 18. Jahrhunderts kamen Pfälzer nach Maryland, eine Generation später Bremer. Baltimore gründeten um 1730 schon Deutsche mit. Hagerstown in Maryland wurde 1762 an der Stelle gegründet, an der zuerst der Westfale Jonathan Hager 200 Morgen Land gerodet hatte. Andere Pfälzer zogen ins German Valley in New Jersey oder ins Tal des Susquehanna. Allmählich drangen sie bis zum Juniata vor. Von hier wandten sie sich nach Süden. 1726 überschritten sie die South Mountains und zogen am Monocacy Creek entlang ins Potomac-Tal, wo sie Monocacy und Frederick erbauten. Andere kreuzten den Potomac und gründeten New Mecklenburg. Die ersten Pfälzer, die ins Great Valley von Virginia eindrangen, führte Adam Müller, der am Nordende des Shenandoah-Tals 1726 oder 1727 siedelte. Der Zugang zum Shenandoah-Tal, den einst Lederer entdeckt hatte, wurde nach einem deutschen Siedler Harper's Ferry genannt. 1732 kam Justus Hite mit sechzehn Familien ins Great Valley und gründete Winchester. 1740 standen schon Siedlungen bis zum Patterson's Creek und James River und weitere im Piedmont Gebiet. So wurde durch die Deutschen die Grenze der Zivilisation allmählich weitergeschoben, und bald waren die Blauen Berge erreicht.

In Süd Karolina war die wandernde Grenze durch Indianer und Spanier gefährdet. Außerdem lebten in dieser Kolonie doppelt so viele Neger wie Weiße. Von ersteren fühlten sich die Weißen bedroht, und die Gouverneure sahen die Notwendigkeit, die Zahl der Weißen zu vergrößern. Einwanderer erhielten viele Vergünstigungen. Jeder, der sich im Westen Süd Karolinas niederließ, erhielt pro Mitglied seines Haushaltes fünfzig acre Land, Akkerbaugeräte, eine Kuh und ein Kalb für je fünf Mitglieder der Familie sowie Proviant für ein Jahr und zehnjährige Stundung der Überfahrtsbezahlung. Viele Deutsche und Schweizer wanderten daraufhin nach Süd Karolina aus. Auch Virginia nahm über weite Strecken als erste Siedler Deutsche auf. Im Hinterland des Rapidan sollten Westfalen die Eisenerzvorkommen erschließen. Wiederholte Versuche, Schweizer und Deutsche, die er den unsteten Schott-Iren vorzog, auf seinen Ländereien im westlichen Virginia anzusiedeln, unternahm Oberst William Byrd zu Anfang des 18. Jahrhunderts. Zweihundert Deutsche ließen sich 1721 auch oberhalb von New Orleans an der „deutschen Küste" am Mississippi nieder – arme, unglückliche Teufel. Ein Jahr später landeten 250 in Mobile, denen es nicht besser ging. Auch nach Georgia wanderten Deutsche aus. Die bemerkenswerteste Gruppe waren die berühmten Salzburger, protestantische Flüchtlinge, die 1734 nach Georgia kamen und vor allem dadurch bekannt wurden, daß sie das erste Waisenhaus auf amerikanischem Boden erbauten. Seit 1752 wanderten Württemberger nach Georgia aus.

Der Zustrom nach Pennsylvanien hielt indessen unvermindert an. Zahlreiche deutsche Ortschaften entstanden. Die erste weiße Siedlung westlich des Susquehanna war das deutsche York, das 1741 gegründet wurde. In erster Linie handelte es sich bei den Ankömmlingen um Bauern und Handwerker, die in Pennsylvanien hoch willkommen waren und hier ihr Glück machen konnten. Später befanden sich unter den Einwanderern allerdings viele arme Teufel und Taugenichtse, die — wie die armseligen Pfälzer — dazu beitrugen, daß die Deutschen in Amerika in geringem Ansehen standen. Viele waren auch „Redemptionisten", d. h. Auswanderer, die ihre Überfahrt bei einzelnen Farmern abarbeiten mußten und schamlos ausgebeutet wurden. Erst heute wird allmählich die Bedeutung der vielfach verachteten Pennsylvanien-Deutschen für die amerikanische Grenzgeschichte erkannt.

Die Pennsylvanien-Deutschen waren als Bauern Pioniere. Sie verstanden es meisterhaft, gutes Land zu finden und auszunutzen. Von der Ferne schon war die deutsche Farm von denen anderer Nationen zu unterscheiden. Die einfache, aber kompakte Form der Häuser, die bald aus Stein anstatt aus Holz gebaut waren, die Höhe der Einzäunung, die Ausdehnung der Obstgärten, die Schönheit der Wiesen, die Fruchtbarkeit der Felder, das wohlgenährte Vieh, die ins Auge fallende Sauberkeit — all das kündigte die pennsylvanien-deutsche Farmgemeinschaft an. Vor allem aber war sie an den großen roten oder gelben Ställen aus Stein und Gebälk zu erkennen, die bis heute die deutsche Farm in Pennsylvanien charakterisieren.

Neuerungen haben die Deutschen viele nach Pennsylvanien gebracht. Sie ließen z. B. gefällte Bäume nicht verrotten, sondern verbrannten sie, zerstörten Stümpfe und Büsche und hatten so bald nutzbare Felder geschaffen. Sie spezialisierten sich nicht auf ein Erzeugnis, sondern bauten verschiedene Sorten an, um möglichst autark zu sein. Sie führten den Dünger ein, Gras- und Heuverwertung, den Fruchtwechsel u. a. und verstanden es so gut, den Boden zu bestellen, daß sie ihn vierzehnmal bestellen konnten, bevor sie ihn einmal brachliegen ließen. Dies und anderes hatten sie ihren angloamerikanischen Nachbarn voraus. Vor dem Unabhängigkeitskrieg war Pennsylvanien aufgrund der deutschen Besiedlung die reichste Kolonie Amerikas. Da die Deutschen teilweise von Wasserwegen entfernt farmten, entwickelten sie die riesigen Conestoga- oder Castanoga-Wagen, die fünf Meter lang, einen Meter breit und hoch — mit Plane sogar dreieinhalb Meter hoch — waren und bepackt eineinhalb Tonnen wogen. Für ihre Wagen züchteten sie eigene starke, ausdauernde Pferde. Mit diesen Wagen brachten sie ihre Güter auf den Markt, mit ihnen schoben sie auch die Front ständig weiter nach Westen. Sie waren die Vorläufer der später in den westlichen Ebenen verwendeten leichteren Prärieschoner, und die Farben, mit denen sie bemalt waren — der Wagen blau, die Räder rot und die Plane weiß — sollen die Farbgebung der Flagge der Vereinigten Staaten beeinflußt haben.

Wie die Schotten irischen Geblüts waren die Pennsylvanien-Deutschen Pioniere des westwärts drängenden Amerika, aber sie arbeiteten meist härter und lebten sparsamer und mit weniger Alkohol als die Schotten. Diese verließen während der Westwanderung ihre Ländereien; die Pennsylvanien-Deutschen dagegen saßen fest, vererbten ihr Besitztum und sandten dennoch Söhne weiter nach Westen. Die Kinder siedelten teilweise nahe den Farmen der Eltern. Deshalb bildeten die Pennsylvanien-Deutschen soziale, religiöse und wirtschaftliche Gruppen von großer Stabilität. Besonders sorgsam behandelten sie auch ihre Schafe und ihr Vieh. Das Vieh der Angloamerikaner mußte im Freien leben, deshalb gingen viele Tiere im Winter zugrunde oder wurden von Raubtieren angefallen. Aber die Pennsylvanien-Deutschen bauten große Ställe, in denen sich das Vieh nachts oder im Winter aufhielt. Auch der Schweinekofen, den die Deutschen nach Pennsylvanien brachten, war den Neu Engländern unbekannt gewesen. Eine weitere Errungenschaft war der Kachelofen, den sie anstatt der Feuerstelle einführten und der so etwas wie einen Mittelpunkt des Hauses bildete, an dem sich die ganze Familie versammelte.

Eines war allen Pennsylvanien-Deutschen gemeinsam: ein starker Glaube an Gott. Sie waren überzeugt, daß Gottes Segen vor allem auf dem Bauern ruhe, und zogen sich aus der Welt zurück, um nur der Scholle zu dienen. Ihre eigene Sprache, die sie nicht aufgaben, weil sie der Ansicht waren, daß ihr Glaube am besten in ihrer Sprache ausgedrückt werden könnte; ihr Aberglaube und ihre magische Verbundenheit mit der Scholle; ihr Erziehungswesen; ihre Gewohnheiten; ihre besonderen Trachten; ihr — nach ihrer Nachbarn Ansicht — seltsamer Geschmack, weil sie Sauermilch mochten und unter Federbetten schliefen; und nicht zuletzt ihr großer Wunsch nach Grundbesitz ließen die Pennsylvanien-Deutschen bei den Angloamerikanern als ungebildet und wunderlich erscheinen. Ihre Absonderung erregte Unwillen und Mißtrauen. Nichtsdestoweniger haben die Angloamerikaner den von ihnen gleichzeitig beneideten, verachteten und mit Erstaunen betrachteten Deutschen vieles nachgeahmt. Die frühe Expansion nach Westen ist ohne die Deutschen in Amerika nicht denkbar. In New York bilden sie einen Puffer gegen die Franzosen und hielten durch ihre bemerkenswerte, ja beinahe einzigartige Freundschaft mit den Irokesen den Frieden an der Indianergrenze bis zum Unabhängigkeitskrieg aufrecht. Auch in Pennsylvanien und in anderen Kolonien verstanden sie sich im großen und ganzen mit den Ureinwohnern Jahrzehnte lang besser als die Angloamerikaner. Lag es an der Verehrung von Natur und Erde, die Indianern und Deutschen gemeinsam war, an dem etwas gefühlvollen, vom deutschen Pietismus und deutscher Mystik angerührten „Seelenzipfel" der deutschen Immigranten, der sie den Ureinwohnern näher brachte? Bethabara in Nord Karolina, eine Gründung deutscher Herrnhuter, galt den Cherokee-Indianern 1758 als das „deutsche Fort, in dem es gute Menschen und viel Brot gibt". Dies sind Bilder, die uns keines der üblichen Geschichtsbücher vermittelt und die auch gar nicht so recht in unser Vorstellungsbild passen, weil in den gängigen Büchern nur von den blutigen Spuren die Rede ist, die die Kriege zwischen Weiß und Rot hinterlassen haben.

Zwischen den Fronten

Um 1710 gab es in Pennsylvanien etwa dreitausend Deutsche. Diese Zahl erhöhte sich innerhalb von fünfzehn Jahren auf 125 000. Die Deutschen stellten damit ungefähr ein Drittel der pennsylvanischen Bevölkerung. In den südlichen Staaten wie Virginia oder Karolina bildeten sie nach den Engländern und Schotten irischen Geblütes mit fünf Prozent die drittstärkste Bevölkerungsgruppe.

Die Deutschen haben das amerikanische Kulturleben wesentlich bereichert. Sie förderten die Lutherische und Reformierte Kirche in Amerika. Auch die erste Katholikenversammlung in New York wurde von einem Deutschen organisiert. Zahlreich, wunderlich und durch ihren Beitrag zur amerikanischen kulturellen Entwicklung bedeutsam waren verschiedene deutsche Sekten. Der erste Komponist der Neuen Welt, dessen Werke veröffentlicht wurden (1730), war der Pfälzer Johann Konrad Beissel, der eine Wiedertäufergruppe in Ephrata gründete. Hier entstand eine der ersten Druckereien in der Neuen Welt. Das erste amerikanische Wasserzeichen fand sich im Papier des Druckers Wilhelm Rittinghausen aus Mülheim an der Ruhr, der 1688 nach Amerika kam und hier die erste Papiermühle baute. Als einzige im 18. Jahrhundert stellten die Deutschen in Amerika als Töpfer kunsthandwerkliche Artikel her. Die schönsten Glaswaren der Kolonialzeit wurden von Caspar Wistar und Baron Stiegel verfertigt; Wistars Enkel schrieb das erste amerikanische Lehrbuch über Anatomie. Das erste Symphonieorchester in Amerika gründeten Mährische Brüder 1744 in Bethlehem. Die ersten Karten von Süd Karolina und Georgia stammten von dem Ingenieur Von Brahm. Christoph Dock, der bis 1778 die Schule in Germantown leitete, war der erste große amerikanische Pädagoge. Er führte die Tafel in Amerika ein und veröffentlichte 1750 seine „Schulordnung", das erste pädagogische Werk Amerikas. Güte und Liebe setzte er an die Stelle der Prügel, was ihm später den Namen „deutschamerikanischer Pestalozzi" einbrachte. In den Kolonien waren deutsche Bücher anteilmäßig nach den englischen an zweiter Stelle vertreten. Großes Ansehen genossen deutsche Ärzte, und das englisch-deutsche Wörterbuch des Leipzigers Christian Ludwig, der sich von 1684 bis 1695 in Neu England aufhielt, war in Europa und Amerika weit verbreitet. Die erste Bibel in Amerika – abgesehen von einer Indianerbibel – druckte der Westfale Christoph Saur (1743), der auch die erste erfolgreiche deutschamerikanische Zeitung gründete.

Aber nicht nur in der kulturellen Entfaltung des jungen Amerika waren die Deutschen von Bedeutung. Ihr Beitrag zur Geschichte der wandernden Front ist bis heute allerdings kaum gewürdigt worden.

Ein leises Unbehagen beschlich den Angloamerikaner, wenn er die Erfolge der Deutschamerikaner sah. Zwar blickte er verächtlich auf die ärmlichen Pfälzer oder Salzburger herab, aber die kulturellen Inseln der Deutschen und nicht zuletzt ihre Ablehnung der Sklaverei und ihr anfänglich meist gutes Verhältnis zu den Ureinwohnern beunruhigten ihn. Von den Sekten ging mehrfach der Versuch aus, die Deutschen in Amerika zu einen oder gar in einer eigenen Kolonie zusammenzufassen. Wenn solche Versuche auch erfolglos blieben und sich die Sekten sonst von der Politik fernhielten, so wurden die Deutschamerikaner doch zu einem politischen Faktor. Sogar in Philadelphia, wo der deutsche Einfluß geringer war als auf dem Land, erregte er die Besorgnis verschiedener amerikanischer Politiker. Von sechs Druckereien in Philadelphia waren zwei deutsch und zwei halbdeutsch. Es existierten eine deutsche und eine halbdeutsche Zeitung. Die Straßennamen waren in beiden Sprachen angeschlagen, manchmal sogar nur deutsch. Der berühmte Benjamin Franklin schrieb 1753: „Und ich vermute, daß in ein paar Jahren Dolmetscher in der Versammlung gebraucht werden, um der einen Hälfte der Legislatoren zu übermitteln, was die andere Hälfte sagt." Franklin unternahm auch mehrere erfolglose Versuche, die Deutschen zu amerikanisieren.

Im 18. Jahrhundert hielten die Deutschen die Balance der Macht in der Politik in Pennsylvanien. Eine Reihe von Staatsgouverneuren kam im 18. und auch noch im 19. Jahrhundert aus der deutschen Bevölkerung. In den frühen Tagen Pennsylvaniens wurden Deutsche zwar selten in die gesetzgebende Versammlung gewählt, weil sie nicht englisch sprachen, aber ihre Stimmen waren von entscheidendem Gewicht. Ihren ersten Einfluß auf der politischen Bühne machten sie geltend, als sie auf Seiten der Quäker, denen sie ja in einiger Hinsicht ähnelten, gegen den königlichen Gouverneur Partei ergriffen und so den Einfluß der Quäker mehrten. Die Pennsylvanien-Deutschen und die Schott-Iren saßen an der Grenze der Zivilisation, bildeten deren Vorhut und einen Puffer gegen die Indianer. Verschiedentlich trugen sie in späteren Jahren die Hauptwucht der Überfälle. Die Schotten waren gegen die friedliche Politik der Quäker eingestellt. Zwischen diesen und den rauhen Virginiern gab es immer Streit, der manchmal nur knapp an offenem Kampf vorbeiführte. Die Quäker behandelten – ähnlich wie deutsche Sekten – die Indianer möglichst gerecht; aber der Handel und der Profit standen bei ihnen – anders als bei den Deutschen – mit an erster Stelle. Dagegen war der Virginier ein Mann der Waffe, der die Indianer aus tiefstem Herzen haßte und immer zu vertreiben suchte. Der Quäker, der die Indianer stets verteidigte, verkaufte ihnen auch Gewehre und Munition, die die Indianer im Kampf gegen die Virginier verwendeten, und nahm dafür im Tauschhandel Pferde und Rinder, die den Virginiern von den Indianern gestohlen worden waren – und beides wissentlich und ohne Gewissensbisse. Daß die Indianer jeden Quäker ungeschoren ließen, während sie den Virginiern mit aller erdenklicher Grausamkeit begegneten, verschärfte die Gegensätze zwischen Virginiern und Quäkern, die noch dadurch vertieft wurden, daß die Virginier immer ein wenig königstreu waren, während die Quäker über sich nur Gott anerkannten.

Die Verhältnisse in den Grenzgebieten waren außerordentlich kompliziert. Quäker standen gegen Virginier und Neu Engländer – es konnte vorkommen, daß Indianer Quäker vor den Virginiern beschützten; die anderen Bevölkerungsgruppen neigten einmal auf die eine, einmal auf die andere Seite. Im Zwielicht standen oft die Deutschen, die zeitweise sogar als Werkzeuge der Franzosen angesehen wurden. Einzelne Kolonien rivalisierten im Handel mit den Ureinwohnern; diese selbst waren untereinander zerstritten und verbündeten sich verschiedentlich mit den Weißen oder gegen sie.

Einer der besten Kenner der Indianer und der Verhältnisse dieser wirren Zeiten war der Deutsche Johann Conrad Weiser jr., dessen Vater 1710 die Pfälzer Flüchtlinge nach New York geführt hatte. Damals war der Junge vierzehn Jahre alt; als sein Vater, vor der Auswanderung Witwer geworden, wieder heiratete, riß er von zu Hause aus und gründete selber eine Farm. Im Winter 1713 auf 14, als die Pfälzer vor allem durch die Hilfe von Indianern überlebten, lernte er den Irokesenhäuptling Quagnant, der ihm Lehrmeister in der Sprache und den Sitten des Stammes war, kennen und lebte eine Zeitlang bei den Indianern. 1720 heiratete er Anna Eve Feck, die Tochter eines Pfälzer Einwanderers, die ihm 15 Kinder gebar. Die meiste Zeit verbrachte er in den Jahren 1719 bis 1729 als Dolmetscher. Dann baute er sich in Tulpehocken in Pennsylvanien eine neue große Farm.

Weisers Freundschaft mit dem Irokesenhäuptling Shikellamy ließ ihn zu einer der einflußreichsten Persönlichkeiten an der wandernden Grenze werden. Zu der im 16. Jahrhundert von Hiawatha, dem „Roten Bismarck", geschaffenen Irokesenkonföderation gehörten die Stämme Seneka, Oneida, Onondaga, Cayuga, Mohawk und später die Tuskarora. Als „Römer Amerikas" unterwarfen sie sich in zweihundert Jahren ein Riesenreich. Sie griffen 28 Algonkinstämme, zwei Irokesenstämme und drei Siouxvölker an und besiegten und unterwarfen die meisten. Jedoch rotteten sie die unterlegenen Völker nicht aus, sondern gewährten ihnen Schutz und eine untergeordnete Stellung in ihrer Liga. Die Irokesen gehören zweifellos zu den interessantesten Stämmen Nordamerikas. Ihr Militarismus, ihre Disziplin, ihre faire Art zu kämpfen, aber auch ihre Toleranz machten sie zu den „Preußen Amerikas", wie sie bisweilen genannt werden. Sie nahmen die Grundzüge der Freudschen Traumdeutung vorweg, und ihre föderative Verfassung gab den Schöpfern der Verfassung der USA manche Anregung. Sie waren kluge Diplomaten und bildeten in den Auseinandersetzungen zwischen Franzosen und Engländern stets das Zünglein an der Waage. In den unterworfenen Gebieten richteten sie Statthalterschaften ein, um die Stämme dazu zu veranlassen, ihren Weisungen zu gehorchen. Der „Agent" oder „Gouverneur" der Irokesen in Pennsylvanien war seit 1728 Shikellamy, ein Cayuga (der nicht französischer Herkunft war, wie vielfach behauptet wurde), der in der

Indianerstadt Shamokin – an der Stelle des späteren Sunbury – residierte. Gemeinsam mit Weiser überwachte er die Beziehungen zwischen Indianern und Weißen. Immer hielt er die Irokesen davon ab, die Franzosen zu unterstützen, sein Einfluß auf die pennsylvanische Regierung ergab sich durch die Bekanntschaft mit James Logan, dem Gouverneur, nach dem auch sein berühmter Sohn Tahgajutah den Namen Logan erhielt.

1731 und 1736 veranlaßte Weiser Treffen mit Irokesen-Häuptlingen in Philadelphia, wo es ihm und Shikellamy gelang, die Irokesen zu einem Pakt mit der pennsylvanischen Regierung zu bewegen. Diese erklärte sich einverstanden, den Irokesen eine Entschädigung für das Land zu zahlen, das die unterworfenen Stämme ohne ihre Zustimmung verkauft hatten, und die Rechte der Irokesen anzuerkennen, die diese auf das Land der Delawaren am unteren Delaware hatten oder sich anmaßten. Die Teilnahme Weisers an den Verhandlungen war den Indianern stets Gewähr dafür, daß die Weißen es ehrlich meinten.

In den folgenden Jahren betätigte sich Weiser auf religiösem Gebiet. Er war ein hochgebildeter Mann, der die deutsche und englische Sprache in Wort und Schrift beherrschte. Er besaß literarische Fähigkeiten, gestaltete ein Einweihungslied, und in seiner Farm standen eine Orgel und eine Bibliothek mit theologischen, juristischen und philosophischen Büchern. Er unterstützte auch die Arbeit von Christoph Saur und anderen Deutschamerikanern.

Seit dem Jahre 1740 war die Situation an der Grenze noch um einen Faktor komplizierter geworden. Nun erschienen bei den Indianern Missionare, die sich stets auch in die Politik einmischten und deshalb der weißen Bevölkerung bald verdächtig waren. Die – evangelische – Missionsarbeit ruhte fast ausschließlich auf Deutschen und dabei in der Hauptsache auf der Sekte der Mährischen Brüder.

Die Mährischen oder Böhmischen Brüder gab es seit der Mitte des 15. Jahrhunderts. Sie lehnten Eid, Kriegs- und Staatsdienst ab, und als Martin Luther von der Katholischen Kirche ausgeschlossen wurde, folgten ihm auch die Mährischen Brüder. Die Gegenreformation zwang alle jene Angehörigen der Sekte, die nicht wieder katholisch werden wollten, zur Auswanderung. Bei Nacht und Nebel flohen sie 1722 unter der Führung von Christian David, der später in Amerika als Missionar wirkte, aus Böhmen. Auf dem Landsitz des Grafen von Zinzendorf fanden sie eine gastliche Aufnahme und gründeten hier eine kleine Ansiedlung, Herrnhut. Zinzendorf wurde 1736 Bischof der Brüdergemeinde und mußte daraufhin Sachsen verlassen. Er begab sich nach Holland und später nach Westindien. 1739 traf er in Georgia ein, wo vier Jahre vorher schon die erste mährische Siedlung in Amerika, Moravia, entstanden war. Aber Zinzendorf führte alle Mährischen Brüder nach Pennsylvanien. Hier verzichtete er öffentlich auf seinen Adelstitel und brachte seine Schar in ein neues Bethlehem (Herrnhut) am Lehigh, das er am Weihnachtsabend 1741 einweihte. Dieser Ort, heute noch berühmt durch seinen Bach-Chor, blieb das geistige Zentrum der Mährischen Brüder in Amerika, von hier brachen Mitglieder der Sekte in andere Landesteile und ihre Missionare in die Wildnis auf.

Schon 1740 begann der Deutsche Rauch unter den Mohikanern von New York zu missionieren. Zwei Jahre später kam es zu einer neuen Konferenz zwischen der pennsylvanischen Regierung und den Irokesen. Der Grund war, daß die von den Irokesen teilweise beherrschten Delawaren und Shawnee die pennsylvanische Besiedlung immer mißtrauischer betrachteten und ihre Stimme im irokesischen Bund gegen die Weißen erhoben. Aber Weiser, der Abgesandte Pennsylvaniens, und der Onondaga-Häuptling Canasatego wurden sich einig und festigten das Bündnis. Und 1742 war es Weisers Einfluß auch zu verdanken, daß Zinzendorf während einer Reise in die Wildnis, die er als Auftakt zu organisierter Missionsarbeit unternahm, nicht von den Indianern getötet wurde. Auf seinem Hof in Womelsdorf arrangierte Weiser dann ein Treffen zwischen Zinzendorf und Häuptlingen der Sechs Nationen; Zinzendorf gelang es mit Weisers Hilfe, eine günstige Stimmung bei den Indianern zu schaffen und da-

mit künftigen Missionaren das Leben zu erleichtern.
Die Auswirkungen zeigten sich bald. 1745 lud der Mohawk Hendrick die beiden deutschen Missionare David Zeisberger und Christian Friedrich Post zu seinem Stamm ein, damit sie Sprache und Gebräuche erlernten. Zeisberger, damals vierundzwanzig Jahre alt, ist wohl der bedeutendste deutsche Missionar in Amerika gewesen. Er war siebzehnjährig nach Amerika gekommen und hatte 1743 seine Arbeit aufgenommen. Lange stand er im Schatten des Ostpreußen Post, einer höchst eigenwilligen Persönlichkeit, die in der Grenzgeschichte Pennsylvaniens einen wichtigen Platz einnimmt. Post war 1742 mit 32 Jahren nach Bethlehem gereist und hatte sich mit drei anderen Missionaren zu den Mohikanern aufgemacht, deren Sprache er in kürzester Zeit erlernte. Sein Einfühlungsvermögen verschaffte ihm Erfolg, aber als sich 1744 ein paar Indianerstämme erhoben, machten die Siedler in Connecticut und New York die Mährischen Brüder dafür verantwortlich. Post wurde erst eingesperrt, dann ausgewiesen. Als er anschließend mit Zeisberger zu den Irokesen reisen wollte, wurden beide erneut festgesetzt, weil sie angeblich gegen die Interessen der Siedler des Staates New York arbeiteten. Weiser mußte seinen Einfluß geltend machen, damit sie wieder auf freien Fuß gesetzt wurden, er nahm dann Zeisberger und einen anderen Missionar, Bischof August Gottlieb Spangenberg, mit zum Onondaga-See, wo am 20. Juni 1745 ein neuer Vertrag zwischen Engländern und Irokesen zustande kam. Damals war seit einem Jahr ein neuer englisch-französischer Krieg im Gang, in dem auch eine „Deutsche Kompanie" aus Pennsylvanien unter Hauptmann Diemer gegen die Franzosen kämpfte. Weiser drängte auf die Neutralität der Irokesen. Im Gegensatz zu ihm strebte General Sir William Johnson an, die Irokesen als Verbündete gegen die Franzosen zu führen. Johnson, dessen Einfluß auf die Irokesen den Weisers manchmal noch übertraf, hatte lange unter diesem Volk gelebt, war – wie Weiser – ein Meister der indianischen Redekunst und wurde von den Mohawks adoptiert und zum Häuptling gemacht. Weiser und Johnson vertrugen

sich schlecht. Johnson wollte die Irokesen für die Zwecke der Engländer benutzen, während sie Weiser aus den Streitereien der Weißen heraushalten wollte. Dazu kam, daß Weiser im Auftrag Pennsylvaniens verhandelte, Johnson aber aus dem Staate New York kam. 1743 hatte Weiser sogar einen Krieg zwischen Virginia und dem Irokesenbund verhindert und ein Jahr später Entschädigungen der Irokesen in Maryland und Virginia erreicht. Durch diesen Vertrag von Lancaster war die Führung New Yorks in den Verhandlungen mit den Indianern endgültig auf Pennsylvanien übergegangen, was Johnson nicht gleichgültig sein konnte. Und noch einmal erlebte Weiser einen Triumph, als er es erreichte, daß die Irokesen im Krieg neutral blieben. 1748, zu Ende des Krieges, schlossen Weiser und der Agent Captain George Croghan, ein Genie im Umgang mit den Indianern, in Logstown einen Vertrag mit westlichen Stämmen; mit ihm konnte Pennsylvanien seine Handelsbeziehungen bis zum Mississippi ausdehnen.

Als Shikellamy am 6. Dezember 1748 starb, bedeutete das auch das Ende von Weisers überragendem Einfluß. Aber Weiser war noch in anderer Hinsicht von Bedeutung. Mit Benjamin Franklin erbaute er mit Hilfe von Deutschen entlang der Blauen Berge eine Kette von Forts. Die Besatzungen bestanden oft aus Deutschen, die sich mit ausgezeichneten Gewehren verteidigten. Die Kentucky-Büchse, die „Lange Büchse", die dem Kentucky-Helden Daniel Boone den Namen gab, war von Deutschen erfunden worden, die in den Grafschaften Lancaster und Berks lebten und das dort gewonnene Eisen für die Läufe verwendeten. Da sie den Lauf 1,80 m lang machten, erhöhten sie die Treffsicherheit gegenüber früheren Gewehren; auch die Reichweite wurde durch Verringerung der Bohrung des gezogenen Laufes auf 8,5 mm gesteigert, und Zielvorrichtung und Abzug wurden gleichfalls verbessert.

Als Weisers Einfluß zurückging, nahm gleichzeitig der Einfluß von Zeisberger und Post zu. Zeisberger war bis zu seinem Tode in die komplizierte Grenzpolitik verstrickt. In den Verhandlungen mit den Indianern war er wegen seiner ausgezeichneten Kenntnisse der Eingeborenen unentbehrlich. All sein Tun war darauf gerichtet, den Indianern zu helfen. Bis 1763 wirkte er immer wieder unter den Irokesen, unter denen er sehr beliebt war. Aber noch mehr hatten es die Delawaren ihm angetan; bei ihnen missionierte er bis 1754 in Shamokin, so daß er schließlich als „Apostel der Delawaren" bezeichnet wurde.

Seine gefährlichste Reise unternahm Zeisberger im Jahre 1750 zusammen mit dem Missionar Johann Christian Friedrich Cammerhoff, der aus der Gegend von Magdeburg stammte und 1746 als Assistent von Bischof Spangenberg nach Pennsylvanien gesandt wurde. Dort wuchs der Einfluß des sympathischen jungen Mannes sprunghaft. Cammerhoff teilte die extreme Gefühlsbetonung, die mystischen Verzückungen und die Emphasen über Christi Leiden der Pietisten. Er hatte Freude an einem phantastischen Symbolismus und war der Überzeugung, Gott erweise ihm eine besondere Gnade. Seine Gefühlsglut fand zwar bei Spangenberg wenig Anklang, dafür aber umso mehr bei den Indianern, die ihm großes Vertrauen entgegenbrachten. Am 15. April 1748 wurde er von den Oneida in den Stamm aufgenommen und „Gallichwio", „Gute Botschaft" genannt. Seine größte Leistung bestand darin, daß er den einflußreichen Delawaren-Häuptling Tedyuskung zum Übertritt zum Christentum bewegen konnte. Als 1750 die Irokesen in New York eine ihrer großen Ratsversammlungen abhielten, machten sich Zeisberger und Cammerhoff dorthin auf. In drei Monaten legten sie 1600 Kilometer zurück und erlebten die erstaunlichsten Abenteuer. So wurden sie mehrere Tage in einem Indianerdorf festgehalten und mußten um ihr Leben fürchten, als die Indianer beim Tanzen in Ekstase gerieten. Cammerhoff war derartigen Anstrengungen nicht gewachsen. Er starb 1751 an den Nachwirkungen der Reise, nicht ganz dreißig Jahre alt, von den Irokesen als Bruder betrauert, die von ihm sagten: „Er war ein ehrenwerter, aufrichtiger Mann, in dessen Herz kein Falsch zu finden war." Noch dreißig Jahre später hörte Zeisberger den Namen Gallichwio bei den Irokesen, wo er mit Liebe erwähnt wurde.

Inzwischen zog sich am Horizont das Gewitter zusammen, das sich im letzten englisch-französischen Krieg entladen sollte. Der Missionar Post, der nach einem kurzen Intermezzo in Labrador 1754 wieder nach Pennsylvanien gekommen war, erkannte die Zeichen der Zeit und setzte allen Einfluß daran, ein Bündnis zwischen Franzosen und Delawaren zu verhindern, was ihm allerdings nicht glückte. Als der Krieg nun tatsächlich ausbrach, kämpften die Delawaren und andere Algonkinstämme auf Seiten der Franzosen, während die Irokesen dank Weisers Einfluß zu den Engländern hielten. Dieser französisch-indianische Krieg, wie er genannt wurde, lief zwar dem Siebenjährigen Krieg in Europa parallel und wurde mit auf dem Kontinent entschieden, hatte aber durchaus seine eigenen Ursachen. Da die Engländer langsam von Osten nach Westen zogen, die Franzosen aber bereits von Norden und Süden her den Mississippi erreicht hatten, würden sich beide Nationen einst am Mississippi begegnen. Dazu kam der ständige Konkurrenzkampf im Handel mit den Indianern und die Angst der Engländer, die Franzosen könnten ihnen nicht nur die fettesten Bissen, sondern auch das Land im Westen wegnehmen. Als die Franzosen dann noch 1754 die Übergabe eines Forts verlangten – das Fort hieß Necessity und der junge Kommandant George Washington –, waren die Feindseligkeiten eröffnet.

1755 entbrannte der Krieg mit aller Heftigkeit. Eine Schlüsselstelle hatte das Fort Du Quesne, das heutige Pittsburgh, in Pennsylvanien inne, mit dem die Franzosen große Teile der Kolonie beherrschten. Aber der Versuch, es einzunehmen, endete mit General Braddocks traurig – berühmter Niederlage am Monongahela. Braddock war von pennsylvanien-deutschen Farmern mit Vorräten versorgt worden. Benjamin Franklin hatte für ihn in Lancaster 150 Conestoga-Wagen und 1500 Pack- und Reitpferde zusammengebracht. Der Nachschub für Braddock und nach ihm für viele englische Regimenter rollte auf Conestoga-Wagen aus Pennsylvanien nach Norden.

Hatten die Engländer hier versagt, so gelang es Sir William Johnson mit Hilfe der Irokesen doch im selben Jahr, einen Erfolg zu verzeichnen. Schuld an der Aufregung war Fort Crown Point an der Südspitze des Champlain Sees, von dem sich die Engländer schon lange bedroht fühlten. Als Johnson den Feldzug gegen das Fort vorbereitete, überredete er auch seinen Freund Hendrick, ihn mit 300 Irokesen zu begleiten. Mit 2200 Mann aus verschiedenen Kolonien marschierte Johnson zum Georgsee, wo er Fort William Henry anlegte, nicht ahnend, daß die Franzosen schon zum Gegenschlag ausholten. Kommandant der Franzosen war der sächsische Baron Ludwig August Dieskau, der es in französischen Diensten bis zum Brigadegeneral gebracht hatte. Während Johnsons Regimenter nach Norden zogen, wurden sie von Dieskaus Truppen im Süden umgangen. Als Johnson die Gefahr im Rücken erkannte, teilte er gegen Hendricks Rat seine Streitmacht und sandte die eine Abteilung nach Fort Edward, um den Nachschub aus dem Süden zu sichern. Diese Abteilung stolperte am 8. September 1755 direkt in Dieskaus Hinterhalt hinein; zu den zahlreichen Toten gehörte auch der alte Hendrick. In wilder Flucht stürmten die Engländer nach Fort William Henry zurück, und Dieskau setzte nach. Aber nun verließ ihn das Glück. Seine Angriffe auf das Fort wurden abgeschlagen, und er selbst fiel, aus vier Wunden blutend, den Engländern in die Hände. Daraufhin flohen die Franzosen. Die rasenden Irokesen forderten Dieskau, um ihn am Marterpfahl als Rache für Hendricks Tod ebenfalls zu töten. Johnson konnte das verhindern, und Dieskau blieb Gefangener bis zum Ende des Krieges.

Das Jahr 1755 bescherte Pennsylvanien auch den ersten Indianerkrieg. Post traf in diesem Jahr in Bethlehem ein und warnte vor einem Angriff der Delawaren unter Tedyuskung. Aber er kam zu spät. Im November fegte der rote Sturm über die Kolonie, dem viele Herrnhuter zum Opfer fielen. Gnadenhut, das spätere Wilkes-Barre, wurde ebenso wie Bethlehem zerstört; Bischof Spangenberg verteidigte sich mit den Überlebenden gegen neue Angriffe, bis Franklin zum Entsatz heranrückte.

Nach diesen Ereignissen verloren die Quäker in Pennsylvanien an Einfluß. Deutsche Grenzsiedler brachten einige ihrer Toten nach Philadelphia. Dann drangen 400 in den Versammlungsraum ein und verlangten Schutz vor den Indianern. Sie wechselten zu den Schott-Iren über und entrissen in den Wahlen von 1756 den Quäkern die Macht in der Kolonie. Johann Conrad Weiser, der den Handel der Quäker und ihren übertriebenen Pazifismus ablehnte, riet seinen Landsleuten, gegen die Quäker zu stimmen. Er gehörte damals zu den wenigen Deutschen, die durch ihre Stellung größeren politischen Einfluß hatten. Er war Friedensrichter in verschiedenen Grafschaften gewesen und war wahrscheinlich der einzige Deutsche, der in Kolonialzeiten jemals dieses Amt innehatte. Bis zu seinem Tode war er Oberrichter der Grafschaft Berks.

Die Geschichte des englisch-französischen Krieges verlief wechselvoll. Die Engländer lernten aus ihren anfänglichen Fehlern und paßten sich mit der Zeit dem Urwaldkampf an. Pionier darin, die Engländer mit den Erfordernissen der Wildnis vertraut zu machen, war Robert Rogers, der mit seinen Rogers' Rangers zum Schrecken der Wälder wurde. Auch Weiser, inzwischen schon in Ehren ergraut, führte mehrfach Expeditionen gegen die Franzosen. Vor allem aber wurde er bei Verhandlungen mit Indianern stets um Rat gefragt.

Nach Braddocks Niederlage wurde der Schweizer Offizier Jacques Prevost beauftragt, in Amerika vier Battaillone zu organisieren. Viele der Soldaten, die in englischem Soldatenrock kämpften, waren schon im französisch-indianischen Krieg Deutsche. Prevost selbst hatte vierzig deutsche Offiziere bei sich, als er Amerika erreichte. Er rekrutierte vor allem Pennsylvanien-Deutsche; als Entstehungsdatum des bekannten Regiments der Royal Americans wird der 25. Dezember 1756 genannt. Das erste Battaillon wurde dem Schweizer Obersten Henry Bouquet unterstellt, das zweite führten später Captain Andreas Wetherholt und Leutnant Samuel Weiser, ein Sohn des alten Grenzers. Während bei den Royal Americans auch einige Engländer dienten, setzte sich das Second Pennsylvania Regiment nur aus Deutschen zusammen.

Die Royal Americans nahmen an den meisten Schlachten zwischen 1757 und 1763 teil. Das dritte Battaillon erlebte die Belagerung von Fort William Henry am Georgsee mit, das Oberst Monroe an den französischen General Montcalm übergeben mußte – ein tragisches Ereignis, das durch Cooper im „Letzten Mohikaner" berühmt geworden ist. Das erste Battaillon unter Bouquet wurde gegen Fort Du Quesne eingesetzt, das 1758 erneut Ziel einer groß angelegten Kampagne, diesmal unter General Forbes, war.

General Forbes führte 6400 Soldaten mit, Bouquet war ihm als Stellvertreter zugeteilt. Aber nicht den Soldaten gebührt die Ehre, das Fort für die Engländer gewonnen zu haben, sondern dem deutschen Missionar Post. Er und ein gewisser Charles Thompson hatten sich 1758 mit Tedyuskung und zwei anderen Häuptlingen getroffen und eine spätere Verhandlung am Ohio vereinbart. Post wußte, daß ein Brechen der Allianz zwischen Delawaren und Franzosen das Ende des französischen Einflusses in Pennsylvanien zur Folge hätte. Deshalb reiste er mit Isaak Stille zum Ohio, wo eine bedeutende Verhandlung mit Angehörigen verschiedener Stämme, Delawaren, Shawnee u. a., stattfand. Über mehrere Tage erstreckte sich die Verhandlung, und Post überflügelte, nachdem er eine Zeitlang um sein Leben hatte fürchten müssen, zu guter Letzt die diplomatisch klugen Franzosen und gewann die Stämme für die Engländer. So fand Bouquet, als er mit seinen Pennsylvanien-Deutschen im Winter Fort Du Quesne erreichte, nur noch Trümmer davon vor. In aller Eile hatten es die Franzosen in Brand gesteckt und waren abgezogen. Durch die Einnahme des Forts erhielten die Engländer die Kontrolle über Pennsylvanien, und das verschaffte ihnen entscheidende Vorteile in den nächsten Jahren. Zu Ehren seines Premierministers nannte Forbes das Fort Pitt.

Nun wurden die Engländer immer erfolgreicher, ein

Fort nach dem anderen mußten die Franzosen räumen. Ins Herz von Neu Frankreich stieß General Wolfe vor, der sich vor Quebec festsetzte. Das zweite und dritte Bataillon der Royal Americans erlebten die Eroberung der Feste mit, die bis dahin als uneinnehmbar gegolten hatte. Aber das Wort „unmöglich" gab es für den jungen, kränklichen General nicht, der von flammender Energie und eisernem Willen beseelt war. Am 13. September 1759 erkletterte er mit dem größten Teil seiner 4000 Soldaten die steilen Klippen zu den sogenannten Abrahamsfeldern — in der Nacht, eine Tat, die bis dahin als „unmöglich" angesehen worden war. In der folgenden Schlacht wurde Quebec erobert — Wolfe und Montcalm kamen dabei ums Leben.

Nun war die Kapitulation der Franzosen nur noch eine Frage der Zeit. Im Sommer 1760 stand General Amherst vor den Toren Montreals, die der Gouverneur von Neu Frankreich widerstandslos öffnete. Indessen führte Robert Rogers 200 Mann des ersten Battaillons der Royal Americans nach Westen und nahm mit ihnen die Forts Vanango, Le Boeuf und Machault ein, die die Überlandroute zwischen den Großen Seen und dem Ohio kontrollierten.

Das Jahr 1760 brachte das Ende vom französischen Traum eines französischen Kanada. Im Jahre 1760 traf — weitab von allen großen weltpolitischen Entscheidungen — Pennsylvanien ein großer Verlust. Am 13. Juli starb in Womelsdorf Johann Conrad Weiser, eine der bedeutendsten Gestalten in der Grenzgeschichte Pennsylvaniens, die merkwürdigerweise hierzulande nahezu unbekannt geblieben ist. Weiser hatte sich stets um den Frieden zwischen Weißen und Indianern bemüht, aber die Zeiten hatten sich gewandelt — der Friede war gestorben — es setzte das düstere Schauspiel des Kampfes des Roten Mannes um seine Heimat im amerikanischen Mittelwesten ein.

Der Kampf um den Mittelwesten

In dem halben Jahrhundert, das zwischen dem Aufstand Pontiacs und dem Schlachtentod Tecumsehs lag, vollzog sich die weltgeschichtlich so bedeutsame Gründung der Vereinigten Staaten. Der deutsche Anteil an der Entstehung der USA würde Bände füllen. Schon als die „Pilgerväter" den Anker der „Mayflower" lichteten, nahmen sie deutsches Ideengut mit. Die Fundamental Orders von 1639, mit denen Thomas Hooker seiner Gründung Connecticut vermutlich den ersten Verfassungsentwurf der Welt schenkte, basierten zum Teil auf den Lehren Martin Luthers. Und daß Roger Williams, der Gründer von Rhode Island, „Vater der amerikanischen Demokratie" genannt wird, beruht darauf, daß er eine konstitutionelle Regierung im Sinn hatte und in seiner Gründung die Gewissensfreiheit sicherte und Volksabstimmungen vorsah — er wurde dazu von Luthers Gedanken angeregt. Daß auch der anfangs so harte Puritanismus im Verlauf von hundert Jahren weicher wurde, ist großenteils dem Einfluß des deutschen Pietismus zu verdanken.

Der erste Kongreß der Kolonien kam 1690 durch den Einfluß des damaligen Gouverneurs von New York, des Frankfurters Jakob Leisler, zustande. Hier dokumentierte sich das Zusammengehörigkeitsgefühl der Kolonien zum ersten Mal. Zwar wurde Leisler, der nach der Vertreibung der Stuarts vom englischen Thron 1689 vom Volk zum Gouverneur gemacht worden war, 1691 als Hochverräter gehenkt, weil dem König bestellte Gouverneur verjagt worden war, aber seine Maßnahmen hatten doch weitreichende Wirkung, seine Ehre wurde schon 1695 vom englischen Parlament wiederhergestellt.

Eine Generation später, 1735, war mit dem Namen des deutschen Zeitungsverlegers Johann Peter Zenger in New York der erste bedeutende Sieg der Pressefreiheit der Geschichte verbunden. Als in Zengers Zeitung Artikel gegen den New Yorker Gouverneur erschienen, wurde Zenger eingesperrt, aber bald in einem aufsehenerregenden Prozeß gemäß dem Grundsatz freigesprochen, daß die Veröffentlichung von Wahrheiten in keinem Fall eine Schmähung darstelle. Das Urteil erhielt den Namen „Morgenstern der Freiheit, die Amerika revolutionierte".

Als die Kolonien 1775 vom Mutterland abfielen, trugen die Deutschen in Amerika entscheidend zum Sieg der Revolution bei. In Pennsylvanien widersetzten sie sich immer den Bestrebungen, die Kolonie zu einer königlichen Provinz zu machen. Sie liebten die Freiheit und sahen im König einen Tyrannen. Sie und die Schotten gaben den Ausschlag, daß auch Pennsylvanien abtrünnig wurde. Wohl gab es eine Anzahl deutscher Siedler, die auf englischer Seite kämpften, aber die Mehrzahl bekannte sich zum Gedanken der Unabhängigkeit. Die Unabhängigkeitserklärung wurde zuerst in einer deutschamerikanischen Zeitung gedruckt. Die Pennsylvanien-Deutschen versorgten die amerikanische Armee mit Vorräten. Der deutsche Bäcker Christoph Ludwig konnte aus 100 Pfund Mehl 130 Pfund Brot backen und wurde deshalb von George Washington, dem Oberbefehlshaber der Armee und späteren ersten amerikanischen Präsidenten, „mein aufrichtiger Freund" genannt. Die pennsylvanien-deutschen Jägerregimenter, nach denen Washington rief, waren bei den Engländern gefürchtet, weil sie zweimal so schnell schießen konnten wie diese, und Washington vertraute sich einer deutschen Leibwache an. Als die Engländer während des Krieges Philadelphia eroberten, floh der Kongreß in die deutsche Ortschaft York.

Deutsche Offiziere trugen zum Sieg der amerikanischen Sache bei. Washingtons Freund General George Weedon hieß eigentlich von der Wieden und zeichnete sich verschiedentlich aus. Heinrich Lutterloh wurde Quartermaster-General. Baron Jean de Kalb hieß ursprünglich Johann Kalb, war in Bayern als Kind von Bauern zur Welt gekommen und, nachdem er von zu Hause weggelaufen war, in französische Dienste getreten. Er und sein Protégé, der junge Marquis de Lafayette, kamen als Freiwillige nach Amerika und erhielten Generalsposten – Kalb fiel 1780 in der Schlacht von Camden. Aus Pennsylvanien kam General John Peter Muhlenberg; sein Großvater war der Grenzer Weiser, sein Vater der erste große Förderer der lutherischen Kirche in Amerika, seine Brüder waren hervorragende deutschamerikanische Gelehrte, und er selbst, der sich in zahlreichen Schlachten auszeichnete, galt den Pennsylvanien-Deutschen als „größter Held nach Washington".

Am bedeutendsten unter den Deutschen in Amerika zu dieser Zeit war natürlich der preußische Baron Friedrich von Steuben, der im Siebenjährigen Krieg Adjutant Friedrichs des Großen gewesen war. Der „große deutsche Offizier", wie ihn der Kentucky-Held Daniel Boone einmal nannte, bot dem amerikanischen Kongreß seine Dienste an und wurde 1778 zum Generalinspekteur der gesamten Kontinentalarmee ernannt. Damals hatte die amerikanische Armee ihren Tiefpunkt in jeder Hinsicht erreicht. Steubens Bemühungen ist es zweifellos zu verdanken, daß sie schon bald nach seiner Ankunft eine so glänzend organisierte und disziplinierte Streitmacht wurde; Steubens Leistung gehört zu den bemerkenswertesten dieser Art in der Weltgeschichte. Bei allen strategischen und verwaltungstechnischen Problemen zog man ihn zu Rate. Als Befehlshaber einer der drei vor Yorktown stehenden Divisionen trug er schließlich zur Niederlage der Engländer bei, die durch die Übergabe von Yorktown 1781 besiegelt wurde. Die letzte offizielle Handlung Washingtons, bevor er sein Kommando über die Kontinentalarmee abgab, war ein Brief, in dem er Steuben für seine Verdienste dankte. Steubens Geist lebte fort im Geist der Militärakademie von West Point.

Durch General Steuben wurde die amerikanische Armee den besten englischen Regimentern ebenbürtig, und diese waren wie schon im französisch-indianischen Krieg deutsche. Im englischen Soldatenrock kämpften etwa 30 000 Deutsche, von denen etwa 17 000 ihre Heimat wiedersahen. Die wenigsten waren allerdings Freiwillige, die meisten dieser armen Teufel waren von deutschen Fürsten an die Engländer verkauft worden. Das beste Geschäft hatte der hessische Landgraf gemacht, so daß der Name „Hessians" auf alle Deutsche in englischen Diensten angewendet wurde. In Amerika waren sie verhaßt, auch in Pennsylvanien war „Du verdammter Hess" das schlimmste Schimpfwort. Im Verlauf des Krieges änderte sich allerdings ihnen gegenüber die Stimmung, da sie stets freundlich und ritterlich auftraten. Als die deutsche Besatzung aus Rhode Island abzog, wurde den Frauen verboten, aus den Häusern von New Port zu schauen, weil man befürchtete, sie könnten die beliebten Soldaten zurückhalten.

Die hervorragendsten Offiziere der „Hessians" waren General Wilhelm von Knyphausen, der sogar einmal die Chance hatte, englischer Oberbefehlshaber in Amerika zu werden, und General Friedrich Adolph von Riedesel, der den Feldzug von General Burgoyne 1777 mitmachte. Burgoyne wollte von Kanada aus die Kolonien einzeln niederzwingen. Vergeblich bemühte sich Riedesel, die Fehler Burgoynes zu verhüten und die schließliche schwere Niederlage bei Saratoga zu verhindern.

Als einziger der deutschen Fürsten hatte sich Friedrich der Große geweigert, deutsche Soldaten an England zu verschachern. Der „Alte Fritz" war auch der erste, der die jungen Vereinigten Staaten anerkannte und ihnen damit ihren schweren Kampf erleichterte. Die großen Schlachten fanden im Osten statt, der Westen hatte seine eigene Geschichte.

Als der französisch-indianische Krieg 1763 durch einen Friedensvertrag beendet war, führten ihn die Indianer auf eigene Rechnung fort. Durch ihre arrogante Haltung hatten sich die Briten bei den mit den Franzosen verbündeten Indianerstämmen verhaßt gemacht. Die Franzosen hatten im Umgang mit den Ureinwohnern stets die bessere Hand gehabt, sie behandelten die Indianer als Freunde, die Briten dagegen sahen die Indianer nur als Fremdlinge und Barbaren an. General Amherst hatte sogar empfohlen, den Indianern mit Blattern verseuchte Decken zu schenken, um sie zu infizieren und auszurotten. Als die französischen Truppen das Land räumten, brach für die Stämme an den Großen Seen und im Mittelwesten, die Chippewa, Ottawa, Menomini, Delawaren, Shawnee, Miami und Potawatomi eine Welt zusammen; plötzlich sahen sie sich mit wachsenden Scharen englischer Siedler und Grenzer konfrontiert, die ihre Jagdgründe entweihten und auf jeden Indianer feuerten, der ihnen vor die Flinte kam.

Der Leiter der großen Erhebung von 1763 war ein bedeutender Indianer, ein Ottawa, Pontiac, der sich zum Oberhaupt eines großen Indianerbundes aufschwang. Mit seinen indianischen Streitkräften überrannte er das Land, von zwölf Forts nahm er acht ein, die Grenze wurde vom Grauen erfaßt. In Fort Sandusky am Erie-See befehligte der deutsche Fähnrich Paulli. Er wurde von den Indianern gründlich überrumpelt und in die Gefangenschaft geschleppt. Man stellte ihn vor die Wahl, eine Squaw zu heiraten oder zu sterben – Paulli wählte das erstere und konnte später entkommen.

Pontiacs Siegeszug wurde vor Fort Pitt und Detroit zum Stehen gebracht. Detroit belagerte Pontiac selbst lange Zeit vergeblich, zum ersten und letzten Mal in ihrer Geschichte wurde eine Belagerung von Indianern längere Zeit aufrechterhalten. Zum Entsatz des Forts rückte Hauptmann Detzel heran, der ein Adjutant Amhersts gewesen war und wahrscheinlich aus Hessen oder der Pfalz stammte. Er führte auch den Ausfall am 31. Juli, wurde aber von Pontiac geschlagen und kam ums Leben, als er einen Verwundeten retten wollte. Erst im Oktober gab Pontiac die Belagerung auf.

In diesem Krieg waren auch die christlichen Indianer nicht sicher. Der Gouverneur von Pennsylvanien bot ihnen daher in den Militärunterkünften von Philadelphia Unterschlupf, und der Missionar Zeisberger nahm sich ihrer an.

Zu dieser Zeit war Henry Bouquet Kommandant an der Westfront. Die Forts im Westen waren zumeist von Angehörigen des Royal American Regiment besetzt. Mit diesen Truppen, die vorher noch nie einen Indianerkrieg mitgemacht hatten, marschierte Bouquet ins Indianergebiet. Einer seiner besten Offiziere war John Philip De Haas, der aus einer alten preußischen Familie stammte. Seine Eltern waren aus Brandenburg ins Elsaß, dann nach Holland und schließlich 1737 nach Pennsylvanien ausgewandert.

Am Bush Run, nördlich von Fort Pitt, auf dem Farmgelände des Deutschen Andrew Byerly, warteten die Indianer in großer Übermacht, konnten aber dem geschlossenen Bajonettangriff Bouquets nicht standhalten und wurden vernichtend geschlagen. Schließlich waren die Royal Americans auch dabei, als Bouquet mit den Indianern am Muskingum Frieden schloß. Das ganze Gebiet östlich des Ohio wurde dem Zutritt des weißen Mannes geöffnet; man glaubte allerdings, Ruhe werde erst mit Pontiacs Tod einkehren – 1769 wurde er von einem gedungenen Mörder erstochen.

Inzwischen waren die ersten Forscher nach Kentucky vorgedrungen, ins „Land des Grünen Rohres" oder in die "Finsteren und Blutigen Gründe", wie es später genannt wurde. Infolge der Rivalitäten zwischen Franzosen und Engländern hatten sich letztere schon lange beeilt, auch den Ohio, den „Schönen Fluß", zu erforschen, und im Zuge dieser Expeditionen gelangten der Arzt und Landherr Dr. Thomas Walker bereits 1750 und ein Jahr später der bedeutende Grenzer Christopher Gist nach Kentukky. Aber ihre Berichte lösten keine Landsuche aus, und während Gist das heutige West Virginia für die Besiedlung öffnete und weiter im Süden schon deutsche Pioniere die ersten Niederlassungen in Tennessee gründeten, wußte man noch immer wenig von Kentucky. Zudem war eine Besiedlung westlich der Appalachen durch eine Proklamation König Georgs III. von 1763 verboten.

1766 brachen abermals zwei Grenzer ins „Land des Grünen Rohres" auf. Der eine war ein Deutscher, Michael Steiner, der sich Mike Stoner nannte; der Name seines Gefährten ist später bekannt geworden: James Harrod, einer der bedeutendsten Siedler in Kentucky – Michael Steiners Taten gerieten in Vergessenheit. Beide erforschten die Ströme Ohio und Cumberland und stießen bis zum Stone River vor.

Zwei Jahre später verkauften die Irokesen Kentucky an die Weißen, obwohl es ihnen gar nicht gehörte. Anspruch konnten auf Kentucky einige Stämme erheben; sie betrachteten es als Jagdgründe, aber nach dem Verlassen der alten Handelsstadt der Shawnee Eskippakithiki in der heutigen Grafschaft Clark gab es in Kentucky keine dauerhaften indianischen Siedlungen mehr. Dennoch war das Land kein „Niemandsland", sondern indianisches Territorium, das besonders die Shawnee beanspruchten.

Nach dem Verkauf ging der Händler John Finley nach Kentucky. Bei seiner Rückkehr überredete er den Mann, der als eigentlicher Erschließer Kentuckys in die Geschichte einging, mit ihm einen Zug nach Kentucky zu unternehmen. Es handelte sich um „Old Danny", Daniel Boone, den „Lederstrumpf", die „Lange Büchse", der durch Coopers Lederstrumpf-Erzählungen unvergeßlich geworden ist. Es hieß eine Zeitlang, Boone sei deutscher Abstammung gewesen, doch haben neuere Forschungen diese Annahme als hinfällig erwiesen. Boones Vorfahren waren Quäker, aber er wuchs in einer pennsylvaniendeutschen Gemeinde auf; manche seiner Eigenschaften, vor allem das Fehlen jeglichen Indianerhasses oder die den Virginiern fremde Naturverbundenheit lassen sich damit erklären. Übrigens lebten in der Nachbarschaft der Boones auch die Vorfahren des berühmten Präsidenten Abraham Lincoln. Heute noch streiten sich die Gelehrten, ob die Lincolns Deutsche waren und in Wahrheit Linkhorn hießen.

Boone hatte nach einem unruhigen Leben als Händler und Forscher eine Familie und eine Farm gegründet. Finley gelang es, ihn mit Berichten über das traumhafte Paradies im Westen für einen Forschungszug zu begeistern. Zur selben Zeit, als Boone diese denkwürdige Expedition leitete, die Finley das Leben kosten sollte (1770), führte der alte Caspar Mansker eine Schar schießwütiger Landräuber und Indianertöter über die Alleghanies zum Cumberland. Später war dieser Deutsche, der sich von virginischen Skalpjägern um keinen Deut unterschied, behilflich, ein Gemeinwesen in Kentucky zu gründen. Ein weiterer deutscher Pionier im „Land des Grünen Rohres" war Georg Jäger, der „Lange Deutsche", wie man ihn nannte, und es gab noch ein Dutzend anderer.

Der zweijährige Aufenthalt Boones in Kentucky war der Beginn der Erschließung des Landes. Boone machte selbst 1773 den Anfang mit einem Dutzend Familien, die er nach Kentucky führen wollte. Zu ihnen gehörten die Calloways. Calloway war ein Freund Boones, ein erfahrener Grenzer und wohlhabender Pflanzer. Seine Frau, unter deren Pantoffel er allem Anschein nach stand, obwohl er sich sonst vor Tod und Teufel nicht fürchtete, war eine Deutsche und für das Leben an der Front ziemlich ungeeignet. Sie schleppte ihren gesamten Hausrat mit in die Wildnis und brachte mit ihren Eigenarten auch den besonnenen Boone aus der Fassung. Ein Überfall von Cherokee-Indianern, der sieben Mann das Leben kostete, ließ schließlich die Frauen, allen voran Mrs. Calloway, nach der Umkehr zetern. Zwar war die erste Siedlung in Kentucky ein Mißerfolg gewesen, aber schon ein Jahr später gründete Harrod mit einer Gruppe Feldmesser in der Nähe des Kentucky-Flusses den Ort Harrodstown, und gleichzeitig nahmen andere Vermesser vom Land an den Ohio-Fällen Besitz. Doch waren auch diese Niederlassungen nicht von Dauer. Die Shawnee und Delawaren gruben das Kriegsbeil aus. Der Führer der Shawnee, Cornstalk, ein bemerkenswerter Indianer, hatte nach früheren Kämpfen mit den Weißen seinen Frieden gemacht, aber mit den rauhen Virginiern gab es kein Auskommen. Verschiedene Übergriffe und Greueltaten der Weißen, darunter die Ermordung von Cornstalks Bruder Silver Heels und der Familie Tahgajutahs mitten im Frieden lösten schließlich den Krieg aus. Man hat Tahgajutah, den Roten Logan – er war der Sohn des großen Shikellamy – als einen der edelsten Indianer bezeichnet. Er war lange Jahre seines Lebens ein fester Freund der Weißen, die er immer schützte. Der Mord an seiner Familie machte ihn allerdings zu einem grausamen Racheengel.

Der Gouverneur von Virginia, Graf Dunmore, sandte nach Ausbruch des Krieges Boone und Steiner nach Westen, wo sie die beiden Feldmesser-Gruppen warnen sollten. In 60 Tagen legten sie zu Fuß 800 Meilen zurück, eine unerhörte Gewaltleistung. Der Krieg verlief zu Ungunsten der Indianer. In der Schlacht von Point Pleasant in West Virginia Anfang Oktober 1774 zwang General Andrew Lewis Cornstalk zum Rückzug, und dieser mußte Frieden schließen, als Dunmore vor der Hauptstadt der Shawnee Chillecothe erschien.

Cornstalk kam 1778 durch einen Verrat der Weißen um; Logan, der seinen edlen Charakter im Trunk ersäufte, aber immer dann noch einmal zu sich selbst fand, wenn es galt, einem Weißen das Leben zu retten, der Indianern in die Hände gefallen war, kam 1780 in einer Rauferei ums Leben.

Kaum war der Shawnee-Aufstand beendet, machte sich Harrod erneut nach Kentucky auf und baute im März 1775 seine Gründung wieder neu. In seiner Gesellschaft befanden sich einige „Kentucky-Helden", darunter der Franzose Jean Martin, der als Grenzer Boone noch in den Schatten stellte, und wieder ein Deutscher, Dr. Hart aus Maryland, der mit Gagerns Worten der „erste wildwestliche Arzt" war. „Seine Praxis sollte eine der ausgedehntesten werden, deren je ein Chirurgus sich erfreute. Aber nicht nur mit Sonde und Pinzette wußte dieser Jünger Äskulaps trefflich umzugehen . . ., an Mut, Tatkraft und Umsicht durfte er sich mit den härtesten Grenzern messen."

Auch Boone brachte nun eine Gesellschaft nach Kentucky und erbaute im April 1775 Boonesburg. Der reiche Richter und Landspekulant Richard Henderson aus Nord Karolina hatte ihn zum Agenten seiner Transsylvania Land Company ernannt. Henderson und Boone hatten im März den Cherokee das Land südlich des Kentucky, nördlich des Cumberland und westlich der Appalachen abgekauft. Zwar gehörte das Land den Cherokee gar nicht, aber mit dem Kauf erleichterten sich die Weißen ihr Gewissen. 1776 entstand noch die Niederlassung Logan's

Station, deren Gründer Benjamin Logan auch zu den großen Pionieren Kentuckys gehörte. Henderson wollte aus „Transsylvanien" eine 14. Kolonie machen, doch scheiterte der Plan am Widerstand der Virginier, die ihre Interessen in Kentucky nicht aufgeben wollten. Heftigster Gegner Hendersons war der junge Offizier George R. Clark, dem es gelang, die Autorität der virginischen Behörden in Kentucky durchzusetzen. Clark brachte auch etwas militärische Unterstützung aus Virginia, als die Indianergefahr immer größer wurde. Inzwischen drängten nämlich immer mehr Siedler nach Kentucky, vornehmlich aus Virginia, aber auch aus den Karolina-Kolonien, aus Pennsylvanien und Maryland. Ein großer Teil von ihnen war deutscher Herkunft.

Bei Ausbruch des Unabhängigkeitskrieges kämpften die meisten Indianerstämme auf Seiten der Engländer, weil sie in den Kolonisten ihre eigentliche Bedrohung erkannten. Nur die Irokesen konnten sich erstaunlicherweise zum ersten Mal seit dem Bestehen der Liga nicht über ein gemeinsames Verhalten einigen. So blieb es schließlich den einzelnen Stämmen selbst überlassen, auf wessen Seite sie sich stellten. Die Mohawk, Seneka, Cayuga und Onondaga hielten zu den Briten, während die Oneida und Tuskarora neutral blieben oder gar zu den Amerikanern neigten. Die Deutschen im Staat New York, die in enger Nachbarschaft der Irokesen lebten, gerieten in die Zwickmühle. Ein nicht geringer Teil von ihnen blieb königstreu. Die Royal Greens unter Sir John Johnson und Butler's Rangers wiesen ein beträchtliches Kontingent an Deutschen, vor allem Pfälzern auf, die gegen die Kolonisten kämpften und später nach Kanada flohen. Sir John Johnson war übrigens ein Kind von Sir William Johnson und dessen Frau, dem deutschen Dienstmädchen Catherine Weisenberg; er war ein fester Freund der Irokesen wie sein Vater. Andererseits fanden sich aber auch genügend New Yorker Deutsche, die sich gegen die Briten entschieden. Ihr Führer war der alte Brigadegeneral Nicholas Herkimer, dessen Familie aus der Pfalz ins Mohawk-Tal ausgewandert war. Im Juli 1777 führte er

380 Milizler nach Unadilla, wo er mit dem Mohawk-Häuptling Joseph Brant alias Thayendanega (gest. 1807), der mit 500 Kriegern erschienen war, eine Konferenz abhielt. Brant und Herkimer waren früher Freunde gewesen, und Herkimer wollte den Häuptling zur Neutralität bewegen. Doch das gelang ihm nicht, und so faßte er den nicht sehr ruhmvollen Plan, den Häuptling während der Verhandlung zu ermorden. Brant indes durchschaute das Spiel und blieb zu vorsichtig. So ist heute der Name Herkimer als der eines großen Patrioten und nicht als der eines großen Verräters überliefert.

Damals belagerten die Briten Fort Stanwix, und Herkimer brach mit seiner Truppe auf, um dem bedrohten Fort Hilfe zu bringen. Bei Oriskany geriet er am 6. August in einen Hinterhalt von Sir Johnson und Joseph Brant mit seinen Kriegern; es folgte einer der schlimmsten Nahkämpfe des Unabhängigkeitskrieges, in dem Herkimer ein Drittel seiner Leute verlor. Auch er selbst erlag zehn Tage später seinen Verletzungen. Doch wirkte sich der Vorstoß der Pfälzer dennoch so aus, daß die Belagerung des Forts bald aufgegeben werden mußte.

Die Deutschen vom Mohawk-Tal kamen noch oft mit den Irokesen in Berührung. Mitte September 1778 zerstörte Brant den Ort German Flats, der greise Oneida-Häuptling Skenandoah griff auf Seite der Deutschen ein und verhinderte ein Massaker, und Brant nahm dafür am Bruderstamm der Oneida blutige Rache. Doch war Brant nicht annähernd so grausam, wie er später hingestellt wurde. Die Baronin Riedesel, die ihren Mann während der unglückseligen Kampagne Burgoynes begleitete, lernte den Häuptling kennen und war voll des Lobes über ihn. Die Amerikaner ließen sich während ihrer Strafexpeditionen gegen die Irokesen mehr Grausamkeiten zu Schulden kommen als die Irokesen vorher oder nachher verübt haben. Nach offiziellem Sprachgebrauch waren es allerdings nur die Irokesen, die Massaker verübten. Während der entscheidenden Schlacht gegen die Irokesen — im August 1779 stießen 5000 Kolonisten mit 1200 Indianern und Briten zusammen — wurden die Irokesen reihenweise niedergemäht, so daß es hieß, die Felsen am Fluß hätten ausgesehen, „als hätte man sie aus Eimern mit Blut begossen". Der traurige Sieg war übrigens — es soll nicht verschwiegen werden — dem deutschen General Friedrich von Weißenfels (gest. 1806) zum Gutteil zu verdanken, der sich in vielen Schlachten gegen die Briten Ruhm erworben hatte.

Auch die Shawnee, Delawaren und Miami kämpften auf Seiten der Briten. Die ganze Grenze brannte lichterloh, die verstreuten Siedlungen in Kentucky wurden oftmals bestürmt, und viele der Pioniere verloren ihr Leben. Boone wurde an den Blauen Lecken gefangen genommen und nach Chillecothe geschafft. Dort schloß er zwar mit dem Häuptling Schwarzfisch Freundschaft, aber als er von dem Plan eines Überfalls auf Boonesburg erfuhr, entfloh er und rettete Boonesburg und damit vermutlich auch Kentucky. Inzwischen bereitete Clark, der erkannt hatte, daß eine Einnahme Kentuckys durch die Engländer wegen seiner zentralen Lage die gesamte Grenze gefährden würde, einen Schlag gegen die Briten vor. In Virginia erhielt er die Erlaubnis, mit 350 Mann den Ohio zu überschreiten und die britischen Forts im „alten Nordwesten": Kaskasia und Cahokia in Illinois und Vincennes in Indiana anzugreifen. Zwar brachte er nur 168 Mann zusammen, aber in einem tollkühnen Unternehmen nahm er im Juli 1778 Kaskasia und später Cahokia und Vincennes ein. Damit brach er die britische Vormachtstellung im Nordwesten. Zu Clarks Leuten zählten neben Harrod und dem bekannten Simon Kenton auch der Grenzerhauptmann Joseph Bowman, der, deutscher Herkunft, im August 1777 nach Harrodsburg gekommen war, und der Deutsche Leonard Helm. Clark unterstellte Helm das Gebiet von Vincennes und ernannte ihn zum Befehlshaber in allen bürgerlichen und militärischen Angelegenheiten. Doch konnte sich Captain Helm seines Amtes nicht lange erfreuen. Nachdem Clark nach Kaskasia zurückgekehrt war, rückte der britische Kommandant von Detroit, Henry Hamilton, gegen Vincennes vor. Wie Gagern berichtet, „fragte ihn (Helm) vom Wall herab mit gerichtetem Geschütz und brennender Lunte nach den Bedingungen der Übergabe. Auf Zusicherung voller Kriegsehren kapitulierte er und marschierte dann zum größten Gaudium der Belagerer mit seiner ganzen, aus einem — einzigen Soldaten bestehenden Garnison stramm heraus." Hamilton machte Helm zu seinem Gast, nach weiteren Eroberungen gelüstete es ihn nicht, und schon etwa zwei Monate später, im Februar 1779, gewann Clark Vincennes durch einen wagemutigen Handstreich zurück. Bald danach strömten die ersten Siedler in dieses Gebiet.

Das Jahr 1779 brachte Kentucky wieder blutige Indianerüberfälle. Hauptmann John Bowman, auch ein Virginia-Deutscher, stellte sich an die Spitze von 150 Mann und marschierte gegen Chillecothe. Sein Adjutant und Quartiermeister war der junge Georg Michael Büdinger, der sich nun Bedinger schrieb und dessen Großvater aus dem Elsaß nach Pennsylvanien gekommen war. Die Truppe zog gen Chillecothe; der Ort war verlassen und wurde in Brand gesteckt. Einige Gefechte mit den Indianern wurden siegreich überstanden, aber auf dem Rückweg setzten die Schwierigkeiten ein. Einmal gelang es Bedinger, die anstürmenden Shawnee mit seiner Kavallerie aufzuhalten und den mittlerweile schon in Auflösung befindlichen Trupp vor einer Schlacht zu bewahren. Als Bowman endlich Vincennes erreichte, waren von seiner Mannschaft noch dreißig übrig, weil die restlichen ihre Dienstzeit schon überschritten und sich davongemacht hatten.

Im Grunde hatte Bowmans Feldzug keinen Erfolg gebracht. Das Jahr 1780 bescherte den Siedlern Kentuckys neue Überfälle. Die Macht der Amerikaner nahm ab, die der Briten wuchs. Zwei Truppenverbände sollten die Vorherrschaft der Engländer im Mittelwesten wieder herstellen. Eine größere Streitmacht brach in Mackinac nach Süden auf. Befehlshaber war der Deutsche Emanuel Hesse. Er sollte die Dörfer in Illinois unterwerfen, den Mississippi hinabziehen und auch noch spanisches Gebiet — nämlich West-Florida — erobern. Inzwischen sollte Henry Byrd mit einer zweiten Streitmacht Clarks Truppen in den Osten nach Kentucky treiben und so für Hesse die Bahn freimachen. Aber die Pläne scheiterten. Im Mai 1780 erreichte Hesse Cahokia mit 1000 Briten und Indianern. Clark empfing ihn nicht mit Kanonen, sondern seine Anwesenheit allein genügte, die Indianer gegen Hesse umzustimmen, so daß er sich gezwungen sah, nach St. Louis abzurücken. Dort wurde er von den Spaniern weggejagt, und voller Furcht vor Clark eilte Hesse, völlig demoralisiert, nach Mackinac zurück. Byrds Erfolge waren kaum größer.

Die Shawnee wurden von den Briten mit Waffen unterstützt und beschritten weiter den Kriegspfad. Das Jahr 1782 brachte wieder blutige Kämpfe, die sich mit dem neuerlichen Erscheinen des „blutigen Deutschen" ankündigten, wie er genannt wurde, eines der furchtbarsten Indianermörder dieser Zeit, der schon seit einigen Jahren in Kentucky sein Unwesen trieb. Ludwig Wetzel, geboren in West Virginia, hatte seine Eltern in den Indianerkämpfen verloren und Rache geschworen. Als Halbwüchsiger nahm er an einem Überfall auf ein Indianerdorf teil, später wurde er zum Einzelgänger, vor dem sogar den hartgesottenen Kentucky-Pionieren graute. Schon seine Erscheinung genügte, den Indianern Schrecken einzuflößen. Blutrache war sein einziges Ziel. An die dreihundert Skalpe hat er erbeutet, die Indianer fürchteten ihn als Waldteufel. In den weißen Niederlassungen bedeutete sein Auftauchen stets, daß Indianergefahr drohte. So auch im Sommer 1782! – Er brachte den Siedlern die dunkle Stunde der Schlacht an den Blauen Lecken, in der der Trupp von Logan fast völlig aufgerieben wurde. Nach dieser furchtbaren Niederlage rückte Clark mit 1000 Mann von Fort Jefferson aus, drang ins Herz des Indianergebietes ein und schaffte endgültig Ruhe in Kentucky. Die letzten Ansprüche, die Indianer auf Kentucky erhoben, wurden 1818 in einem Vertrag mit Chickasaw getilgt.

Kentucky wurde in den nächsten Jahren Ziel ganzer Auswandererkolonnen. Boone erkannte mit Schrecken das Ergebnis seiner Erschließung des Landes. Als er sah, welches Paradies er zerstört hatte, zog er sich zurück und ging in den Westen, wo er zum Pionier in einem Teil des sogenannten Louisiana-Territoriums wurde. Er starb 1820 in hohem Alter im späteren Staat Missouri; als die Kunde von seinem Tod nach Osten drang, brachen verschiedene amerikanische Parlamente ihre Sitzungen ab. –

Einige Zeit bildete der Ohio die Grenze der Zivilisation, aber ihre Vorboten hatten ihn bereits überschritten. Die Vorhut im amerikanischen Mittelwesten waren die deutschen Missionare. Auf den Spuren von Post, der 1785 starb, zog Zeisberger nach Westen. Für seine Schützlinge, die Munsey-Delawaren, baute er 1772 am Muskingum die Ortschaft Schönbrunn. Dort entstanden die erste Kirche und die erste Schule westlich des Ohio. In den nächsten drei Jahren entstanden weitere Orte in der Nähe: Lichtenau, Salem und Gnadenhütten, Zentren einer blühenden Kolonie christlicher Indianer. Mit Zeisberger wirkte hier ein anderer hervorragender Missionar der Mährischen Brüder, Johann Gottlieb Heckewelder, ein genauer Kenner der Sitten und der Sprachen der Indianer. Als junger Mann hatte er oft Indianer auf ihren Wanderzügen begleitet und dafür gesorgt, daß weißes Gesindel sie unbehelligt ließ. Später hatte er christliche Indianer aus Pennsylvanien nach Schönbrunn gebracht. In Salem heiratete er 1780 Sarah Ohneberg aus Nazareth – es war die erste christliche Hochzeit im heutigen Staat Ohio.

Als der Unabhängigkeitskrieg ausbrach, standen verschiedene Teile der Delawaren zu den Briten. Einige christliche Indianer schlossen sich an, der Rest blieb neutral und geriet damit zwischen die Fronten. Sowohl Amerikaner als auch Briten sahen sie als Verräter an. Heckewelder und Zeisberger wurden 1781 als „amerikanische Spione" von den Engländern festgenommen. Daraufhin sahen die Amerikaner ihre Stunde gekommen: Anfang März 1782 rückte ein amerikanischer „Oberst" David Williamson mit hundert Mann in die Dörfer am Muskingum ein und ließ 35 Männer, 27 Frauen und 34 Kinder unter den abscheulichsten Methoden umbringen. Als „Massaker von Gnadenhütten" ging das Gemetzel in die Geschichte ein.

Nach dem Blutbad führte Zeisberger einen kleinen Rest der Indianer in den heutigen Staat Michigan. Aber schon 1786 zog er mit einigen Indianern nach Ohio. Zur selben Zeit schied Heckewelder aus dem aktiven Missionsdienst aus. Doch waren die christlichen Indianer auch in ihren neuen Ansiedlungen nicht sicher. Im Westen war ein neuer Indianerkrieg im Anrollen. Im Ohio-Tal gärte es, in den heutigen Staaten Ohio, Michigan, Illinois, Indiana und Wiskonsin wurden die Indianer von zunehmender Unruhe erfaßt. Die Ansprüche, die verschiedene Staaten, darunter Virginia, auf dieses Gebiet erhoben, waren an die Union verkauft worden, und diese hatte begonnen, das Land als „Nordwest-Territorium" zu organisieren. Zwar gehörte das Land zum größten Teil den Indianern (einst hatte man ihnen alles Land nordwestlich des Ohio für „alle Zeiten" zugesichert), aber längst strömten Siedler in das „herrenlose" Land. Der übliche Kleinkrieg der Indianer begann, der Ende der achtziger Jahre in einen großen Aufstand mündete. Die Führungsrolle der Ohiostämme war damals auf die mächtigen Miami übergegangen, deren Häuptling Michikinikwa (1752–1812), die „Kleine Schildkröte", ein genialer „Feldherr" war.

Zunächst versuchte die amerikanische Regierung noch, die Siedler aus dem Indianerland herauszuhalten. 1784 wurde General Josiah Harmar das Kommando an der Ohio-Grenze übertragen. Seit dem Sommer 1784 gehörte zu seinen Offizieren ein Deutscher, Hauptmann David Ziegler, 1748 in Heidelberg geboren, der sich seine ersten Lorbeeren in den europäischen Türkenkriegen und dann im Unabhängigkeitskrieg verdient hatte. Harmars Auftrag, die Siedler aus dem Indianerland zu vertreiben, brachte natürlich kaum Erfolg, und schon 1785 und 1786 mußte er gegen die Indianer zu Felde ziehen. 1787 trat General Arthur St. Clair als erster Gouverneur des neuen Territoriums sein Amt an, 1789 gründete er Fort Washington zum Schutz der Siedler vor den immer zahlreicher werdenden Überfällen. 1790 brach Harmar dann zu einer Strafexpedition auf. Erst verfolgte er die Shawnee entlang des Scioto; dann, Ende September, sammelte er 1500 Mann, von denen allerdings nur 320 Reguläre waren, in Fort Washington und führte sie gegen die Indianerdörfer in der Gegend des heutigen Fort Wayne am Maumee. Ziegler nahm an dem Feldzug teil, der katastrophal endete. Am 18. Oktober schlug Michikinikwa eine bedeutende Abteilung Soldaten und zwang Harmar zum Rückzug. Vier Tage später lieferte er etwa vierhundert Mann, die Harmar ausgesandt hatte, eine weitere heiße Schlacht, die mit einer völligen Niederlage der Weißen endete. Da Ziegler Harmars bester Offizier war, sandte ihn der General sofort nach der Niederlage nach Marietta, dem Sitz der Territorialverwaltung, und Ziegler gelang es, die Indianergefahr hier zu beseitigen.

Harmar zog es vor, sich versetzen zu lassen. Bei seinen Leuten war er ohnehin unbeliebt, nachdem er einmal versucht hatte, Indianern Gerechtigkeit widerfahren zu lassen. Während einer Friedensverhandlung in Fort Harmar hatte nämlich der „blutige Deutsche" Ludwig Wetzel einen prominenten Delawarenhäuptling erschossen, und Harmar wollte ihn deshalb vor ein Kriegsgericht bringen. Wetzel floh nach Kentucky und wurde dort verhaftet. Da man in Kentucky selbst einen solchen Skalpjäger wie Wetzel höher schätzte als einen Indianer, rotteten sich die Bürger zusammen und begannen mit den Soldaten Prügeleien. Harmar mußte Wetzel schließlich laufen lassen; der „blutige Deutsche" ging nach Tennessee, vielleicht auch nach Texas, wo er um 1808 gestorben ist. Eine Grafschaft in West Virginia trägt seinen Namen.

Die Weißen am Ohio litten mehr denn je. So zog denn 1791 General St. Clair selbst aus, um dem Indianerspuk ein Ende zu bereiten. Mit etwa 2000 Mann marschierte er ins Feindesland. Zu seinen Offizieren gehörten Ziegler und Bedinger, dessen Abenteuerliebe ihn nach einem ruhigen Leben als Geschäftsmann zu St. Clair geführt hatte. Was folgte, ist hinlänglich bekannt. Am 4. November griff Michikinikwa das Heer an der Wabash-Quelle an und fügte ihm eine vernichtende Niederlage zu. Neunhundert Soldaten fielen oder wurden in dem mörderischen Kampf verwundet, darunter vierzig Offiziere. Der Rest stürzte in wilder Panik in die Wälder und floh zwanzig Meilen weit ohne Halt. Ziegler, der Deserteure verfolgt hatte und deshalb an der Schlacht nicht teilnahm, brachte die Überlebenden mitsamt ihrem gebrochenen General nach Fort Washington.

St. Clair legte sofort sein Kommando nieder. Ziegler, dessen Rolle in dem Krieg wesentlich ruhmreicher war als die der Oberbefehlshaber und der dennoch in den einschlägigen Fachbüchern mit keinem Wort erwähnt wird, wurde zu St. Clairs Nachfolger bestellt. Als „Held des Tages" ungewöhnlich populär, schaffte er bald Ruhe im Ohio-Tal. Aber die Intrigen, die verschiedene Generale gegen ihn spannen, u. a. auch wegen seiner Nationalität, die aus seinem Englisch unverkennbar herauszuhören war, verleideten ihm die Armee und veranlaßten ihn, seinen Abschied zu nehmen. Doch machte er auch später noch viel von sich reden. In Cincinnati brachte er es zum ersten Bürgermeister und angesehenen Geschäftsmann, er wurde General-Feldmesser, General-Adjutant und Politiker im Staat Ohio und hinterließ, als er 1811 starb, den beneidenswerten Ruf eines aufrichtigen und höflichen Mannes und bedeutenden Offiziers und Organisators. Wie Ziegler ging auch Bedinger in die Politik, er wurde Mitglied des Repräsentantenhauses von Kentucky und einer der ersten und erbittertsten Gegner der Sklaverei in diesem Staat. Er starb fast neunzigjährig 1843 auf seiner Farm bei den Blauen Lecken, dem Schauplatz einstiger grausamer Kämpfe gegen die Indianer. –

Der Aufstand des Miami-Bundes wurde am 20. August 1794 in der Schlacht von Fallen Timber von dem „Tollen Anthony", General Wayne, endgültig niedergeschlagen; Michikinikwa hatte umsonst zum Frieden gemahnt. Nicht er war der Anführer der Indianer in der Schlacht, sondern der Shawnee Blaujacke, der seiner Aufgabe nicht gewachsen war. Und ein Jahr später mußten die Besiegten den größten Teil ihrer Jagdgründe im Mittelwesten abtreten. Das bedeutete das Ende ihrer Freiheit, ihrer Kultur und ihrer Moral. –

Zeisberger hatte im heutigen Staat Ohio ein Neu-Salem erbaut. Aber der Miami-Aufstand zwang ihn 1791 erneut zur Auswanderung, weil die kämpfenden Indianer ihre christlichen Brüder als Verräter behandelten. Das kleine Volk schloß sich den anderen christlichen Delawaren an, die an der kanadischen Themse ansässig geworden waren. Heckewelder, der bis zu seinem Tode 1823 oftmals im Regierungsauftrag mit Indianern verhandelte, gelang es 1797, das Gebiet am Muskingum-Fluß für die christlichen Indianer zurückzugewinnen, die nach dem Massaker von Gnadenhütten geflohen waren. So machte sich Zeisberger noch einmal auf und brachte einen Teil der Bekehrten zu den Ruinen von Salem, Schönbrunn und Gnadenhütten. Hier entstand das Dorf Goshen. Zeisberger predigte dort noch zehn Jahre lang, bis er sich schließlich 1808 nach einem langen unruhigen Leben aufmachte zur letzten Wanderung. Die Indianer betrauerten ihn als ihresgleichen; nach seinem Tode wanderten seine Schützlinge nach Kansas aus.

Der Sieg von Fallen Timber und die Abwanderung der Indianer ins westliche Indiana öffneten sowohl das Gebiet des Ohio wie den Pelzhandel im Nordwesten dem Zugriff der Amerikaner. Aber noch war der Mittelwesten nicht zur Ruhe gekommen. Für die Indianer in Ohio, Indiana und Illinois gab es um 1800 keinen Platz mehr, keine Jagd, kein Leben – nur noch Elend. Sie waren verwahrlost, versoffen, haltlos, feig und nichtsnutzig. In dem Shawnee Tecumseh, dem „Springenden Berglöwen", dem „Strahlenden Stern", dem genialsten Führer, den die nordamerikanische Urbevölkerung hervorgebracht hat, fanden sie den Mann, der ihnen ihre Selbstachtung und ihre Tugenden zurückgab. Noch einmal erhob sich strahlend und stark der Rote Mann im Mittelwesten, bevor sein letzter ruhmreicher Aufstand fackelgleich erlosch.

Tecumseh gelang es zusammen mit seinem Bruder Tenskwatawa auf großen Reisen zu einer Reihe von Stämmen, die etwa 4000 Indianer zwischen dem Ohio, dem Mississippi, der kanadischen Grenze und Pennsylvanien zu einen. Dieses beispiellose Werk des ungewöhnlichen

Redners und Staatsmannes – sein größter weißer Gegenspieler, General Harrison, bescheinigte ihm die Fähigkeit, ein Reich wie Peru oder Mexiko zu organisieren – ist in Deutschland durch Sealsfields Buch „Tokeah", durch Gagerns „Grenzerbuch" und Steubens Tecumseh-Erzählungen so bekannt geworden, daß Tecumseh wie der Maysche Winnetou zum Prototyp des „edlen roten Mannes" wurde. Tecumseh wollte die Amerikaner nicht vertreiben, er wollte auch den Krieg nicht, doch wollte er ein Bollwerk gegen das rücksichtslose Vordringen der Vereinigten Staaten schaffen. Er hatte nichts Geringeres vor als ein allindianisches Reich mit der Hauptstadt „Prophet's Town" am Tippecanoe. Es gelang ihm, südliche Stämme wie die Creek und Seminolen ebenso für sein Werk zu gewinnen wie die mächtigen Dakota im Westen. Doch waren seine Ziele nicht offensiver Art, und er verhinderte Feindseligkeiten, bis sie ihm von den Weißen aufgezwungen wurden. Der Gouverneur des Territoriums Indiana, General Harrison, zerstörte im November 1811 die Hauptstadt Tippecanoe in Tecumsehs Abwesenheit mitten im Frieden. Als ein Jahr später der zweite englisch-amerikanische Krieg ausbrach, stellte sich Tecumseh verbittert den Briten zur Verfügung.

Der Krieg entbrannte sofort mit aller Heftigkeit. Die Truppen in der Provinz Upper Canada befehligte Sir Isaac Brock, der mit Tecumsehs Hilfe den Amerikanern verschiedene Schlappen zufügte, bis er in den Kämpfen um Queenston 1812 fiel – mit ihm Tecumsehs letzte Hoffnung auf ein Neuentstehen seines Indianerreiches. Im Juni 1813 übernahm der deutsche General Baron Franz von Rottenburg, der in britische Dienste getreten war, in Upper Canada den Oberbefehl in allen militärischen und zivilen Bereichen. Der aus Danzig stammende Baron, der sich an den polnischen Unabhängigkeitskriegen beteiligt hatte, war ein erfahrener Militär und hatte 1810 schon den Oberbefehl in Quebec und ein Jahr später in Lower Canada geführt. Aber nicht er führte die Truppen im Felde, sondern General Proctor, und dieser, hämisch, feig, zögernd, arrogant, machte Brocks Erfolge zunichte und verlor die Schlacht an der Themse am 5. Oktober 1813, in der Tecumseh ums Leben kam. Im Dezember gab Rottenburg daraufhin sein Kommando ab. Man machte ihn allerdings für das Debakel nicht verantwortlich, und später stieg er noch bis zum Generalleutnant auf.

Nur im Norden waren die Amerikaner unter Harrison erfolgreich, ansonsten verlief der Krieg für sie ergebnislos und verlustreich, und sie konnten froh sein, daß die Friedensbedingungen am status quo nichts änderten. Für die Indianer waren die Erfahrungen betrüblich. Die Dakota wandten sich von den Briten ab. Die restlichen Delawaren, Miami und Shawnee zogen in den Westen. Für die zurückbleibenden Stämme wie die Ottawa oder Menomini begann eine schwere Zeit, weil sie es lernen mußten, mit den Weißen zu leben und sich ihnen allmählich anzupassen. Doch fanden sie unter den Weißen auch den einen oder anderen hilfreichen Freund, und wieder waren es deutsche Missionare, die den Indianern ihren Weg ebnen halfen. Von 1832 bis 1839 predigte der bayerische katholische Missionar Simon Sänderl unter den Menomini und Ottawa, und bei Detroit drohte der katholische Missionar Klemens Hammer aus Joachimsthal zur selben Zeit unter den Indianern fast zu verwildern.

Die letzten Indianeraufstände im Mittelwesten waren die Erhebung der Winnebago 1827 und der unglückliche Krieg der Sauk und Fox 1832. Danach war die Indianergefahr für die Siedler beseitigt, und die Einwanderer ergossen sich in Strömen in die fruchtbaren Gebiete. Nach Pennsylvanien wurde nun der Mittelwesten zum großen Teil durch Deutsche geprägt.

Einer der ersten Siedler in Illinois war Julius Barnsbach, der aus Osterode stammte und sich 1802 mit 21 Jahren in Kentucky als Farmer und Branntweinbrenner niederließ. 1809 ging er nach Illinois, wo ihm – mit Unterbrechungen – noch 60 Jahre vergönnt waren und er in der Bevölkerung hohes Ansehen gewann – vor allem setzte er sich für die Armen im Lande ein. Seit 1815 kamen Württemberger Sektierer nach Indiana. Ab 1820 erfolgte ein jährlich zunehmender Strom von Deutschen nach Illinois.

Westfalen und Württemberger zogen seit 1830 nach Michigan. Um Ann Arbor entstand ein kleines Schwabenland. Seit 1840 wanderten viele Deutsche nach Wiskonsin aus, wo das Land besonders billig war und weniger Steuern entrichtet werden mußten. Hier siedelten vor allem Süddeutsche. Städte wie Cincinnati, Milwaukee (das „deutsche Athen in Amerika") oder Chicago wurden Hochburg des Deutschtums im Mittelwesten. Iowa nahm seit 1850 Schweizer und Holsteiner auf. Zu den ersten 20 Siedlern von Des Moines gehörte der Deutsche Wilhelm Krause. Ein großer Teil der deutschen Einwanderer begab sich auch nach Missouri und verlieh St. Louis eine deutsche Atmosphäre.

Die Deutschen waren solide Bürger, gute Geschäftsleute und tüchtige Bauern und Handwerker, die sich rasch assimilierten. Sie verhinderten, daß der Mittelwesten puritanisch wurde. Die Massen der deutschen Auswanderer schlossen mit den Angloamerikanern einen Kompromiß und trugen so Bedeutendes zur Bildung des amerikanischen Typs bei. Vor allem die deutschen Farmer waren in den neuen Territorien und Staaten gefragt, weil sie bald – ähnlich wie die Pennsylvanien-Deutschen – fest mit der Scholle verwurzelt waren. Nach späteren Berechnungen haben die Deutschen in Amerika etwa 672 000 Farmen mit 100 Millionen Morgen Land gegründet. Während sie und ihre angloamerikanischen Nachbarn den Mittelwesten erschlossen, drängten die Pioniere schon wieder weiter nach Westen in die Hohen Ebenen.

Immer weiter nach Westen

Die Hauptsorge der Siedler in den neuen Staaten wie Kentucky oder Tennessee war, wie sie ihre Güter auf den Markt bringen konnten. Im Osten behinderten die Appalachen den Verkehr, und den Wasserweg über Ohio und Mississippi sperrten bis 1795 die Spanier in New Orleans. Als sie schließlich gezwungen waren, nachzugeben, bedeutete das die endgültige Ausdehnung des amerikanischen Machtbereichs bis zu diesem Strom. Hier war schon 1764 der Handelsposten St. Louis entstanden, der sich nun eine Vormachtstellung im Handel mit den dort ansässigen Indianerstämmen errang und zum bedeutendsten Fort am Mississippi auswuchs. Zahlreiche Expeditionen und Trapperzüge nahmen von hier ihren Ausgang.

Schließlich, im Jahre 1803, kauften die Vereinigten Staaten Napoleon das riesige Gebiet von Louisiana ab, das dieser kurz vorher von den Spaniern erhalten hatte. Louisiana umfaßte das gesamte Territorium westlich des Mississippi von der Mündung des Stromes bis hinauf nach Montana. Daß es in Wirklichkeit den Indianern gehörte, störte die Vertragspartner nicht. Wie kein anderer hat Jefferson, in dessen Präsidentschaft der Louisiana-Kauf fiel, damit den Weg nach Westen geebnet – die von ihm ausgesandte Lewis-Clark-Expedition, die in den Jahren 1804 bis 1806 den gesamten Kontinent durchquerte und den Pazifik erreichte, war wohl die bedeutendste in Amerika im 19. Jahrhundert. Und wie kein zweiter hat es einer von Jeffersons Freunden verstanden, aus den veränderten Verhältnissen Kapital zu schlagen: Der Deutsche Johann Jakob Astor, der Mann Nummer eins im amerikanischen Pelzhandel. Astor, in dem Dorf Walldorf bei Heidelberg geboren, war der Prototyp des amerikanischen Selfmademan. Er kam 1783 im Alter von 20 Jahren nach New York, erkannte im Pelzhandel seine Bestimmung und besaß bereits im Jahre 1800 eine Viertelmillion Dollar. Schon damals stand er an erster Stelle im amerikanischen Pelzhandel.

Astors Freundschaft mit Präsident Jefferson erwies sich als sehr einträglich, er konnte stets mit Sonderrechten rechnen, und so gelang es ihm auch, 1808 die Amerikanische Pelzgesellschaft mit einer Monopolstellung an den Großen Seen zu gründen. Außerdem erhielt er die Erlaubnis, einen legalen Handel zum Pazifik auszudehnen. Astor arbeitete einen Plan aus, der eine Kette von Forts entlang der Flüsse Missouri und Columbia vorsah. Die zentrale Niederlassung sollte an der Mündung des Columbia in Oregon entstehen. Dort sollten alle Pelze aus dem Landesinneren zusammengetragen und von hier nach China geschafft werden. Eine Schiffsflotte sollte Pelze nach Kanton bringen, mit chinesischen Gütern nach Europa segeln und schließlich von dort nach Amerika zurückkehren. 1810 gründete Astor die Pazifik-Pelzgesellschaft, die sofort in heftige Konkurrenzstreitigkeiten mit den englischen Handelskompanien wie Hudson Bay Company und North-West-Company geriet. Dennoch gelang es, in Oregon den Stützpunkt Astoria zu bauen. Doch ging die Ansiedlung im Krieg von 1812 an die Briten verloren.

Nach dem Krieg war Astor nicht mehr an dem Projekt interessiert, sondern er vereinigte alle seine Pläne in der Amerikanischen Pelzgesellschaft. Schon 1817 besaß er alle Handelsposten im Mississippi-Tal. Gegen den scharfen Protest der Händler von St. Louis dehnte er 1822 seinen Einfluß bis in dieses Handelszentrum aus. In den folgenden Jahren bootete er eine Handelsgesellschaft nach der anderen aus und beherrschte bald den gesamten Pelzhandel bis zum Felsengebirge.

Bis 1834 war Astor führend im Pelzhandel, dann wandte er sich anderen Geschäften zu. Astor, der 1848 starb, war ein Finanzgenie — eine „Geldmaschine", wie er von seinen Kritikern genannt wurde —, einer der fähigsten und erfolgreichsten Unternehmer, die je in den Staaten gelebt haben. Mit seiner Amerikanischen Pelzgesellschaft hat er Entscheidendes für die Ausdehnung der Vereinigten Staaten nach Westen geleistet; er gehört zu den großen Pionieren der amerikanischen Geschichte; kaum ein anderer hat die Erforschung und Erschließung des Westens so energisch betrieben wie er.

Die Kehrseite des Pelzgeschäftes zeigte sich allerdings darin, daß im Westen der Wildbestand rapide zurückging. Gleichzeitig wurden die Moral der Indianer durch Alkohol, den die Händler in reichlichem Maße einsetzten, und ihre soziale Ordnung durch den Umstand unterhöhlt, daß die Händler den Wert eines Indianers nach dem Wert der von ihm abgelieferten Felle beurteilten und so das Ansehen der Häuptlinge untergruben. Die Dezimierung des Wildes und das Unterhöhlen der indianischen Lebensweise läuteten neben dem Einzug der Zivilisation das Ende der indianischen Kultur ein.

Die Trapperzeit gehörte zu den malerischsten und farbenprächtigsten Epochen der amerikanischen Pioniergeschichte. Aber sie dauerte nur bis etwa 1840; sie ging unter in furchtbaren Blattern-Epidemien, die unter den Indianern wüteten, und in grausamen Indianerkriegen, die auf die Zeit des friedlichen Handels folgten. Daß wir aber über diese Zeit so gut unterrichtet sind und noch vieles über die Kultur der Indianer des Pelzhandelsgebietes wissen, verdanken wir zum Großteil deutschen Forschern.

Aus der Trapperzeit sind viele legendäre Namen überliefert. Unter den bekanntesten „Männern der Berge" waren auch einige deutschamerikanische. Mike Fink z. B., der aus Pennsylvanien stammte, übertraf als Meisterschütze den berühmten Texas-Helden David Crockett. Er machte sich einen Namen erst als Pfadfinder, dann als Schiffsmann auf den großen Strömen wie Ohio und Mississippi und schließlich, als er sich der Rocky Mountain Fur Company des Pelzhändlers Ashley bei einem Unternehmen am Missouri anschloß. Als Geschichtenerzähler stand er ebenfalls hinter Crockett kaum zurück, schon zu Lebzeiten war er legendär, und sein unrühmlicher Tod trug noch zu seinem großen Ruf bei. Fink hatte nämlich mit seinem Zögling Carpenter einen Trick einstudiert, bei dem sich beide gegenseitig Zinnbecher mit Whisky aus 70 Schritt Entfernung vom Kopf schossen. Als es einmal zum Streit wegen eines Mädchens kam, schoß Fink dem jungen Mann kaltblütig bei der nächsten Vorführung des Tricks in den Kopf — wenig später wurde er von einem Freund Carpenters aus Rache getötet (1823).

Für viele galt Fink als der „typische Mann der Berge". Deutsche Vorfahren hatte auch der Pelzjäger Henry Fraeb, der für Astor arbeitete und den das Schicksal so manchen Trappers traf — er fiel 1841 in einem Kampf gegen Dakota-Indianer. Heute wenig bekannt ist der — wahrscheinlich — deutschstämmige Trapper Jacob Berger, aber nur er ermöglichte Astors Erfolge im Land der grimmigen Schwarzfuß-Indianer. Berger war ein ehemaliger Agent der Hudson Bay Company und hatte sich lange bei den Schwarzfüßen aufgehalten, bis er schließlich in den Stamm adoptiert worden war. Die Schwarzfüße waren gefürchtete, kriegerische, unberechenbare, stolze Indianer und hatten es Jahrzehnte lang fertiggebracht, die Amerikaner aus ihren Jagdgründen herauszuhalten. Allein im Winter 1809/10 hatten sie fünfundzwanzig Trapper getötet. Nur den Agenten der kanadischen Hudson Bay Gesellschaft hatten sie stets eine gewisse Freundschaft entgegengebracht, und der alte Trapper Berger vermochte sie nun allmählich für den Handel mit den Yankees zu gewinnen.

Berger arbeitete eng mit Astors Generalagenten am oberen Missouri zusammen, Kenneth Mackenzie, der sich furchtlos mitten im Indianergebiet niedergelassen und 1829 an der Mündung des Yellowstone Fort Union, das bestausgestattete Fort des Westens, erbaut hatte. Durch seine Tätigkeit verschaffte er Astors Gesellschaft eine Monopolstellung am oberen Missouri. Nachdem er 1831 noch zwischen Schwarzfüßen und Assiniboin einen zweifelhaften Frieden gestiftet hatte, konnte einer seiner Mitarbeiter, der rauhe Pelzjäger David Mitchell, an der Mündung des Marias in den Missouri Fort Mackenzie errichten und der Deutsch-Kanadier James Kipp in seinem Auftrag eine Biberfangexpedition ins Land der Blackfeet unternehmen, die ein glänzender Erfolg wurde. Mitchell und Kipp waren „typische Männer der Berge", ihr Lebenslauf charakteristisch für diese rauhen Westläufer und Pioniere im Fernen Westen.

Einen seiner wichtigsten Beiträge zur Erschließung des Westens leistete Astor, als die American Fur Company ein Dampfschiff baute. Die „Yellowstone", wie es hieß, war das erste Dampfschiff, das den oberen Missouri erreichte — 1831 gelangte es bei der ersten Fahrt bis nach Fort Pierre. Das Schiff beschleunigte den Handel mit den Indianern und stellte eine erste ständige Verbindung zwischen den einzelnen Handelsposten und zwischen der Zivilisation und den unberührten Gegenden des Fernen Westens her.

Mit den Trappern kamen die ersten Forscher in den Westen. Für sie war die Benutzung des Dampfschiffes eine der Voraussetzungen für ihre Expeditionen. Eine Reihe von Deutschen fuhr damit ins Indianergebiet.

Wenig bekannt sind die Reisen des Herzogs Friedrich Wilhelm Paul von Württemberg. Als er 1822 mit 25 Jahren seine erste große Forschungsfahrt antrat, kannte er bereits den Nahen Osten, Rußland und Algerien. Er gehörte zu jener Generation deutscher Forscher, die von Alexander von Humboldt angeregt wurde, sich der Neuen Welt zuzuwenden. Im Oktober 1822 schiffte er sich nach New Orleans ein und unternahm dann zahlreiche und ausgedehnte Reisen entlang des Mississippi, Ohio, Red River und Yazoo. Vor allem aber das Pelzhandelsgebiet zog ihn an. In St. Louis traf er mit William Clark zusammen, dem berühmten Offizier und Forscher, der fast 20 Jahre vorher mit Meriwether Lewis den ganzen Kontinent durchquert hatte. Paul benötigte für seine Reise von Clark eine Art Paß, um sich in den Forts auszuweisen. Zunächst zögerte Clark, weil er befürchtete, der Herzog wolle eine deutsche Kolonie anlegen, stellte ihm dann aber doch die gewünschte Bescheinigung aus. Damit reiste Paul in die Gegend des Platte und Kansas und den Missouri aufwärts bis zu den Council Bluffs. Eine zweite Fahrt führte ihn bis Fort Pierre. Während der Expedition sammelte er Pflanzen- und Tierexemplare und indianische Gebrauchsgegenstände, die er alle auch identifizierte und klassifizierte.

Der Erfolg der Lewis-Clark-Expedition war zum Gutteil der jungen Schoschonen-Indianerin Sacajawea zu verdanken gewesen, die als Führerin gedient hatte. Sacajawea, mit einem französischen Halbblut verheiratet, weigerte sich nach der Expedition, ihren Mann in den Osten zu begleiten. Ihre beiden Kinder, von denen das eine – Jean Baptiste – während der Forschungsfahrt 1805 geboren wurde, hatte Clark zu sich genommen, und Herzog Paul kam während seines Aufenthaltes in St. Louis in näheren Kontakt mit dem jungen Jean Baptiste. Er nahm ihn 1824 mit nach Deutschland und ließ ihn dort Kunst und Sprachen studieren. Fünf Jahre lebte „Pomp", wie sein Spitzname lautete – in Montana heißt ein Berg zu seinen Ehren Pomp's Peak –, in Deutschland, dann kehrte er mit Herzog Paul nach Amerika zurück und brachte es noch zu einem angesehenen Pelzhändler und Jäger. In seinen alten Tagen fühlte er sich mehr als Indianer denn als Weißer, begab sich zu seinen Verwandten, den Schoschonen, und starb auf der Windriver-Reservation im Jahre 1885.

Herzog Paul reiste 1829 wieder den Mississippi aufwärts und erreichte die Mandan-Dörfer und Fort Clarke. Dann trieb er sich eine Zeitlang in den Rocky Mountains herum und kam sogar in die gefährliche Gegend, in der 20 Jahre vorher die 25 Trapper ihr Leben verloren hatten. Paul studierte die Schwarzfüße und Assiniboin. Während seiner Rückkehr nach St. Louis geriet er in Lebensgefahr, aber ein Sioux-Indianer rettete ihn, und Paul verbrachte eine Zeitlang in den Dörfern dieser Indianer.

1831 begab sich der reiselustige Herzog in die Südstaaten der USA und nach Mexiko. Über New Orleans, Cincinnati, Buffalo, den Erie-See und die Niagara-Fälle reiste er an die Ostküste und fuhr von dort nach Deutschland. Als 1832 Prinz Maximilian seine Reise antrat, konnte ihm der Herzog manche wertvollen Ratschläge geben.

Die Expedition des Prinzen Maximilian zu Wied-Neuwied zählt zu den bedeutendsten in diesem Gebiet. Wied war einer der begabtesten und bekanntesten deutschen Forschungsreisenden seiner Zeit. Seine Vorliebe gehörte den Völkern, ihren Lebensgewohnheiten und Vorstellungen, sie bildete den vornehmlichen Grund für seine Reisen.

Wied hatte gegen Napoleon gekämpft, in der Schlacht von Jena und Auerstedt und anderswo, er hatte das Eiserne Kreuz erhalten, war im Brandenburgischen Husaren-Regiment Major geworden und nach Napoleons Niederlage mit den Siegern in Paris eingezogen. Danach widmete er sich ganz seinen völkerkundlichen und zoologischen Studien. Von 1815 bis 1817 unternahm er eine Forschungsreise nach Brasilien, die seit langem sein Traum war, und fünfzehn Jahre später brach er in den Wilden Westen auf. Neben dem Jäger und Diener Dreidoppel begleitete ihn der Züricher Maler Karl Bodmer, der in Paris studiert hatte und dessen Landschaftsbilder den Prinzen so begeisterten, daß er den damals erst Dreiundzwanzigjährigen sofort einlud, an seiner Reise teilzunehmen.

Im Juli 1832 langte die Forschungsgesellschaft in Boston an. Über New York und Philadelphia reiste sie zu den Niederlassungen der Mährischen Brüder in den Alleghanies, und Wied verbrachte den Herbst mit Jagen und Botanisieren um die Stadt Bethlehem herum. Winterquartier bezog er in Neu Harmony am Wabash, wo ihn eine leichte Cholera zu einem längeren Aufenthalt zwang, als er beabsichtigt hatte. Doch gab es in Neu Harmony, der Gründung des Württemberger Sektenführers Georg

Rapp, eine der hervorragendsten Sammlungen wissenschaftlicher Werke in den Staaten, die der Prinz studierte und mit denen er den Grundstock für sein hervorragendes Wissen über die nordamerikanische Fauna und die Indianer legte.

Im März 1833 erreichten die Forscher St. Louis, wo sie von William Clark empfangen wurden. Hier begann für sie der Wilde Westen. Sie bestiegen die „Yellowstone" und fuhren mit ihr bis Fort Pierre. Dort stiegen sie in die „Assiniboin", das zweite Dampfschiff der Amerikanischen Pelzgesellschaft, um und gelangten damit nach Fort Union. In diesem Fort vertrauten sie sich einer Trappergesellschaft an, die mit einem keelboat nach Fort Mackenzie aufbrach. Am 19. August waren die Forscher in Fort Mackenzie.

Es war eine abenteuerliche Fahrt, voller gewaltiger Eindrücke und gefährlicher Erlebnisse. Der Prinz begann seine Studien im heutigen Nebraska unter den Stämmen der Pawnee, Omaha und Oto. Später trafen die Forscher auf die Dakota-Indianer und im Gebiet von Fort Clarke, das 60 Meilen vom heutigen Bismarck entfernt stromaufwärts gelegen war, die stolzen Mandan. Hier lernte Maximilian den alten Charbonneau kennen, Sacajaweas ehemaligen Mann, der fast schon eine lebendige Legende war und wohl selbst nicht einmal wußte, wie alt er wirklich war. Das schönste Ereignis in Fort Clarke war das Erscheinen von Crow-Indianern, die Maximilian mit vielen Worten pries. Während die deutsche Expedition hier Station machte, befand sich der berühmte Häuptling der Crow, A-ra-poo-ash (Rotten Belly), im Fort, einer der großen Anführer der westlichen Stämme in dieser Zeit; er war ein weit über seinen eigenen Stamm hinaus bekannter Krieger und Zaubermann – 1834 wurde er von Gros Ventre-Indianern erschlagen.

Als die Fahrt weiterging, waren zwei Schwarzfüße an Bord gestiegen, die mit nach Fort Union fahren wollten. Bodmer malte den einen, der andere hätte den jungen Schweizer am liebsten erschlagen. Stürme schüttelten die „Assiniboin" durch und durch, ein Feuer brach aus, das beinahe die Munition in die Luft gesprengt hätte — endlich wurde dann Fort Union erreicht und damit das Land der Cree und Assiniboin, die von dem Prinzen genau studiert wurden.

Der „Kaiser vom Missouri", wie Mackenzie genannt wurde, war während der Reise ebenfalls an Bord gewesen und hatte Maximilian in jeder Hinsicht unterstützt. Er blieb in Fort Union, Mitchell übernahm die Führung nach Fort Mackenzie, dem gefährlichsten Posten im Indianerland. Hier wohnten nur 35 Menschen. Mitchells Job war der schwierigste im Nordwesten. Die mißtrauischen Schwarzfüße konnten sich durch jede Unachtsamkeit oder Ungeschicklichkeit Mitchells provoziert fühlen. Zum Glück befand sich immer noch Berger in dem Fort, in dem sich die deutsche Expedition nun einen Monat aufhielt. Wieds Beschreibung der Schwarzfüße zählt zu den wichtigsten Quellen über diese Indianer.

Um diese Zeit war es im Schwarzfuß-Land nicht geheuer. Ein Jahr vorher war es bei einem der großen „Rendezvous", der jährlichen Treffen der Trapper, im Pierre's Hole zu einer schweren Schlacht mit den Schwarzfüßen gekommen; bald danach war Henry Vanderburghs Trappergesellschaft am Jefferson überfallen und er selbst getötet worden; und im vergangenen Winter, Anfang 1833, hatten die Schwarzfüße den legendären Mountain-Man Hugh Glass erschossen. Und auch die deutsche Expedition kam in den seltenen, wenn auch zweifelhaften Genuß einer Indianerschlacht am Fort. Am 28. August überfielen etwa 600 Cree und Assiniboin ein Lager der Schwarzfüße, das diese neben dem Fort aufgeschlagen hatten. Mitchell organisierte die Verteidigung, weil er irrtümlich an einen Überfall auf das Fort glaubte, und nahm die fliehenden Schwarzfüße auf. Andere Schwarzfüße griffen in den Kampf ein, schließlich waren sechs Assiniboin und 40 Schwarzfüße tot. Wenig später gelang es Mitchell und Berger erst nach Stunden, einige wildgewordene Schwarzfüße davon abzubringen, das Fort zu belagern oder gar zu stürmen. Aus dem Traum des Prinzen, den Winter zu einem Zug durch die Rockies zu benutzen, konnte also nichts werden. Auf einem in Eile gebauten Boot trat Maximilian am 14. September die Rückreise nach Fort Union an.

Hier hielten sich die Deutschen noch einige Zeit auf und genossen die Gastfreundschaft Mackenzies. Den Winter verbrachten sie in Fort Clarke, wo Wied seine Studien der Mandan und verwandten Stämme wieder aufnahm, die zu den wertvollsten Erkenntnissen über diese interessanten Völker führten. Mit dem Häuptling der Mandan, Mato-tope (Vier Bären), der wie Rotten Belly eine der bemerkenswertesten indianischen Persönlichkeiten dieser Zeit war, schlossen Wied und Bodmer Freundschaft.

Am Ende des entbehrungsreichen Winteraufenthaltes erkrankte der Prinz, der damals immerhin schon 52 Jahre alt war, schwer an Skorbut. Nach seiner Genesung kehrte die Expedition über die Ost-Staaten der USA nach Deutschland zurück. Im August 1834 waren die Forscher zu Hause.

Die Forschungsfahrt zeitigte viele bedeutende Ergebnisse, auch wenn 1835 die „Assiniboin" mit den meisten von Wieds zusammengetragenen Schätzen verbrannte. Wied hatte das Pelzhandelsgebiet kennengelernt, kurz bevor das Interesse an Pelzen erlahmte, vor allem hatte er die Kultur der Indianer dieser Gebiete erforscht, kurz bevor sie unterging. In den Jahren 1837/38 wurden diese Stämme durch Blatternseuchen dezimiert, die Mandan z. B. schmolzen von 1600 Menschen auf 150 zusammen. Matotope, der seine Freundschaft mit den Weißen verfluchte, starb darüber den freiwilligen Hungertod. Fast alles, was wir über die Kultur der Mandan, Hidatsa, Cree, Assiniboin und Schwarzfüße wissen, verdanken wir dem Prinzen zu Wied. Er hinterließ, als er 1867 starb, große Sammlungen: 400 Arten Säugetiere, 1600 Arten Vögel, 400 Reptilien und Amphibien sowie 500 Fische und dazu bedeutende Reisewerke, die ihm begeistertes Lob aus dem In- und Ausland eintrugen.

Ein drittes wichtiges Ergebnis der Expedition waren die Bilder Bodmers, die die ethnographisch und künstlerisch wertvollsten Bilder indianischen Lebens darstellen. Bodmers Bilder erreichten eine hohe Präzision, sie leben durch ihre Farben und übertreffen auch die Bilder des anderen berühmten Indianermalers, nämlich George Catlins, der ein Jahr vorher an den oberen Missouri gekommen war, bei weitem. So sind auch Catlins Landschaftsbilder nicht sehr gut, während Bodmer dem herrlichen Land des oberen Missouri gerecht wurde. Bodmers Gemälde vom Kampf der Indianer bei Fort Mackenzie, das einzige, das ein Augenzeuge von einer Indianerschlacht malte, ist niemals übertroffen worden. Obwohl Bodmer heute vor allem durch seine Indianerbilder bekannt ist, so machte er sich doch auch mit anderen Gemälden einen Namen. Er gehörte der Barbizon-Schule an und wurde Lehrer von bekannten Landschaftsmalern wie Millet. Er starb 1893 bei Paris.

Die farbenprächtige Zeit des Handels zwischen weißem und rotem Mann und die romantische Erschließung des Fernen Westens durch rauhborstige Einzelgänger gehörten bald der Vergangenheit an. Der Pelzhandel von etwa 1840 bis zum Ausbruch der großen Indianerkriege auf den nördlichen Prärien lebte noch von den Erinnerungen an die großen Tage, aber die Zeiten hatten sich gewandelt. Schon das letzte große Rendezvous der Trapper — 1839 am Green River — war beinahe eine Parodie auf die früheren Treffen. An diesem Rendezvous nahm ein deutsches Greenhorn teil, dessen späteren Darstellungen die Forschung einige wertvolle Erkenntnisse über die ausklingende Trapper-Epoche verdankt. Friedrich Adolph Wislizenus war Arzt und 1835 mit 25 Jahren aus politischen Gründen aus Deutschland nach Illinois ausgewandert. Im April 1839 schloß er sich am Missouri einer Trappergesellschaft an, die aus lauter ängstlichen und streitsüchtigen Neulingen bestand und unter Führung von Black Harris, einem jener „Männer der Berge" vom alten Kaliber, in die Berge wollte. So kam Wislizenus zum Green River, wo er Gelegenheit hatte, einen der fähigsten „Männer der Berge" kennenzulernen, Francis Ermatinger, einen Agenten der Hudson Bay Company, dessen

Großvater um 1770 aus der Schweiz nach Kanada emigriert war. Ermatinger nahm sich der Greenhorns an und brachte sie nach Fort Hall in Idaho. Von hier ritt Wislizenus mit ein paar Kameraden durchs Bärenfluß-Tal zum Brown's Hole. Unterwegs trafen sie auf eine Trappergesellschaft, die in den Bergen dem Glück vergangener Tage nachjagte. Einer aus der Gesellschaft bot Wislizenus seine Frau, eine Ute-Indianerin, an, deren er überdrüssig geworden war. Vom Brown's Hole ging es über die Prärien von Laramie nach Süden und auf dem Santa Fe Trail nach St. Louis. In dieser Stadt ließ sich Wislizenus als Arzt nieder und veröffentlichte dort im folgenden Jahr das Buch „Ein Ausflug nach den Felsen-Gebirgen im Jahre 1839", ein „klassisches Werk der späten Trapperzeit", wie es später genannt wurde.

Über ein Jahrzehnt danach, 1851, unternahm noch einmal Herzog Paul von Württemberg eine Expedition in die Hohen Ebenen. Der reiselustige Herzog hatte 1835 ein Buch über seine erste Amerikareise veröffentlicht und vier Jahre danach eine neue Reise angetreten, die ihn zwei Jahre lang durch die Nil-Länder führte. 1840 war er daheim, gönnte sich einige Jahre Ruhe; dann trieb es ihn erneut hinaus in die Ferne. Die Kunde von seinem Vorhaben, eine Expedition in die Rocky Mountains zu führen, kam einem Deutschen zu Ohren, der sich seit kurzer Zeit im Westen aufhielt: Heinrich Balduin Möllhausen. Möllhausen war 1825 auf einem kleinen Gut bei Bonn geboren worden. Sein rastloser Geist hatte ihn nach verschiedenen beruflichen Fehlschlägen 1849 nach Amerika getrieben, wo er in Illinois als Jäger und Gerichtsschreiber lebte. Am Missouri schloß er sich Paul als Reisebegleiter an. Die beiden Männer zogen nach Fort Laramie, einem Posten der Amerikanischen Pelzgesellschaft, der 1834 entstanden und 1849 an die Vereinigten Staaten verkauft worden war und einen wichtigen Punkt am Oregon Trail bildete.

Die Forschungsfahrt der beiden endete bald hinter dem Fort. Es gab Schwierigkeiten mit Indianern, mit Oglala, Kiowa und Pawnee, von denen ihnen die einen ihre Pferde, die anderen ihre Habe raubten; der Wagen des Herzogs blieb im Platte River stecken, und schließlich brach der Winter herein, der zwei Mulis und das letzte Pferd das Leben kostete. Am Zusammenfluß von Sandy Hill Creek und Big Blue River schlugen die Männer krank und erschöpft ihr Lager auf. Zum Glück kam noch eine Postkutsche angerumpelt, mit der Paul mitfuhr, um von der nächsten Missionsstation Hilfe zu senden. Aber der Rettungstrupp kam bei den einsetzenden heftigen Schneefällen nicht durch, Möllhausen wartete vergeblich. Herumstreifende Wölfe mußte er aus Hunger töten, und zu guter Letzt hatten es noch zwei Pawnee auf ihn abgesehen. Trotz seiner Schwäche besiegte er die Indianer, es waren die einzigen Indianer, die er tötete. Dennoch wäre er umgekommen, wenn nicht zufällig vorbeigekommene Oto-Indianer ihn gerettet hätten. Die sechs Krieger nahmen Möllhausen im Januar 1852 mit in ihre Dörfer an den Council Bluffs, wo er bald der Liebling des Stammes war und eine glückliche Zeit verlebte. An Paul sandte er eine Botschaft. Die Zeit bis zum Eintreffen der Antwort verbrachte er meist bei den Omaha bei Bellevue. Er teilte das Leben der Indianer, trug ihre Kleidung, ging mit ihnen auf die Jagd, nahm an ihren Spielen teil, lernte Bogenschießen, Anschleichen, Spurenlesen — kurzum, wurde ein richtiger Westmann. Ja, es hätte nicht viel gefehlt, und er hätte das hübsche Halbblutmädchen Amalie Papin geheiratet und wäre für immer bei den Omaha geblieben. Die Erlebnisse bei den Indianern legten den Grundstock für seine Bedeutung als Forscher wie als Schriftsteller.

Im Frühjahr 1852 aber riß ihn ein Brief des Herzogs aus seinem glücklichen Dasein, und er traf in New Orleans mit Paul zusammen. Während Möllhausen nach Deutschland heimkehrte, begab sich Paul nach Südamerika und wieder nach Nordamerika, wo der rastlose Forscher fast vier weitere Jahre verbrachte. Aber schon 1857 zog es ihn wieder in die Ferne, diesmal nach Australien. 1859 kehrte der Weltenbummler heim. Ein Jahr später beendete er sein unruhiges Wanderleben. Kein anderer Ausländer hat im Wilden Westen Nordamerikas so ausgedehnte Reisen unternommen wie dieser heitere, wohlbeleibte Mann. Allerdings wissen wir nicht viel darüber, da er nur wenig über seine Erfahrungen schrieb. Vor allem aber hatte er keinen Maler in seiner Begleitung, und die besten Erkenntnisse vermittelten über das Land nur solche Forscher, die auch Bilder vorweisen konnten.

Für die Maler, besonders, wenn sie Europäer waren, war es oft schwer, in einer Welt, die durch ihre Landschaft und Bewohner romantisch wirkte, die Augen für die Wirklichkeit noch offen zu halten. Viele Bilder waren stilisiert oder übertrieben romantisch. Daneben lieferten dieselben Maler dann allerdings auch wirklichkeitsgetreue Abbildungen. So stellen die Zeichnungen und Skizzen, die der Berner Rudolph Friedrich Kurz vom Leben der Trapper verfertigte – er lebte von 1851 bis 1852 in Fort Union – einzigartige Quellen für die Geschichtsforschung dar, die ein Bild der Trapperzeit um 1850 entwerfen will.

Ein ähnlich realistischer Maler wie Bodmer war der Deutsche Carl Wimar, dessen Familie 1839 von Siegburg bei Bonn nach St. Louis zog, als der Junge elf Jahre alt war. Carl war ein scheuer Junge, den das Leben an der Grenze zum Westen faszinierte. Besonders zu den Indianern fühlte er sich hingezogen und beobachtete sie mit stiller Bewunderung, wenn sie den Handelsplatz besuchten. Als er zu einem Dekorateur in die Lehre gegeben wurde, umfaßte sein künstlerisches Schaffen phantasievoll alle Themen des Wilden Westens. In seinem Werk holperte er auf unbeholfenen Planwagen über die Prärien, keuchte mit Dampfschiffen den Mississippi empor und teilte das Leben der berittenen Ärzte der Front. Die Erfüllung seiner Träume und Wünsche rückte näher, als ein Freund der Familie dem inzwischen erwachsenen Carl ein fünfjähriges Studium in Düsseldorf ermöglichte. Während seines Deutschlandaufenthalts entstanden viele Bilder Wimars, darunter einige seiner besten wie „Capture of Daniel Boone's Daughter", „The Captive Charger" und „Buffalo Hunt by Indians". Einige Gemälde wurden preisgekrönt, das letztgenannte erhielt ein Lob des Büffelschießers, Scouts und Zirkusmannes „Buffalo Bill" Cody.

Als Wimar 1857 nach Amerika zurückkehrte, hatte sich vieles verändert. Die Indianer kamen nicht mehr zum Handel nach St. Louis. So entschloß sich Wimar, seine Freunde selber aufzusuchen. Auf Dampfschiffen der Amerikanischen Pelzgesellschaft unternahm er drei Reisen zu den Handelsposten am Yellowstone und Missouri. Dabei besuchte er die Crow, Yankton, Brulé, Ponca und den unglücklichen Rest der Mandan. Er machte Skizzen und Zeichnungen und vollendete sie im Winter zu Gemälden. Seine Freundlichkeit gewann ihm das Vertrauen und die Freundschaft der Indianer, die ihn beinahe als einen der ihren betrachteten. Sie überhäuften ihn mit Kostümen, Waffen, Gerätschaften und Schmuck; und Wimar studierte all dies genau, um es exakt malen zu können.

Viele Grenzer und selbst Indianer hielten Wimar für einen Indianer, wenn er sich in ihrem Lager aufhielt. Seine Backenknochen traten merklich hervor, seine Haut war straff, straff war auch sein langes, schwarzes Haar. Er hatte sich den wiegenden Gang der Indianer angewöhnt, und wie bei Zeisberger kam auch bei ihm der Zeitpunkt, da er schließlich mehr als Indianer fühlte und dachte denn als Weißer.

Der „deutsche Indianer" starb 1862. Seine Bilder zählen ebenfalls zu den wichtigsten ethnologischen Quellen von der Kultur der Prärie-Indianer. Er hatte noch einmal eine Zeit beschworen – versucht, sie noch einmal lebendig zu machen –, die schon der Vergangenheit angehörte. Die Kultur der Prärie-Indianer hatte ihren Höhepunkt bereits überschritten, längst war auf den Hohen Ebenen der Kampf zwischen Weiß und Rot entbrannt.

Der „Zug der Tränen"

1829 erschien Gottfried Dudens „Bericht über eine Reise nach den westlichen Staaten Nordamerikas". Dieses Buch bildete eine der großen Ursachen für die Massenauswanderung der Deutschen nach Amerika in den dreißiger Jahren des 19. Jahrhunderts. Zwar war das Buch ein unrealistisches Machwerk, aber es fiel auf fruchtbaren Boden. In Deutschland herrschte Aufbruchstimmung, weil das einfache Volk immer mehr verarmte. Am schlimmsten war es wohl um die Arbeiter bestellt, die, ausgebeutet, unterernährt und unterbezahlt, um ihr Existenzminimum rangen. Die hungernden Massen zogen zu tausenden in die Städte, um ihr trostloses Dasein auf dem Lande gegen ein noch erbarmungswürdigeres in den Fabrikhallen zu vertauschen. Der Haß gegen die Fabrikherren, Großgrundbesitzer, Emporkömmlinge und Beamten wuchs im Latenten, aber da sich die darbenden Massen in ihrem Unmut nicht Luft machen konnten, flohen sie aus der Welt ins Sektierertum, in Utopien und in Wunschträume. Märchen und Kolportage-Romane blühten um diese Zeit, aber es gab noch ein realeres Fluchtziel: Amerika.

Begierig griffen die Deutschen nach Büchern, wie sie ein Duden geschrieben hatte, berauschten sich an Abenteuern und Bildern aus der Neuen Welt, versetzten sich auf die Prärien, ins Land der Indianer, ließen sich auf deutschen Bühnen oder in deutschen Romanen den Dollar-Millionär, den „reichen Onkel aus Amerika", vorgaukeln, verschlangen Berichte über Deutsche, die drüben ihr Glück gemacht hatten. Die wirtschaftlichen Vorteile der Staaten mit ihrem guten Boden und den billigen Farmen, die Propaganda von Schiffahrts- und Eisenbahngesellschaften, Landspekulanten und westlichen Staaten, die die Besiedlung vorantreiben wollten und deutsche Bauern und Handwerker zur Auswanderung veranlaßten — all das trug zur Auswanderung bei. Der Zusammenbruch der deutschen Textilindustrie veranlaßte Fabrikarbeiter zur Emigration; in den vierziger Jahren trieben Dürren und Hungersnöte tausende von Pfälzern zur Emigration. Politische Unruhen ließen Liberale nach Amerika gehen, viele wollten sich der Wehrpflicht entziehen, die harten Mischehengesetze in Bayern trieben manche Paare ins freiere Amerika, der Goldrausch veranlaßte massenhafte Auswanderungen, zweit- und drittgeborene Bauernsöhne, für die in der Alten Welt kein Platz mehr war, Taugenichtse, die im Westen Amerikas ihr Glück suchten, der Polizei lästige und abgeschobene Personen — alle strömten nach Amerika, das für die Deutschen ein ähnliches Ziel wurde wie für ihre mittelalterlichen Vorfahren der Osten.

Vor 1820 stellten die Engländer die größte Zahl der Auswanderer, nach 1830 waren es die Deutschen, über fünf Millionen sind im 19. Jahrhundert dorthin ausgewandert. Viele blieben im Osten, aber die meisten zogen in den Mittelwesten und später in den Westen. Sie folgten der irischen und ungarischen Einwanderungswelle; kulturell und sozial standen sie auf einer höheren Stufe als die Iren.

Die Schwierigkeiten, mit denen sie in der Neuen Welt fertig werden mußten, waren nicht unerheblich. Im Osten war der Arbeitsmarkt bald gespannt. Einwanderfeindliche Strömungen vergällten ihnen das Leben. Manchen gelang es nicht, Fuß zu fassen; aber nur wenige kehrten nach Deutschland zurück. Für die meisten begann doch ein glücklicheres, freieres, weniger tränenreiches Dasein als in ihrer alten Heimat. Was ihnen an Leid erspart wurde, lastete dann umso stärker auf den Ureinwohnern. Die ersten, die dem Druck und dem Ansturm der ansässigen Siedler und der Neuankömmlinge ausgesetzt waren, waren die ursprünglichen Bewohner der östlichen Staaten. Rücksichtslos wurden sie nach Westen getrieben.

„Beklagenswert bleiben die Schicksale dieses unglücklichen Volkes und groß die Leiden, welche die stärksten Seelen unter denselben fühlen müssen bei der Trennung von dem Land, in dem sie und ihre Väter geboren wurden. Ich habe neuerlich eine Abteilung dieser Überzügler (d. i. Vertriebenen) gesehen, wie sie soeben über den Mississippi gesetzt wurden. Die Ärmeren waren durchgängig in ihren gewöhnlichen Stumpfsinn versunken, äußerten weder Freude noch Schmerz, die Häuptlinge und die besseren Familien aber schienen unter der Last ihres Jammers zu unterliegen. Es war ein schmerzvoller Anblick, sie hinüberstarren zu sehen auf das östliche Ufer des Mississippi."

Der Verfasser dieser Zeilen war der deutsche Schriftsteller Charles Sealsfield alias Karl Anton Postl, seine Schilderung bezieht sich auf die Vertreibung der Creek-Indianer.

Die Creek und die mit ihnen kulturell verwandten Stämme der Cherokee, Chickasaw, Chocktaw und Seminolen waren früh mit den Weißen in Berührung gekommen. Sie lebten in Georgia, Alabama, den Karolinas und Tennessee, die Seminolen in Florida. Spanier, Engländer und Franzosen buhlten um ihre Gunst, und jede Partei bemühte sich, die Indianer zu betrügen, wo immer es möglich war.

Der Einfluß weißer Kultur auf diese Stämme wurde schon vergleichsweise früh wirksam. Daß wir aber über die Kultur der Creek in ihrer ursprünglichen Form informiert sind, ist dem deutschen Reisenden Baron Philipp Georg Friedrich von Reck zu verdanken, der 1733 und 1734 die amerikanischen Kolonien von Massachusetts bis Georgia durchstreifte. In Georgia besuchte er die östlichen Creek-Indianer, die er genau studierte. Seine Aufzeichnungen, die lange verschollen waren, sind inzwischen in Bernatziks Völkerkunde gedruckt worden und zählen zu den besten Quellen über diese Indianer.

Ein anderer Deutscher ließ die wandernde Grenze hinter sich und ging in den Indianerwesten. Er gehörte zu den farbenprächtigsten der frühen deutschen Abenteurer in Amerika. Christian Gottlieb Priber aus Zittau war Doktor der Rechtswissenschaften, Anwalt und dazu ein radikaler Utopist und Umstürzler. Seine Lehren zwangen ihn zur Flucht nach Frankreich und England, wo er im Juni 1735 erschien, und schließlich nach Amerika. Nachdem er einige Zeit in Charleston zugebracht hatte, wurde er der englischen Kolonialverwaltung verdächtig, weil er gar zu laut die „natürlichen Rechte" forderte. Daraufhin ging Priber 1736 allein und waffenlos zu den Indianern, von denen er anscheinend etwas naive Vorstellungen hatte, und wurde einer der ihren. Übereinstimmung in allen zeitgenössischen Berichten über Priber besteht darin, daß er außerordentlich gebildet war, bewandert in Kunst und Wissenschaft, ein wirklicher „Gentleman" – er sprach neben seiner Muttersprache fließend englisch, französisch, holländisch, lateinisch und Eingeborenendialekte – aber eben ein Utopist. Er nahm die Sitten der Indianer an, trug ihre Haartrachten, ihre Bemalungen und ging wie sie beinahe nackt. Im heutigen östlichen Tennessee, in der Cherokee-Stadt Groß Tellico, ließ er sich nieder, etwa 500 Meilen von Charleston entfernt. Er verfaßte eine Grammatik sowie ein Wörterbuch der Cherokee-Sprache und ein Gesetzbuch, das er den Indianern vorlegte und nach dem sie sich richteten. Da damit eine Art sozialistischer Republik unter den Indianern entstand, erregte er erst recht das Mißtrauen der Behörden. Priber war seiner Zeit weit voraus. Seine Gedanken erinnern an die der französischen Sozialisten hundert Jahre später. In seinem Buch legte er Gesetze für die Verwaltung des „Königreichs des Paradieses" fest, wie er seine Staatsgründung nannte. Er zählte „natürliche Rechte" auf und forderte allerlei, was heute nicht mehr, aber damals als Unzucht galt, wie z. B. Ehescheidung. Gemäß seinen kommunistischen Idealen sicherte er die Gleichheit aller Einwohner, er stellte die Frauen den Männern gleich, er erklärte, daß in seinem Staat jeder nach seinen Fähigkeiten geben solle und jedem nach seinen Bedürfnissen gegeben werde, ja, er forderte auch gemeinschaftlichen Besitz allen Landes, aller Frauen und aller Kinder. Die Indianer richteten sich nach seinen Anweisungen, und sein Einfluß auf sie war so groß, daß schon 1739 die Regierung von Süd Karolina über 400 Pfund für eine Strafexpedition gegen ihn zur Verfügung stellte. Bald war er in die Auseinandersetzungen der Engländer und der Franzosen um den Handel mit den Indianern verwickelt und verwandte allen Einfluß darauf, zur Wahrung der indianischen Rechte und Interessen gegenüber Händlern beider Nationen gleichermaßen beizutragen. Er überzeugte die Cherokee, daß sie von den Engländern um ihr Land betrogen worden waren, und lehrte sie den rechten Gebrauch von Gewichten und Maßen, damit sie beim Handel nicht mehr übers Ohr gehauen werden konnten. In seiner Gemeinschaft waren Angehörige aller unterdrückten Völker willkommen.

Je größer Pribers Einfluß wurde, desto verdächtiger wurde er den Engländern, die in ihm einen französischen Agenten sahen. Aber die Indianer lehnten es ab, ihn auszuliefern. Erst 1743 glückte es Militär, Priber während einer Reise in Alabama zu fangen. Nach anderen Quellen fiel er Indianern in die Hände, die in britischen Diensten standen. Angeklagt, er wolle eine indianische Konföderation gegen alle Weißen schaffen, wurde er eingesperrt und starb um 1745 im Gefängnis von Charleston oder in Fort Frederica auf der Insel St. Simons, erst 48 Jahre alt. Dieser

Philosoph und Gelehrte, Reformer und Friedensapostel war einer der besten Anwälte, die die Indianer jemals fanden.

Immer wieder in ihrer Geschichte sind die Creek und ihre Verwandten mit Deutschen in Berührung gekommen, die ihre Geschichte beeinflußt haben. Als die Mährischen Brüder nach Georgia auswanderten, begannen sie bei ihnen zu missionieren (1735). Viele Cherokee und Creek wurden bekehrt. Einer der bekanntesten Häuptlinge der Cherokee, John Ridge, wurde zu Anfang des 19. Jahrhunderts von Mährischen Brüdern erzogen. Hier haben die deutschen Missionare großen und segensreichen Einfluß ausgeübt.

Die Cherokee und die vier anderen Stämme zählen zu den fortschrittlichsten und intelligentesten Indianern Nordamerikas. Die Kriege mit den Engländern und Franzosen dauerten bis in die neunziger Jahre des 18. Jahrhunderts. Am 27. Februar 1819 garantierten die Vereinigten Staaten den Cherokee alles Land, das sie noch nicht verkauft hatten, und erkannten sie als gleichberechtigte Nation an. Die weitere Entwicklung dieses Volkes war einzigartig, und die übrigen Stämme zogen nach, so daß sie bald als die „Fünf zivilisierten Stämme" bezeichnet wurden. „Unter Führung der Tscherokesen verwirklichten sie etwas, was in der ganzen Weltgeschichte nur selten vorgekommen ist. Sie lieferten den Beweis, daß es ein verhältnismäßig unkultiviertes Volk schon nach kurzer Zeit aus eigener Kraft mit den Europäern aufnehmen kann. Fortschritt solcher Art kann nicht von außen aufgezwungen werden, sondern muß von innen heraus wachsen" (Oliver LaFarge).

Zum Teil lagen die Ursachen für die rasche Entwicklung sicherlich in der Saat, die Priber und die Mährischen Brüder gelegt hatten, und auch in der Vermischung der Cherokee und Creek mit Europäern. Viele Königstreue, darunter aus besten schottischen Familien, suchten nach dem Unabhängigkeitskrieg bei ihnen Zuflucht, heirateten Indianermädchen und wurden oft bedeutende Häuptlinge, die sich stets als Indianer fühlten. 1810 schafften die

Cherokee Clan-System und Blutrache ab. 1819 gründeten sie einen Nationalrat mit bezahlten Mitgliedern und ein Jahr später die „Cherokee Nation" mit einer Legislative von 32 Mitgliedern. 1827 folgten Verfassung und Gesetze. Der junge hervorragende Kooweskoowe alias John Ross wurde 1819 Präsident des Nationalrats und 1828 oberster Häuptling der Cherokee-Nation: der Vertreter der Exekutive.

Nicht unwesentlich war an der Zivilisierung der Cherokee ein Indianer beteiligt, einer der begabtesten der roten Rasse, der wie Ross Halbblut, aber nicht schottischer, sondern deutscher Herkunft war. Um 1760 oder 1770 lebte in Tennessee der deutsche Händler Nathaniel Gist, der sich in ein Cherokee-Mädchen verliebte, das nach manchen Quellen eine Häuptlingstochter war. Als sie ihm ein Kind gebar, ließ er sie im Stich. Der Junge wurde Sequoiah genannt; als er älter wurde, nahm er den Namen seines Vaters an, den er als Guess verstand. Ein schwerer Jagdunfall machte ihn zum Krüppel, seinen Lebensunterhalt bestritt er mit der Herstellung von Silberornamenten. Dadurch kam er auch mit Weißen in Kontakt und lernte ihre „Sprechenden Blätter" kennen. Da er wußte, daß die Missionare bei der Unterrichtung der Kinder wenig Erfolg hatten — sie lehrten nach veralteten Methoden und englisch —, reifte in ihm der Plan, seinem Volk zu einer Schrift zu verhelfen. Obwohl er von seinen Stammesgenossen verspottet oder als Zaubermann verdächtigt wurde, ließ sich Sequoiah nicht entmutigen. Ohne jede Kenntnis europäischer Sprachen studierte er die Cherokee-Sprache auf ihre Laute und Silben hin. Nach zwölf Jahren (1821) hatte er eine Silbenschrift mit 85 Zeichen entwickelt, die sich, nachdem sich die Cherokee erst einmal daran gewöhnt hatten, in Windeseile durchsetzte und den Cherokee zu großen Erfolgen verhalf. Auch die Creek erlernten die Schrift. Die Bibel wurde übersetzt und gedruckt. 1827 richtete Sequoiah die erste indianische Druckerei nördlich von Mexiko ein, am 21. Februar 1828 erschien die erste Nummer der „Cherokee Phoenix", der ersten indianischen Tageszeitung, die zur Hälfte im Cherokee-Alphabet gedruckt war. Die Gesetze wurden aufgeschrieben. Es entwickelte sich ein Indianerstaat mit hoher Zivilisation und Kultur. Sequoiah starb im August 1843 wahrscheinlich in Mexiko. Eine Statue wurde ihm in Oklahoma errichtet, und die ältesten Lebewesen der Erde, die Mammutbäume in Kalifornien, tragen seinen Namen.

Hatten sich auch die Cherokee und ihre Freunde selbst zivilisiert, ihre Vertreibung war nur eine Frage der Zeit. Der Indianerstaat war den Weißen ein Dorn im Auge. Auch wenn in der friedlichen Entwicklung der Creek der Aufstand unter Tecumsehs Freund William Weatherford im Jahre 1813/14 nur ein kurzes Intermezzo war, das noch dazu auf einen kleinen Teil des Stammes beschränkt blieb, forderten die Weißen die Deportation der Creek. Präsident Adams bemühte sich während seiner Amtszeit von 1825 bis 1829 um eine gerechte Indianerpolitik und lehnte die betrügerischen Verträge der Einzelstaaten mit den „Fünf zivilisierten Stämmen" ab. 1825 z. B. hatte der Creek-Häuptling William McIntosh, der wahrscheinlich bestochen war, alles Land in Georgia und große Teile Alabamas gegen Gebiete in Oklahoma verkauft; da es bei den Creek wie bei den Cherokee ein Gesetz gab, das für solche Fälle die Todesstrafe vorsah, wurde er getötet. Aber der rechtswidrige Vertrag war gemacht, und Georgia drängte auf die Ausweisung der Creek und hielt den Vertrag gegen das Veto Adams' und einen Spruch des Bundesgerichts aufrecht. Zwischen 1827 und 1832 bzw. 1836 wurden fast 25 000 Creek gewaltsam über den Mississippi nach Oklahoma geschafft; Adams' Politik wurde sabotiert, und sein Nachfolger, der rauhe "Old Hickory" Andrew Jackson, betrieb eine rücksichtslose Deportationspolitik — er bestätigte die betrügerischen Verträge sogar, und die zivilisierten Indianerstaaten wurden mit Gewalt gesprengt.

Der deutsche Dichter Chamisso, der die zweite russische Weltumseglung 1815 bis 1818 unter dem deutschen Kapitän Otto von Kotzebue mitgemacht und in Kalifornien gesehen hatte, wie die Franziskaner-Missionare die

Indianer ausbeuteten und wie Sklaven hielten, und der versichert, daß die Ureinwohner Kaliforniens zu tausenden ausstarben, wurde auch durch das Schicksal der Creek angerührt und schrieb eine sarkastische Ballade darüber. Sie handelt davon, daß ein Bote Präsident Jacksons den Creek befiehlt, über den Mississippi zu weichen. Daraufhin erhebt sich ein alter Häuptling und klagt die Weißen wegen ihrer Wort- und Vertragsbrüche an und weist ironisch daraufhin, daß der weiße Mann stets davon sprach, seine roten Kinder zu lieben und sie im selben Atemzug mit Gewalt verdrängte. Jenseits des Mississippi sollen sie angeblich nun für immer unbelästigt bleiben. Aber:

„Wird unser Großer Vater nicht auch dort
Zu uns hinüberreichen? — Nein, er sagt,
Er werde nicht, und Wahrheit ist sein Wort. — ...
Wo sind die roten Kinder, die er liebt?
So zahlreich wie im Walde sonst das Laub,
  Wie kommt's daß ihre Zahl wie Laub zerstiebt?"

Charles Sealsfield, jener berühmte Schriftsteller aus Mähren, der „Dichter beider Hemisphären", der die Deportation der Creek miterlebte und erschüttert sehen mußte, wie die Vertriebenen „auf dem Zug aus ihren heimatlichen Wäldern ... sich jede tausend Schritt" umwandten und „jede Stunde düsterer und trostloser" wurden, hat dem Schicksal der Creek sein Buch „Tokeah" gewidmet. Viele geschichtliche Personen wie Jackson oder Tecumseh kommen darin vor, und es weist völker- und kulturkundliche Belehrungen auf, selbst Einschübe über damals aktuelle Probleme.

Sealsfield lebte als Schriftsteller und Journalist in den USA und kehrte in Abständen immer wieder nach Europa zurück. Er gilt als der Begründer des exotischen Amerika-Romans in Deutschland. Sein politisches Vorbild waren die Vereinigten Staaten, er stand unter dem Einfluß Coopers, des Gestalters der indianischen Tragödie, einerseits und der Aufbruchsstimmung unter den Deutschen andererseits.

Tokeah trägt die Züge eines Chingachgooks, und vor

die deutsche Fassung des Buches setzte Sealsfield Jeffersons Ausspruch: „Ich zittere für mein Volk, wenn ich der Ungerechtigkeiten gedenke, deren es sich gegen die Ureinwohner schuldig gemacht hat!"

Als auf dem Gebiet der Cherokee Gold gefunden wurde, stand auch ihre Deportation entgegen allen Verträgen fest. Schon 1799 hatte der zwölfjährige Sohn eines hessischen Deserteurs das erste Gold entdeckt. John Reed gehörte zu den unglücklichen Hessen, die Soldatenfängern in die Hände gefallen und nach Amerika verkauft worden waren. Bei der erstbesten Gelegenheit machte er sich aus dem Staub und suchte in den deutschen Niederlassungen in Nord Karolina Zuflucht, wo er nach Kriegsende Land erstand und zu farmen begann. Der von seinem Sohn entdeckte Klumpen gelben Metalls wurde bis 1802 als Türgriff verwendet. Erst dann zeigte ihn Reeds Frau einem Silberschmied, der ihn als Gold erkannte. Reed machte sich auf die Suche und fand im nächsten Jahr einen Nugget, der 28 Pfund wog und 8000 Dollar einbrachte. Weitere Nuggets machten ihn zu einem reichen Mann. Um nicht den Neid der Nachbarn zu schüren, suchte er sich Partner und gründete mit ihnen verschiedene Goldminen. Um 1830 arbeiteten 30 000 Goldsucher in Nord Karolina und weitere in Virginia, Süd Karolina und Georgia — auch auf dem Gebiet der Cherokee. Die bekannteste Mine war die Reed-Mine, die ihr Besitzer ausbaute und mit Maschinen versah. Sie warf zu Reeds Lebzeiten 10 Millionen Dollar ab. Reed war ein einfacher Mann, konnte weder lesen noch schreiben; dennoch gewann er den Respekt seiner Partner und war fähig, nicht nur die Mine, sondern auch eine Sklavenplantage erfolgreich zu leiten. Als er 1845 im Alter von 88 Jahren starb, hatte sich das Schicksal der „Fünf zivilisierten Stämme" erfüllt.

Die von Reed ausgelöste Goldsuche war der letzte Anlaß, die Cherokee zu vertreiben. Als noch dazu ein kleiner Teil der Häuptlinge, unter ihnen John Ridge, 1835 überredet wurde, das Land zu verkaufen, war das Schicksal der Cherokee besiegelt. Zwar wurden die Häuptlinge mit dem Tode bestraft (1839) und ihre Verträge waren ungültig, aber was die Weißen an Recht nicht besaßen, hatten sie an Soldaten. Die Cherokee wurden in Lager verschleppt, ihre Heimstätten wurden verbrannt, und mitten im Winter 1838/39 wurden sie nach Arkansas geschafft. Von 14 000 Vertriebenen kamen auf diesem „Zug der Tränen" 4000 ums Leben. Ebenso wurden die Chickasaw und Chocktaw vertrieben. Die Seminolen dagegen leisteten unter Osceola einen heldenhaften Widerstand in den Everglades von Florida. Osceola führte einen der erbittertsten und langwierigsten Indianerkriege der Geschichte. Der Feldzug kostete die Vereinigten Staaten 45 Millionen Dollar, sieben Generale – pro Jahr einer – verbrauchten sich, und für jeden Indianer fielen hundert weiße Soldaten. Zu den Toten von 1836 gehörte Major Julius Heilman, der der Sohn eines Stabsarztes in Riedesels hessischer Brigade und einer der ersten Offiziere war, die in West Point ausgebildet wurden. Erst als Osceola 1838 durch Verrat der Weißen ums Leben kam, war der Widerstand des größten Teils der Seminolen gebrochen. Ein kleiner Rest blieb in den Everglades und schloß mit den USA erst in diesem Jahrhundert Frieden.

Für die Cherokee war das Grauen nicht beendet. Da sie im Bürgerkrieg teilweise zu den Südstaaten hielten, wurde nicht nur ihr Land in Oklahoma verwüstet, sondern auch die Verträge wurden zerrissen. Schließlich gab man 1889 den Rest ihres Landes für die weiße Besiedlung frei, und 1914 wurde die Regierung der Cherokee aufgelöst. Nach hundert Jahren hatten es die Weißen endlich fertiggebracht, die letzten Spuren eines Versuchs auszulöschen, „mit dem amerikanische Indianer nicht zivilisiert werden, sondern sich selbst zivilisieren wollten" (LaFarge). Zwar haben sich Teile der Cherokee heute angepaßt und sind relativ wohlhabend, aber der Schmelztiegel bleibt für sie Legende. –

Ein ähnliches Schicksal wie die Cherokee traf auch die Creek während des Bürgerkrieges. In der Zeit nach dem Krieg fanden die Creek noch einmal einen deutschen Philosophen, der versuchte, sie über ihr Leid hinwegzutrösten. Wie Priber war auch Henry C. Brokmeyer ein Sonderling. Er stammte aus Preußen und war mütterlicherseits mit Bismarck verwandt. Um dem Militärdienst zu entgehen, floh er 1844 im Alter von 16 Jahren nach New York. Karriere machte er im Staat Missouri; hier gewann er mit Landspekulationen ein Vermögen und brachte es 1876 zum Gouverneur. Aber die Zivilisation behagte ihm nicht. Immer wieder zog er sich aus dem Trubel in die Wildnis zurück, bestritt seinen Lebensunterhalt mit Jagen und Fischen und hing philosophischen Gedanken nach. In der Einsamkeit entdeckte er Hegel, der ihm auf viele Lebensfragen Antwort gab. In St. Louis wurde er Mittelpunkt einer transzendentalen, an Hegel anknüpfenden Schule, er übersetzte Hegels „Logik" und wurde einer seiner Wegbereiter in Amerika. An den Indianern zeigte er sich sehr interessiert. Einige Jahre brachte er bei den Creek in Oklahoma zu. Unter ihnen richtete er einen Kindergarten ein und versuchte, einen kleinen philosophischen Kreis bei ihnen anzuregen. Die Creek verehrten ihn als „Großen Weißen Vater", sie boten ihm sogar das schönste Mädchen des Stammes an, doch lehnte er ab. Die letzten Lebensjahre — er starb 1906 — pendelte er zwischen Wildnis und Zivilisation hin und her. Die Creek betrauerten ihn als einen der ihren.

Ihr verlorenes Land füllte sich unterdessen mit Siedlern, die aus der Alten Welt auf der Suche nach mehr Glück nach Amerika strömten. Viele Deutsche waren darunter. Zu Anfang des 19. Jahrhunderts hieß es, daß Charleston den Deutschen gehöre, von Iren regiert und von den Negern genossen werde. In Süd Karolina war das deutsche Element beträchtlich. Der angesehenste Deutsche und Führer seiner Landsleute in diesem Staat war Johann Wagener, ein späterer Bürgermeister von Charleston, der 1833 mit 17 Jahren nach Charleston kam und viele wirtschaftliche und soziale Verbesserungen unter den Deutschen anstrebte. 1855 rief er die Deutsche Ansiedlungs-Gesellschaft ins Leben. Schon sieben Jahre vorher war durch seine Initiative die Deutsche Kolonie-Gesellschaft entstanden, die 1849 die Stadt Walhalla in herrlicher Lage in Süd Karolina gründete. Hier fanden viele

Flüchtlinge eine neue Heimat, hier, wo einst die Heimat von zivilisierten Indianern gewesen war, die nun als Flüchtlinge im Westen hausten.

In unberührtes Land

Im Jahre 1900 waren drei Fünftel von Milwaukee und 34 Prozent der Bevölkerung des Staates Wiskonsin deutsch. Cincinnati war 1830 zu 41 Prozent deutsch, 1900 zu zwei Dritteln, und St. Louis im Jahre 1900 etwa zur Hälfte. In Pennsylvanien, Ohio und Missouri waren bis 1837 die englischen und deutschen Schulen gleichberechtigt.

Wo sich die Deutschen in größerer Zahl niederließen, führten sie die Gesellschaftsstruktur ihrer Heimat ein. Anfänglich isolierten sie sich auch kulturell von ihren Nachbarn. Ihre Organisationen waren in der Mehrzahl den Alteingesessenen unbekannt. Es entstanden Gesangvereine, Wohltätigkeitsgesellschaften, Kegel- und Kartenclubs, Biergärten, Scharfschützen- und Lesevereine, Arbeiterorganisationen, Militär- und Feuerwehrkompanien, politische Clubs und Freidenkergemeinschaften und vor allem Turnvereine, die einen gesellschaftlichen Mittelpunkt darstellten und beachtliches Niveau hatten. In den zwanziger Jahren richtete Carl Beck die erste Gymnastikschule, Franz Lieber die erste Schwimmschule in den Vereinigten Staaten ein.

So nahmen die Deutschen ihr Kulturgut mit in die Neue Welt, sie behielten ihre Gewohnheiten bei, ihre Art, den Sonntag zu begehen, ihre Tischsitten. Im Frühling und Sommer veranstalteten sie Picknicks und Vergnügungstouren, im Winter trafen sie sich auf Maskenbällen, im Theater oder beim Turnen. Sie verbanden anfangs Laien-Theater und Biergarten mit Tanzkapelle und brachten ins puritanische Amerika Lebensfreude. Das Deutsche Theater in New York, 1840 gegründet, wurde weithin berühmt.

Das wichtigste Instrument bei der Eingewöhnung der Auswanderer in die neuen Verhältnisse war das Zeitungswesen, das unter keinen Emigrantengruppen so einflußreich, so gut und so groß war wie unter den Deutschen. Die Presse bewahrte einerseits kulturelle Eigenheiten und die Sprache der Einwanderer, sie war ihre Stimme, sie stellte eine Verbindung zur Heimat her und half anfänglich, die Trennung zu überwinden. Auf der anderen Seite machte sie den Einwanderer mit den Verhältnissen der neuen Heimat vertraut und trug damit zur Amerikanisierung bei. Schon 1848 gab es 70 deutschamerikanische Zeitungen. In Philadelphia erschien seit 1834 die „Alte und Neue Welt", die einen Meilenstein in der Geschichte deutschamerikanischer Zeitungen bildete. Im selben Jahr kam in New York die „New Yorker Staatszeitung" heraus, die sich bis zum heutigen Tage hielt und wohl die bedeutendste deutschamerikanische Zeitung war. Sie erreichte schon 1854 eine Auflage von 14 000. Der „Anzeiger des Westens" in St. Louis wurde weit bekannt, ebenso die in Milwaukee erscheinende Zeitung „Wiskonsin Banner".

Trotz ihrer vielfältigen Errungenschaften standen die Deutschen in Amerika in keinem sehr hohen Ruf. Ihre Bereitschaft, sich so schnell wie möglich zu assimilieren, machte sie in den Augen der Nachbarn verachtenswert. Zwar kämpften die Politiker um die deutschen Stimmen, aber die Masse wurde als „Hanswurst" verlacht oder als „damned Dutch" beschimpft. Während die Pennsylvanien-Deutschen bis in unsere Zeit hinein an ihrem Dialekt festhielten, im 19. Jahrhundert lange gegen das öffentliche Schulsystem ankämpften und sogar hervorragende Dialekt-Dichter hervorbrachten — wie den „pennsylvanien-deutschen Hebel" Henry Harbaugh —, vergaßen die Deutschen, die seit 1820 nach Amerika kamen, rasch ihre Muttersprache oder verständigten sich in einem kuriosen Kauderwelsch. Als Zeichen der Deutschen galt bei ihren Nachbarn Bierkrug mit Pfeife. Natürlich war hier auch manch einwanderfeindliches Vorurteil maßgeblich in der Beurteilung der Deutschen, aber so ganz falsch war sie doch nicht.

Schwieriger als für das einfache Volk war es für die Intellektuellen, sich in einem Land zurecht zu finden, das damals in dem Ruf stand, ein „zivilisiertes Barbarentum" zu beherbergen. Wie heute war auch damals viel von der „geistigen Leere" in den Staaten die Rede. Manche Schriftsteller setzten mit scharfer Kritik an den Vereinigten Staaten ein. Der Dichter Nikolaus Lenau, der 1832 europamüde nach Amerika ging, kehrte enttäuscht nach Hause. Otto Ruppius, der in den fünfziger Jahren in Amerika lebte, stellte in seinen Romanen deutsche Ehrlichkeit gegen Egoismus, Gemüt gegen Kälte, Bildung gegen Kulturlosigkeit und sah in der „Verlassenheit der deutschen Seele" das eigentliche Auswandererproblem. Doch ließ die Vereinsamung der Intellektuellen mit der Zeit wegen des zunehmenden Vereinswesens nach. Viele wandten sich dem Journalismus zu. Eine Reihe hat Hervorragendes für die neue Heimat als Ärzte, Lehrer, Hochschulprofessoren, Wissenschaftler, Richter und Industrielle, im Kirchen- und Bibliothekswesen geleistet. Einige gingen in die Politik.

Friedrich List, der bedeutende Nationalökonom, der in Deutschland eine Zollunion und ein weitgespanntes Eisenbahnnetz forderte, lange, bevor sie verwirklicht wurden, lebte von 1826 bis 1831 als Hochschullehrer, Journalist und Politiker in Amerika. Gustav Philipp Körner aus Frankfurt am Main kam 1833 in die USA, machte als Historiker, Jurist und Staatsmann in Illinois Karriere und ging als Gesandter nach Spanien.

Georg Engelmann war gleichbedeutend als Arzt, Botaniker und Meteorologe. Er gehörte zu den ersten, die Chinin gegen Malaria verwandten. Die von ihm 1856 organisierte St. Louis

Academy of Science war die erste Einrichtung dieser Art westlich der Alleghanies. Der Geistliche Karl Walther, der 1839 auswanderte, wurde in St. Louis so einflußreich, daß er den Beinamen „Papst der Protestanten" erhielt. Einer der bedeutendsten Deutschen in Amerika vor der großen Einwanderungswelle von 1848 war der Mühlhausener Johann A. Roebling, der es zu einem der berühmtesten Brückenkonstrukteure der USA brachte.

Auf Anhieb konnte der Schmelztiegel den Zustrom der Neuankömmlinge nicht verkraften. Viele Einwanderer mußten sich bescheiden und mit geringem Fortkommen zufrieden sein. Andere allerdings drängten weiter nach Westen, wo es Land in Überfülle gab. In Texas suchten sie ihr Glück.

Zur spanischen Kolonie Mexiko gehörten einst weite Gebiete der USA: Arizona, Neu Mexiko, Kalifornien und Texas. Freiheitliche Strömungen, die in Mexiko wie anderswo in Lateinamerika zu Anfang des 19. Jahrhunderts entstanden, gewannen schließlich die Oberhand, und 1821 errang Mexiko die Unabhängigkeit. Die Abgrenzung gegenüber den Vereinigten Staaten, wie sie vordem bestanden hatte, wurde dadurch beträchtlich gemildert, und bald ließen sich in Texas die ersten dreihundert Familien aus den Staaten nieder. Doch Scherereien zwischen den mexikanischen Behörden und den amerikanischen Siedlern ließen nicht lange auf sich warten; jene betrachteten die Neuankömmlinge mit Mißtrauen, und diese faßten schon früh die Unabhängigkeit von Texas ins Auge.

Im Jahre 1824 stellten die mexikanischen Behörden einen Besiedlungsplan auf, mit dem sie ein Gegengewicht gegen die angloamerikanischen Siedler schaffen wollten, indem sie auch Europäern die Niederlassung in Texas ermöglichten. Sie boten „Impressarios" ein großes Stück Land als Besitztum, wenn es diesen gelang, innerhalb von sechs Jahren 100 Familien darauf anzusiedeln. Zu den Impressarios gehörte der Deutsche Joseph Vehlein, der in Mexico-City lebte und dem ein beträchtliches Gebiet im Hinterland von Galveston zugewiesen wurde. Hier sollte er deutsche Einwanderer ansiedeln, die Texas als Ziel ansahen, seitdem deutsche Bergleute mehrfach in Texas tätig gewesen waren und begeistert über das Land berichtet hatten.

1825 erhielt der Amerikaner Hayden Edwards von den mexikanischen Behörden einen wertvollen Landstrich bei der Stadt Nacogdoches. Es kam zum Streit, weil Hayden und sein Bruder Benjamin die ansehnliche Summe Geldes, die die Mexikaner dafür forderten, nicht bezahlen konnten — von den Siedlern hatten sie noch kein Geld erhalten. Daraufhin zogen die Mexikaner die Landzuweisung — den „Grant" — zurück, und die Brüder, die den Streit unnötig provoziert hatten, ritten wutentbrannt nach Nacogdoches, wo sie am 15. Dezember 1826 mit fünf Siedlern einen unabhängigen Staat proklamierten, dem sie den Namen „Fredonia" gaben. Eine der farbenprächtigsten und abenteuerlichsten Gestalten während der „Fredonia-Revolte" war der Kölner Adolphus Sterne, der 1817 mit 16 Jahren von zu Hause weggelaufen war, um dem Militärdienst zu entgehen, und 1824 über New Orleans nach Texas gekommen war.

Natürlich verlief die Revolte ohne Erfolg, auch wenn mehrere Indianerstämme überredet wurden, Hilfe zu leisten. Im kritischen Augenblick wartete man auf ihre Unterstützung vergeblich. Am 4. Januar 1827 stießen dann sechzig Mann, vornehmlich Mexikaner, die der Yankee Samuel Norris führte, in Nacogdoches mit den Verteidigern von Fredonia — elf Weißen und neun Indianern — zusammen und wurden in einer heißen Straßenschlacht besiegt. Ein Drittel von Norris' Leuten kam ums Leben, der Rest stürzte in wilder Flucht davon. Daraufhin rückten mexikanische Reguläre in Nacogdoches ein und beendeten die Revolte. Die Anstifter, unter ihnen Sterne, der eine wesentliche Rolle gespielt hatte, wurden zum Tode verurteilt. Durch eine Amnestie kam Sterne allerdings bald wieder frei. Er studierte nun Jura und ließ sich in Nacogdoches nieder. Als Gerichtsdolmetscher wurde er eine bekannte Persönlichkeit im östlichen Texas.

Immer mehr Amerikaner strömten nach Texas. Sie brachten die Baumwolle und die Sklaverei mit, sie gelangten zu Wohlstand, und der Streit mit den Mexikanern nahm immer heftigere Formen an. Schließlich griff Mexiko auf die alte Abgrenzungspolitik zurück, doch es war zu spät. Die Texaner, die eine Einheit mit den Vereinigten Staaten anstrebten, erfochten sich 1836 unter der Führung von Samuel Houston die Unabhängigkeit. Von Alamo, der „Wiege der texanischen Freiheit", wo etwa 200 Mann der Ehre halber ihr Leben verloren, führte die Texaner der Weg zur Schlacht am Jacinto, in der nach Angaben Sealsfields, der mit Teilnehmern an der Schlacht sprach, in zehn Minuten etwa 800 Mexikaner getötet wurden.

Unter den Helden des Krieges waren so berühmte Gestalten wie der Abenteurer Jim Bowie oder der Westmann David Crockett — beide fielen in Alamo. Unter den weniger berühmten Toten befand sich der Deutsche Georg Bunsen, der erst 1834 nach Amerika emigriert war. Auch sein Landsmann Albert Emmanuel, der 1828 nach New Orleans gekommen war und in Nacogdoches als Kaufmann und Rechtsanwalt lebte, nahm an dem Krieg teil.

Die Jahre der Unabhängigkeit, die folgten, bis Texas nach dem Krieg von Mexiko 1848 endgültig an die USA fiel, waren für die Erschließung und Besiedlung des Landes von großer Bedeutung. Sterne wurde Mitglied des oberen und unteren Kongreß-Hauses, Bürgermeister in Nacogdoches und ein Freund von Samuel Houston. Er starb 1852 in New Orleans. Der deutsche Jude David Kaufmann wurde „Speaker" des texanischen Abgeordnetenhauses.

Die erste Welle deutscher Emigranten nach Texas stellten deutsche Juden. Simon Weiss suchte sich 1836 am Neches Fluß eine neue Heimstatt — „Weiss Bluff", wie die Stelle später genannt wurde. Unter dem Dach von Isidore Dyer, der sich 1840 in Galveston niederließ, fanden die ersten jüdischen Gottesdienste dieser Gegend statt. Zum Pionier der Gebiete, die sich westlich von San Antonio erstreckten, wurde der französische Jude Henry Castro, der die große deutsch-jüdische Auswanderung nach Texas initiierte. Houston, der Präsident des unabhängigen Texas, ernannte ihn zum Generalkonsul in Frankreich, und von dort sandte er in den Jahren 1843 bis 1846 5000 Deutsche, fast ausschließlich solche jüdischer Abstammung, nach Texas, die sich in Castroville und in drei anderen Gemeinden niederließen. Castro war der Urheber des ersten Planes zur Besiedlung der Republik Texas.

Nach 1836 nahm die Bevölkerung von Texas stark zu. 1847 lebten dort schon rund 100 000 Weiße und 40 000 Neger. 1860 war die Zahl der Siedler auf 602 432 angewachsen, davon 12 443 Mexikaner und 20 553 Deutsche. Die Feststellung früher Reisender, daß die Deutschen die wertvollsten der fremdgeborenen Siedler waren, ist immerhin bemerkenswert. Das Zentrum ihrer Niederlassungen bildete Neu Braunfels.

1844 war in Mainz der „Deutsche Fürstenverein" (Mainzer Verein) gegründet worden, der den Ankauf weiter Gebiete in Texas und deren Besiedlung mit Deutschen vorsah und die Auswanderer unterstützen und geleiten wollte. Die Initiatoren dieser „Gesellschaft zum Schutze deutscher Immigranten" gaben sich dem extravaganten Wahn hin, in Amerika einen rein deutschen Musterstaat verwirklichen, d. h. sich eine Scheibe von Amerika abschneiden zu können, um den deutschen Einfluß gehörig zur Geltung zu bringen. Ähnliche Vorhaben finden sich auch bei Gruppen anderer Nationen, mit dem gleichen Erfolg: die Führer betrieben bald amerikanische Politik, und der Plan scheiterte durch das Assimilationsbestreben der Auswanderer.

Der Agent des Adelsvereins, Prinz Carl von Solms-Braunfels, warb für die Auswanderung, finanzielle Hilfe wurde nur wenig gewährt. 1845 landete Baron Ottfried Hans von Meusebach mit 4000 Deutschen in Nassau in Matagorda. Ihr Kapital betrug nur etwa 40 000 Mark. Unter Führung des Barons zogen die Deutschen am Colorado entlang nach Norden. Aber es fehlte ihnen eine fachmännische und landeskundige Leitung und Betreuung. Niemand sorgte für Unterkunft, Nahrung und Vorsichtsmaßnahmen bei dem plötzlichen Klimawechsel. Etwa tausend starben an Malaria, Dysenterie und anderen Krankheiten. Verzweifelt versuchten die Deutschen Fuß zu fassen. Es gelang ihnen erst, als ein Landsmann sich ihrer annahm, der lange in Texas gelebt hatte und später als Schriftsteller Karriere machte.

Friedrich Armand Strubberg, 1806 in Kassel geboren, war der Sohn eines führenden Tabakhändlers in Deutschland, ein selbstbewußter, romantischer junger Mann, dem es vor allem wichtig war, reiten und schießen zu lernen. 1822 trat er in ein großes Bremer Handelshaus als Volontär ein und errang sich neben einer Vertrauensstellung auch die Liebe der reichen Prinzipalstochter. Leider war der Vetter des Mädchens eifersüchtig und zwang Strubberg zum Duell; zwar schoß Strubberg seinen Gegner nieder, aber er selbst mußte fliehen. Als Ziel gab es nur eine Möglichkeit: Amerika. Hier hielt er sich von 1826 bis 1829 auf und unternahm weite Reisen im Auftrag deutscher Handelshäuser. 1833 fuhr er erneut nach Amerika, wo er wiederum als Kommissionär die Interessen von Handelshäusern der Alten Welt vertrat. Als er sich mit einer jungen Amerikanerin verlobte, gab es ein neues Duell mit einem eifersüchtigen Vetter. Strubberg erschoß seinen Gegner, und wieder mußte er fliehen – diesmal nach Westen. Als Mr. Schubbert begab er sich in die Südstaaten, um als Zwischenhändler nach den Indianerterritorien neu zu beginnen. Der Dampfer, mit dem er unterwegs war, sank vor Louisville, Kentucky; aber es gelang ihm, sich und seine Habe zu retten. Gezwungen, einige Zeit in der Stadt zu bleiben, lernte er einen Professor der dortigen Medizinschule kennen, einen Deutschen, der ihn zum Studium der Medizin bewog. Nach zwei Jahren schloß er ab und begab sich ins unruhige Texas.

An der äußersten Grenze des Staates ließ er sich in unberührtem Land nieder. Das nächste Settlement lag achtzig Reitstunden entfernt. Mit drei Landsleuten baute er sich mitten im Indianerland ein Blockhaus und umgab es auf drei Seiten mit über vier Meter hohen Palisaden. Noch kein Hauch zerstörerischer Zivilisation war hier zu spüren, und Strubberg verlebte hier am Leona einige ruhige und glückliche Jahre. Wie einst Daniel Boone wurde es ihm allerdings zu eng, als sich Siedler, von der Kunde vom Strubbergschen Paradies angelockt, in seiner Nachbarschaft niederließen. In dieser Zeit erhielt er Nachricht von den Leiden der deutschen Auswanderer in Texas.

Als Koloniedirektor und Arzt unter den Deutschen verbrachte Strubberg seine interessantesten Jahre in Amerika. Er beseitigte die Krankheiten völlig und legte die bald blühenden Städte Neu Braunfels und ein Jahr später (1846) 170 Kilometer weiter nordwestlich im Indianergebiet am Perdinales Friedrichsburg (Fredericksburg) an.

Als der Krieg gegen Mexiko ausbrach, machte ihn Strubberg mit, um auf diese Weise das Land kennenzulernen. Bei der Rückkehr und Landung in New Orleans im Frühling 1848 hörte er, daß in Arkansas Cholera, Pocken und Sumpffieber wüteten und dort dringend Ärzte gebraucht würden. Daraufhin ließ er sich am oberen Washita nieder und stellte seine Fähigkeiten ganz in den Dienst an den Kranken. Schließlich baute er sich ein schönes Haus, und auch einer Heirat mit einer reichen Plantagenbesitzerin hätte nichts mehr im Wege gestanden. Doch während einer Bärenjagd stach ihn ein giftiges Insekt ins rechte Auge, und um das Auge zu retten, reiste Strubberg 1854 nach Europa. Erst nach langem Suchen fand er den richtigen Arzt, aber ganz erhielt er die frühere Sehkraft nicht zurück. In Amerika brach bald danach der Bürgerkrieg aus, in dessen Flammen auch Strubbergs Habe unterging. Seine Braut starb, er kehrte nicht mehr nach Amerika zurück.

Strubberg lebte erst in Hannover, seit 1860 in Kassel, meist bei seiner Schwester. Sie und Freunde veranlaßten ihn, seine Abenteuer aufzuschreiben. Mit seinen Büchern hatte er bald ungeahnten Erfolg. Bis Ende 1868 hatte er – unter dem Pseudonym „Armand" – etwa 40 Bände Romane und Jugendschriften verfaßt, am bekanntesten wurden seine Romane „Karl Scharnhorst" und „Amerikanische Jagd- und Reiseabenteuer".

Zu seiner Zeit war Strubberg so bekannt wie Friedrich Gerstäcker, der ebenfalls lange Zeit – von 1837 bis 1843 – in den Vereinigten Staaten gelebt hatte. Gerstäckers Abenteuer an der Grenze der Zivilisation von Ohio bis New Orleans – kein anderer Erzähler Europas hat so lange, ausgedehnte und aufreibende Wanderungen unternommen wie er – und seine späteren Reisen nach Südamerika, Afrika und Australien bildeten die Grundlage für seine Schilderungen glutvollen Lebens, farbenprächtiger Gestalten und exotischer Landschaften, die an Spannung kaum überboten worden sind. Während seine „Regulatoren von Arkansas" oder „Flußpiraten des Mississippi" noch immer zur Lektüre der Jugend gehören, sind Strubbergs Werke allmählich in Vergessenheit geraten. Strubberg starb 1889 in Gelnhausen in Hessen.

Friedrichsburg lag im Gebiet der Indianer. Von den zahlreichen Stämmen, die in Texas lebten, waren die Kiowa und Komanchen am bedeutendsten. Beide waren gerissene und gefürchtete Pferdediebe und stellten wie die Dakota weiter im Norden eine bewegliche und gefährliche „Kavallerie", die die weißen Offiziere in Erstaunen versetzte – sie gehörten zu den besten Reitern der Welt. Während die Komanchen ein verhältnismäßig derbes Volk waren, hatten die Kiowa ihre Kultur hoch entwickelt und blickten auf eine reiche Tradition zurück. Trotz ihrer zahlenmäßigen Überlegenheit wurden sie von den Komanchen beherrscht.

1837 schlossen Kiowa, Komanchen und andere Stämme mit den Weißen einen Vertrag ab. Oberst Henry Dodge, der die Stämme aufsuchte, hatte schon mehrere Expeditionen in das Gebiet dieser Indianer unternommen. 1835 hatte ihn neben dem Maler George Catlin auch der preußische Botaniker Beyrich begleitet, der in Fort Gibson wie viele andere am Fieber starb, dem auch Catlin beinahe erlegen wäre.

Die Kiowa, die sich um ein Auskommen mit den Weißen bemühten, konnten auf die Dauer den Krieg mit den in Scharen nach Texas strömenden Siedlern, Farmern, Viehzüchtern und Baumwollpflanzern nicht verhindern. Die Komanchen gruben früh das Kriegsbeil aus; der langwierige, tragische Kampf der freien Indianerstämme um ihre Existenz hatte schon lange begonnen, als Friedrichsburg erbaut wurde. Und auch die Niederlassungen der Deutschen blieben von den Unruhen nicht unbehelligt. Immer wieder kam es zu Zwischenfällen. Bei einer Gelegenheit kurz vor Ostern – so erfuhr der Reisende Peter Groma – hatten feindliche Krieger die Stadt eingeschlossen, die in einem Hügelland unweit einer größeren Anhöhe, des Bärenberges, gelegen ist. Auf den Hügeln rund um die Stadt brannten die Feuer der Indianer. Um die Kinder zu beruhigen, erzählte man ihnen, da droben färbten die Osterhasen ihre Eier. Es gelang bald, die Indianer zu vertreiben; die Erinnerung an den Tag hat sich bewahrt, und alljährlich werden am Palmsonntag die sogenannten Osterfeuer in der Stadt entzündet.

Im März 1847 zog Baron Meusebach, der nach Strubberg wieder die Kolonie leitete, zum Lager der Peneteka-Komanchen am San Saba Fluß. Niemand rechnete damit, ihn und seine Begleiter jemals wiederzusehen. Aber Meusebach schloß mit den Peneteka einen Vertrag, den ersten in dieser Gegend, in dem den Deutschen das Recht auf das schon besiedelte Land zuerkannt wurde. Dann kehrte er wohlbehalten zurück. Drei Millionen Morgen Landes fielen den Siedlern durch den Vertrag für 3000 Dollar zu. Meusebach gründete die Ortschaften Meerholz, Leiningen, Castell und Schönberg. Andere deutsche Siedlungen in Texas waren Schulenburg, Kaufmann und Krebs. Einmütig gründeten Deutsche und Polen Halletsville, nach 1840 siedelten viele Deutsche bei Victoria, das 1824 entstanden war. 1838 baute Friedrich Ernst den Ort Industry im Austin County und versuchte den Anbau von Indigo-Pflanzen.

Die deutschen Siedler waren fleißig und brachten es zu Wohlstand. Sie besaßen große Baumwollfelder, führten Tabak- und Reisanbau in Texas ein, aber betrieben bemerkenswerterweise keine Sklavenwirtschaft. Sie lehrten ihre Kinder lesen und schreiben und ein Handwerk auszuüben und gingen ihren Nachbarn mit gutem Beispiel voran. Frühe Reisende in Texas wiesen auf die Deutschen hin, auf ihr gutes Land, die bei ihnen übliche Handelsfreiheit und ihre Gesellschaftsform. Bei ihnen gab es keine Stände oder Gilden, sondern ein Mann betätigte sich gleichzeitig als Bäcker, Metzger, Farmer, Pferdehändler und, wenn es sein mußte, als Doktor. Amerikanische Soldaten kauften als erste die Erzeugnisse der Deutschen, und daher ging es vor allem seit der Gründung von Fort Austin in der Nähe mit Friedrichsburg aufwärts. Die Indianerüberfälle wurden seltener und hörten schließlich ganz auf.

Friedrichsburg hatte 1850 754 Einwohner. Mit der Ankunft der Soldaten erhielt der Ort eine Schlüsselstellung im ganzen Gebiet. Eine Reihe von Forschern, die in die texanischen „badlands", in den Llano Estacado oder nach Neu Mexiko zogen, benutzten den Ort als Durchgangsstation oder sogar als Ausgangspunkt für ihre Expeditionen. Friedrichsburg wurde daraufhin sogar als Zentrum für Eisenbahnlinien und Verbindungsstraßen vorgeschlagen. Bedeutende Forschungen in Texas unternahm z. B. der Offizier Nathaniel Michler, dessen Vorfahr 1743 als Bischof der Mährischen Brüder aus Württemberg nach Amerika ausgewandert war. Die Kenntnis der texanischen Pflanzenwelt verdanken wir zum Gutteil dem Frankfurter Jakob Lindheimer, der wegen angeblicher revolutionärer Machenschaften aus Deutschland fliehen mußte und am texanischen Unabhängigkeitskrieg teilnahm. Angeregt von seinem Freund und ehemaligen Studienkollegen Georg Engelmann begann er danach, die texanischen Pflanzen zu erforschen. Neun Jahre verbrachte der unerschrockene Mann in unberührter Wildnis, oft monatelang ohne einem Weißen zu begegnen. Aber die Indianer, auf die er stieß, ließen ihn ungeschoren, weil sie ihn als „Zaubermann" mit scheuer Verehrung betrachteten.

1847 schloß sich Lindheimer der von Meusebach gegründeten Darmstädter Kolonie an, die das Land zwischen den Flüssen Llano und San Saba besiedelte. Nach sechs Monaten gaben die Pioniere allerdings auf, und Lindheimer ging nach Neu Braunfels, wo er 1852 die „Neu Braunfelser Zeitung" gründete. Sie hielt sich bis zum Ersten Weltkrieg. 1870 gab er die Redaktion der Zeitung ab, seine letzten Lebensjahre — er starb 1879 im Alter von 74 Jahren — verbrachte er als Superintendent und Friedensrichter.

Lindheimer war ein politischer Flüchtling der dreißiger Jahre. Nach 1848 kam ein Schub deutscher Einwanderer nach Texas, die ebenfalls aus Deutschland hatten fliehen müssen, weil sie sich an der Revolution von 1848 beteiligt hatten. Der größere Teil waren Realisten, teilweise waren es aber auch romantische Idealisten, die zu den „Lateinbauern" wurden. Sie waren die ersten, die in den „Wilden Westen" von Texas Bildung brachten. Sie hießen „Lateinbauern", weil sie von Latein und Griechisch mehr verstanden als vom Ackerbau. Sie waren Utopisten, vom Geiste Rousseaus beseelt, sehnten sich nach dem einfachen Leben und wollten ihre sozialen Vorstellungen und Wünsche verwirklichen. Manche hatten einen „Staat im Staat" im Sinn, manche wünschten sich kulturelle Isolation. Aber alle wollten den Traum von Freiheit und Glück in dem Blockhaus an der Indianergrenze verwirklichen. Sie träumten von einem Amerika, das nur in ihrer Einbildung oder ihren Büchern bestand, einem Garten Eden, in dem vor allem die Freiheit des Individuums gewährleistet sein sollte. Ihre Nachbarn verstanden sie nicht, lachten sie aus und blieben auch ihrerseits den „Lateinbauern" stets fremd.

Frederick Olmsted, ein Landschaftsarchitekt und Reisender in Texas, suchte diese Deutschen auf und beschrieb sie und ihre Wunderlichkeiten. Danach hatten sie wertvolle Madonnen an Holzwänden, tranken Kaffee aus Zinntassen, die auf Untertassen aus wertvollem Dresdner Porzellan standen, sie spielten Klavier und hatten Truhen, die halb mit Büchern und halb mit Kartoffeln gefüllt waren. Nach dem Abendessen kamen sie meilenweit zu einem Treffpunkt in einem Blockhaus, wo sie sangen, spielten und tanzten. Aber der Versuch dieser Utopisten mußte scheitern, zur Farce entarten. Es stellte sich bald heraus, daß sie nicht wirklich glücklich waren, auch wenn sie mit niemandem tauschen wollten, sondern arm. Der deutschamerikanische Schriftsteller Friedrich Kapp traf 1867 auf seiner Reise nach Texas einen alten Studienkollegen, der ihn über seine Situation aufklärte: „Ich bin nicht glücklich im wahrsten Sinn des Wortes, aber auch nicht unglücklich, denn ich lebe frei und ungezwungen. Ich bin von nichts abhängig, außer von meinen Ochsen und dem Wetter. Nichts hindert mich an meinen Plänen und Vorhaben, außer daß ich kein Geld habe. Nichts hält mich ab, meine revolutionären Gefühle auszudrücken, außer daß ich keine Zuhörer habe."

Am Abend nach der Begegnung nahm Kapp an einem Treffen der „Lateinbauern" teil. Die Zusammenkunft begann als der Versuch, die alte Heidelberger Studentenzeit, ihre Gebräuche, ihre Lieder und ihre Gelage zu neuem Leben zu erwecken, aber sie endete mit nichtsnutzigen Gesprächen: „Unser Leben hier wäre ganz erträglich, wenn wir nur eine Kegelbahn hätten." Dennoch waren auch diese kuriosen Achtundvierziger von Bedeutung, gerade im Westen; denn sie bildeten den Sauerteig für die kulturelle Entfaltung an der Grenze.

Vor dem Bürgerkrieg entstand schon eine Deutsche Theatergesellschaft in Neu Braunfels, der erste Gesangverein in diesem Ort wurde im März 1850 ins Leben gerufen und erhielt den Namen Germania. Der bedeutende Achtundvierziger Carl Douai aus Altenburg, einer der ersten Marxisten in Amerika, gründete den San Antonio Gesangverein, den er auch leitete und dessen Mitglieder er 1853 nach Neu Braunfels führte, als dort das erste Sängerfest an der westlichen Frontier stattfand. In dem Dreieck zwischen Houston, San Antonio und Neu Braunfels entstand eine Reihe deutscher Gesangvereine, Schützenvereine, Turnvereine und anderer gesellschaftlicher und kultureller Organisationen. In der Grafschaft Comal unterstützten deutsche Farmer die Acker- und Gartenbaugesellschaft von 1852; ein Reformverein wurde 1854 in Friedrichsburg gegründet, der über Ackerbaumethoden beriet. Schon 1852 entstand der „Freie Verein" in Sisterdale, eine Freidenkergemeinschaft, zu deren Treffen die Deutschen dreißig Meilen weit aus der Umgebung kamen. Ihr Präsident war viele Jahre Ernst Kapp, der seinen Doktor in Bonn gemacht hatte und sechzehn Jahre lang — bis 1865 — auf einer fünfzig acre umfassenden Farm in Texas lebte. Er rodete den Wald selbst, wurde Wagenmacher, Schmied und daneben einer der frühen Geographen in Texas.

Schon bald entstand auch eine ganze Anzahl deutscher Zeitungen in Texas, denen hier wie anderswo eine Vermittlerrolle zwischen alter und neuer Heimat zukam; Lindheimers „Neu Braunfelser Zeitung" war wohl die bedeutendste davon. Als sie zum ersten Mal erschien, war das Papier so rar, daß Lindheimer gelegentlich Tapeten und Einwickelpapier vom Metzger hernehmen mußte. Douai gründete die „San Antonio Zeitung", doch mußte er 1856 wieder einmal flüchten, diesmal in die Nordstaaten der USA, weil er gegen die Sklaverei geschrieben hatte.

Neun deutsche Zeitungen gab es vor dem Bürgerkrieg in Texas, aber nur vier überlebten ihn. Der Bürgerkrieg veränderte die Lage für die Deutschen in Texas erheblich. Einige Deutsche waren Verfolgungen ausgesetzt, weil sie mit den Nordstaaten sympathisierten. Waren Verordnungen und Erlasse eine Zeitlang in Deutsch und Englisch erschienen, so nahm nun die Assimilierung der Deutschen zu. Der erste Deutsche, der Texas im US-Kongreß vertrat, war Eduard Degener, der auch in beide Häuser des texanischen Parlaments gewählt wurde.

Fredericksburg in der Grafschaft Gillespie und New Braunfels im Comal County hatten sich zu blühenden Ansiedlungen entwickelt. Das alte Friedrichsburg wurde ein Handelszentrum des umliegenden Farmlandes und ein beliebter Ferienort. Die Deutschen – etwa 5000 – kennen ihre alte Heimat kaum, aber sie pflegen noch immer deutsches Brauchtum. Die Menschen sind wie alle anderen Texaner gekleidet, aber erinnern nach Gromas Meinung irgendwie an altdeutsche Bauern. So ähnelt der Ort, in dem es auch einen „German Gesangverein" gibt, einer alten deutschen Kleinstadt mit amerikanischem Einschlag.

Jenseits des Felsengebirges

Ein Interesse an deutschen Büchern, an deutscher Kultur war in Amerika schon seit Beginn der Kolonialisierung vorhanden. Aber mit der Wende zum 19. Jahrhundert nahm es plötzlich ungewöhnlich zu. Die Studien eines William Bentley, des ersten bedeutenden Amerikaners, der über die deutschen Erfolge und Fortschritte auf wirtschaftlichem und kulturellem Gebiet berichtete, bereiteten den Boden; Staëls Buch über Deutschland gab den Anstoß, und eine Reihe junger amerikanischer Gelehrter ging als Studenten nach Deutschland und trug dann deutsches Kulturgut in die Neue Welt. In den folgenden Jahrzehnten war der Einfluß großer deutscher Geistesrichtungen in Amerika zu spüren. Deutsche Belle-Lettres und Historiographie, deutsches klassisches Gelehrtentum und Bildungswesen, deutsche Theologie, Philosophie und Psychologie fanden weiten Eingang in die amerikanische Intelligenz. Deutschland wurde in Amerika als das „geistesgeschichtlich fortgeschrittenste" Land der Welt angesehen.

George Ticknor studierte von 1815 bis 1819 in Europa, vor allem in Göttingen, und war maßgeblich an der Reformierung der Universität Harvard beteiligt. Er gehörte zu den Gründern der öffentlichen Bibliothek in Boston (1852), die er ganz nach deutschem Vorbild organisierte und damit zu einer der ersten ihrer Art in Amerika machte. Sein Studienkollege Edmund Everett promovierte als erster Amerikaner in Göttingen und setzte sich für die Einführung deutscher Bildungsmethoden in Amerika ein. Joseph Cogswell, ebenfalls ein Student in Göttingen, organisierte die älteste amerikanische Universitätsbibliothek — in Harvard — nach deutschem Vorbild. Seine Freundschaft mit Astor führte zur Gründung der Astor-Bibliothek, nach seiner Ansicht war das deutsche Universitätswesen das beste. In den Werken des Historikers George Bancroft, der in Berlin mit Goethe und Wilhelm von Humboldt verkehrte, war ein deutsches Konzept zugrunde gelegt.

Den ersten Versuch, deutsche und amerikanische Mentalität philosophisch zu vereinigen, unternahm der deutsche Philosoph Friedrich Rauch, der 1831 nach Amerika kam und das erste englische Buch mit dem Titel „Psychology" schrieb. An den amerikanischen Universitäten wurde deutsche Philosophie gelehrt; deutsche Studienformen wie Auswahlstudium, Einrichtung von Seminaren, Lehrmethoden, Stipendien, Doktorandenunterstützung u. a. fanden bei ihnen Eingang. Die Universität Michigan führte das Ideal der deutschen Universität ein, die John Hopkins Universität in Baltimore war nach deutschem Vorbild gestaltet.

Plato, indische Philosophie und deutsche Transzendentalphilosophie bestimmten die Weltanschauung des großen amerikanischen Philosophen Ralph Waldo Emerson. Beträchtlich war der deutsche Einfluß auf das Triumvirat amerikanischer Dichter: Hawthorne, Whitman und Longfellow. Bei anderen amerikanischen Dichtern wie Edgar Allen Poe, Mark Twain und selbst Cooper läßt sich deutscher Einfluß im einzelnen nachweisen.

Aber nicht nur auf amerikanisches Bildungswesen, auf amerikanische Philosophie, Musik, Literatur und Theologie hatte deutsches Gedankengut Einfluß. Staatspolitische und gesellschaftliche Einflüsse aus Deutschland trugen um die Mitte und gegen Ende des 19. Jahrhunderts ihre Früchte in den Staaten. Deutsche Auswanderer nahmen die Erkenntnisse der Alten Welt mit nach Amerika, sie führten den Liberalismus ein, später den Sozialismus und Kommunismus, und sie und die zahllosen amerikanischen Gelehrten, die in Deutschland studiert hatten, brachten Ergebnisse deutscher Wissenschaft aller Zweige nach Amerika. Als amerikanische Forscher und Entdecker in der Mitte des 19. Jahrhunderts gen Westen zogen, um die Prärien und Berge systematisch zu erforschen, nahmen sie ein Weltbild mit, das in der Weltanschauung eines der bedeutendsten Gelehrten der Alten Welt, nämlich Alexander von Humboldts, wurzelte. Teilweise korrespondierten sie mit deutschen Gelehrten, ließen sich von ihnen Ratschläge erteilen und hatten oft Deutsche in ihrer Begleitung; manche hatten sogar in Deutschland studiert. So kam es, daß der „Pfadfinder" John C. Fremont ausführlich über eine einzelne Hummel berichtete, die er auf dem nach ihm benannten Berg fand, daß andere Forscher in ihren Berichten die Landschaften, die sie vorgefunden hatten, romantisch schilderten, daß die Künstler die geheimnisvollen westlichen Berge gewaltig und verklärt darstellten. In der Weltanschauung dieser Forscher fand das Bildungsideal der deutschen Klassik einen Nachhall, sie betrachteten die Welt als großes, geordnetes Universum, als unendliches, geheimnisvolles Ganzes, in dem das Leben pulsiert, in dem auch der Mensch seinen ihm gebührenden Platz einnimmt, kurzum als „Kosmos". Es war die Welt Alexander von Humboldts, die die amerikanischen Entdecker bewegte. „Ihr Leben und Werk gaben uns Selbstvertrauen", schrieb der Forscher Fremont an Humboldt, zu dessen Ehren er in Nevada einen Gebirgszug und einen Fluß benannt hatte. „Sie lehrten uns, auf unser Land stolz zu sein und es zu lieben." Und der amerikanische Kriegsminister John B. Floyd sagte: „Wir werden die Verdienste, die Sie sich um unser Land erworben haben, niemals vergessen. Der Name ‚Humboldt' ist auf unserem Kontinent schon fast zu einem geflügelten Wort geworden. Von den Küsten des Atlantik bis zum Pazifischen Ozean würdigt man Ihre großartigen Leistungen auf allen Gebieten der Wissenschaft und des menschlichen Fortschritts. In gewisser Weise ehrten wir uns selbst damit, daß wir Flüssen und Tälern, Buchten und Wäldern Ihren Namen gaben. Wir und unsere Nachwelt stellen Ihren Namen neben den von Washington, Jefferson und Franklin."

Humboldt, der während seiner großen Forschungsreise 1799 bis 1804 auch nach Washington kam und mit Präsident Jefferson Freundschaft schloß, gab für die Erschließung Mexikos unschätzbares Material an die Hand und diente Jefferson mit seinen Kenntnissen über das Louisiana-Territorium, so daß der Präsident gute Argumente zu Gunsten des damals umstrittenen Kaufes vor dem Kongreß vorbringen konnte. Mit seinen Forschungen gab er für die Planung des Panama-Kanals Impulse. Seine Argumente gegen die Sklaverei verwandte Fremont im Wahlkampf 1856. Sein Hauptverdienst aber war wohl, daß er für die „eigenständige Entwicklung des amerikanischen Kontinents . . . (gewissermaßen) das ‚Leitmotiv'" setzte (v. Hagen).

Die eigentlichen Wegbereiter in den Gebieten jenseits des Felsengebirges waren die „Männer der Berge". Jedediah Strong Smith war wohl der bedeutendste unter ihnen, keiner kannte den Westen besser als er. Er erforschte das Große Becken, Kalifornien und den Oregon Trail. William Sublette unternahm Forschungszüge am Oregon Trail, am Platte River und am Missouri. James Bridger stand als erster Weißer am Großen Salzsee und sah sich im zentralen und nördlichen Gebirge um. William Becknell wurde zum „Vater" des berühmten Santa Fe Trails (1822). Einer seiner Begleiter war der Kentuckier William Wolfskill, in dessen Adern deutsches und irisches Blut floß und der 1824 als einer der ersten Weißen das südliche Utah betrat. Sechs Jahre später erforschte er die Fortsetzung des Santa Fe Trails, den Spanish Trail, nach Kalifornien. In Kalifornien ließ er sich nieder und wurde hier einer der hervorragendsten frühen Siedler.

Die Erkenntnisse, die diese Einzelgänger erbrachten, waren zwar wertvoll, aber sie bedurften der Systematisierung. Das Land mußte vermessen und topographisch und geologisch erforscht werden, und das konnten nur wenige der „Männer der Berge" leisten.

Einen großen Namen machte sich Josiah Gregg, der 1806 in Overton in Tennessee zur Welt kam. Sein Vater war schottischer Herkunft, seine Mutter die Deutsche

Susannah Schmelzer. Von seiner Erziehung und Ausbildung weiß man nur wenig. Greggs spätere Bücher zeigen seine Kenntnisse der Geschichte, Mathematik und Astronomie. Er lernte Spanisch, um die alten Archive nach Quellen über den Südwesten durchstöbern zu können. Er soll Medizin studiert, vielleicht sogar den Doktortitel erworben haben, machte aber nie eine Arztpraxis auf.

Greggs Gesundheit war schlecht, weiter im Westen suchte er Heilung. Zudem interessierte er sich für den Überlandhandel zwischen Mexiko und der Grenze Missouris. Fast neun Jahre lang unternahm er ab 1831 als Händler und Wissenschaftler immer wieder Reisen nach Santa Fe, die ihm seine Gesundheit wiedergaben. Er machte Abstecher nach Chihuahua in Mexiko und stellte exakte Beobachtungen an. Topographie, Geographie, Fauna und Flora – all das interessierte ihn und wurde in Notizen festgehalten. Alte Quellen zog er zum Vergleich heran. Im Winter 1843/44 hatte er das Manuskript eines Buches über den Handel im Westen fertig und reiste im Frühjahr nach New York, wo er es unter dem Titel „Commerce of the Prairies" veröffentlichte. Es wurde ein durchschlagender Erfolg und erschien schon 1845 in deutscher Sprache. Es gilt als die erste und genaueste Abhandlung über den Überlandhandel zwischen Missouri und Rio Grande vor dem Krieg gegen Mexiko und wurde 1954 von Experten zu den zehn besten Büchern gerechnet, die je über den „Wilden Westen" geschrieben wurden. Es enthält neben der Beschreibung von Geographie und Klima des Landes auch Darstellungen der Sitten der Indianer.

Im Frühling 1846 ritt Gregg 1200 Meilen weit, um sich General Wool anzuschließen, als der Krieg gegen Mexiko ausgebrochen war. In Mexiko tat er eine Zeitlang Dienst. Dann begleitete er Oberst Doniphan zurück in die Staaten. Doniphan hatte im März 1847 einen entscheidenden Sieg in Chihuahua errungen und damit einem deutschen Forscher das Leben gerettet. Es handelte sich um Dr. Wislizenus, der nach Jahren in St. Louis an seine Erlebnisse im Fernen Westen dachte und 1846 wieder Lust zu

Abenteuern verspürte. Er versorgte sich mit einer wissenschaftlichen Ausrüstung und schloß sich der Handelskarawane Albert Speyers an, die nach Santa Fe und Chihuahua ziehen wollte. Die amerikanischen Behörden argwöhnten, daß der Trupp Waffen für die Mexikaner beförderte, so sandte man ihm eine Abteilung Soldaten hinterher, der es aber nicht gelang, die Karawane einzuholen. Sie erreichte unbehelligt Santa Fe und zog von dort weiter nach Süden. Wislizenus widmete sich ganz der Erforschung von Geographie, Flora und Fauna des Landes. In Chihuahua geschah es dann, daß antiamerikanisch eingestellter Pöbel ihn und seine Kameraden gefangennahm, sie am liebsten gelyncht hätte, aber sich eines besseren besann und sie unter Bewachung in die Berge schickte. Die Ankunft Doniphans brachte Wislizenus und seinen Kameraden die Freiheit. Wislizenus begleitete das Regiment, bei dem sich auch Gregg befand, als Arzt zum Rio Grande und weiter zum Mississippi und kehrte von dort nach St. Louis zurück, wo er einen Reisebericht verfaßte, der den ersten wissenschaftlichen Bericht über den größten Teil des bereisten Gebietes darstellt, schon 1850 in Braunschweig erschien und von Alexander von Humboldt gelobt wurde.

Wislizenus lebte bis zu seinem Tode 1889 in St. Louis, wo er an der Gründung der Missouri Historical Society und der Academy of Science of St. Louis mitwirkte. Tragisch war der Tod Greggs. Ende 1849 führte er eine Forschungsgruppe von sieben Mann im Auftrag der Regierung von den Trinity-Minen im Norden Kaliforniens zum Pazifik. Die Überquerung des Küstengebirges im tiefsten Winter verzehrte die Kräfte der Männer. Nach ungeheuren Strapazen erreichten sie den Ozean; während der Rückkehr starb Gregg am 25. Februar 1850 an Hunger und Erschöpfung.

Auch Gregg gehörte zu den Einzelgängern. An eine systematische Erforschung der weißen Flecken auf der Landkarte war erst zu denken, als speziell dafür ausgebildete Offiziere ihre Arbeit aufnahmen. 1838 entstand das Korps topographischer Offiziere, das Topographical

Corps. Ihm gehörten insgesamt 36 Offiziere an, die sich in den nächsten 25 Jahren um die Erforschung der Gebiete jenseits der Rockies verdient machten. Sie waren meist an der Militärakademie in West Point ausgebildet worden und pflegten Kontakt mit führenden Wissenschaftlern der Alten und Neuen Welt.

Die systematische Erforschung der Berge begann mit John Charles Fremont, der schon zu Lebzeiten „Pfadfinder" genannt wurde, ein Titel, über dessen Berechtigung auch schon zu seinen Lebzeiten gestritten wurde. Zwar hatte Fremont West Point nicht besucht, aber immerhin waren so bedeutende Forscher wie Joseph N. Nicollet und der Schweizer Ferdinand R. Hassler, der erste Superintendent des US Coast Survey, seine Lehrer gewesen, und sein Schwiegervater war der weit bekannte Senator und Politiker Thomas H. Benton, dessen Darstellung in Kennedys Buch „Zivilcourage" ihn unvergeßlich gemacht hat. Benton verfolgte große Pläne im Westen, sein bedeutendster Erfolg war die Besiedlung Oregons in den vierziger Jahren. So konnte sich Fremont durchaus auch Extratouren leisten und mehr Rechte für sich in Anspruch nehmen als anderen Offizieren des Korps zustand.

Benton hatte zunächst vergeblich im Senat dafür gekämpft, daß die Vereinigten Staaten von Oregon, jenem herrlichen Paradies im Nordwesten, Besitz ergriffen. Aber er hoffte, daß ein Forschungszug die Auswanderung in dieses Gebiet anstacheln würde und neu geschaffene Tatsachen die amerikanische Regierung eher überzeugten als seine Reden im Senat. So kam die Fremont-Expedition von 1842 zustande. Im Mai traf Fremont, damals 29 Jahre alt, in St. Louis ein, um die Vorbereitungen zu treffen. Hier schloß sich ihm ein Deutscher an, der, mit einem Empfehlungsschreiben Hasslers ausgestattet, um Beschäftigung bat. Es war Georg Karl Ludwig Preuss, in Amerika als „Charles Preuss" bekannt, der später hervorragende Karten vom Westen anfertigte. Preuss war zehn Jahre älter als Fremont, er war im Fürstentum Waldeck zur Welt gekommen, hatte Geodäsie studiert und als Landvermesser für die preußische Regierung gearbeitet.

Die Revolution von 1830 trieb ihn nach Amerika. Fremont und Preuss, ein großer, blonder Mann mit roten Wangen und einem gutmütigen Gesicht, wurden gute Freunde; die Erfolge des „Pfadfinders" beruhten großteils auf der Arbeit des Deutschen, was Fremont auch nie bestritt.

Zu Fremonts Leuten gehörten einige namhafte Westläufer, darunter der legendäre Christopher „Kit" Carson, der Fremonts bester Freund war und durch ihn eigentlich berühmt und zum Nationalhelden wurde. Einundzwanzig Kreolen und kanadische Voyageurs bildeten die Mannschaft.

Die Forscher zogen am Kansas entlang und folgten dann den Spuren eines Auswandererzuges zum Big Vermilion und Big Blue. Durch das Land der Pawnee gelangten sie zum Platte, wo Fremont am 5. Juli die Mannschaft teilte. Die Hauptgruppe sollte am Platte nach Fort Laramie weiterziehen, während Fremont mit Preuss und einigen anderen einen Abstecher nach Süden machte. In Fort Laramie traf man sich wieder. Hier erhielt Fremont die Nachricht, daß Dakota, Cheyenne und Gros Ventre-Indianer das Kriegsbeil ausgegraben hätten und an der Landmarke Red Buttes den Weißen den Weg versperrten. Als die Expedition weiterzog, schickten denn auch die Indianer eine Warnung an Fremont, der sich aber nicht daran kehrte — und bald danach erfuhr er, daß die vereinigten Stämme uneins geworden waren und sich zerstreut hatten.

Fremont sollte nur bis zum South Pass vorstoßen, der Grenze zu Oregon, das keineswegs dem heutigen Staat dieses Namens entsprach, sondern beträchtliche Randgebiete der angrenzenden Staaten mit einschloß. Aber das reichte ihm nicht, und so zog die Expedition entlang der Wind River Berge nach Norden, von denen Preuss bemerkte, er habe in Europa nie etwas ähnlich Schönes erlebt. Einen Berg, von dem er annahm, er sei der höchste im Felsengebirge, bestieg Fremont und hißte oben mit heroischer Gebärde das Sternenbanner; der Pik trägt nun seinen Namen, er war bei weitem niedriger, als er dachte.

Am 18. August wurde der Rückmarsch nach Osten angetreten. Als Fremont, Preuss und andere auf dem reißenden Sweetwater das neuartige Schlauchboot, das die Expedition mitführte, ausprobieren wollten, erlitten sie im ersten Canyon Schiffbruch und mußten die 500 Fuß hohen Canyon-Wände erklettern. Nach diesem Abenteuer langte die Expedition wohlbehalten in St. Louis an. Wissenschaftlich hatte sie wenig Erfolg gebracht. Die Karte, die Preuss anfertigte, war von begrenztem Wert für Emigranten, weil sie Wasserstellen usw. anzeigte, allerdings nur bis zum South Pass. Wichtiger war, daß Fremont durch seinen Bericht über Nacht zum Held des Tages und so der Urheber des Oregon-Fiebers von 1843 wurde, wie es sich Benton erhofft hatte.

In diesem Jahr 1843 wurde Fremont beauftragt, genaue Vermessungen in den Bergen vorzunehmen. 39 Mann, vor allem französische Voyageurs, bildeten diesmal die Begleitmannschaft. Der bedeutende irische Westmann, Indianeragent und Forscher Thomas Fitzpatrick wurde als Führer angestellt. Preuss als Wissenschaftler sollte Arten sammeln, bei den astronomischen Beobachtungen helfen, für die zerbrechlichen Instrumente — Sextanten, Thermometer, Barometer, Kompaß etc. — sorgen und topographische Skizzen anfertigen. Ein Schlauchboot gehörte ebenso zur Ausrüstung wie eine kleine Haubitze, für die der preußische Artillerist Ludwig Zindel zuständig war. Preuss mochte den ehemaligen Feldwebel nicht. Als Botaniker begleitete der Deutsche Lüders die Expedition, der später in Washington von Indianern getötet wurde.

Fremont konnte kaum fassen, welche tiefgreifende Änderung im Überlandverkehr ein Jahr bewirkt hatte. 1843 war das Jahr der „Great Emigration" nach Oregon, der Oregon Trail war von tausenden von Fahrspuren zerfurcht. Während Fitzpatrick den Haupttrupp mit den Karren zum Sweetwater brachte, ritten Fremont und dreizehn andere in die Berge und folgten den Wagenspuren über den South Pass zum Green River. Von dort ging es über die Soda Springs und am Bärenfluß entlang zum Großen Salzsee, den die Forscher nach drei Wochen erreichten. Fremont, Preuss, Kit Carson, der auch wieder mit dabei war, und drei andere ruderten mit dem Schlauchboot zur Insel mitten im See, die vor ihnen nur Bridger betreten hatte. Fremonts Bericht über das Land veranlaßte die Mormonen, hierher zu ziehen.

In Fort Hall stieß Fremonts Gruppe wieder zum Haupt-Troß. Von dort ging es weiter zum Ende des Oregon Trails. An den Dalles, wo die Einwanderer eine Zeltstadt erbaut hatten, ließ Fremont die meisten Leute unter Carsons Obhut zurück. Mit sieben Mann, unter ihnen Preuss, fuhr er im Kanu stromab nach Vancouver, wo er den bedeutenden Pionier John McLoughlin, den „Vater von Oregon", traf. Das Gebiet stand damals noch unter britischer Oberhoheit, aber McLoughlin unterstützte die amerikanischen Immigranten aus Mitteln der Hudson Bay Company, als deren Agent in Oregon er tätig war. Fremonts Bericht über Oregon wurde von den hereinströmenden Siedlern als Führer hergenommen, das Oregon-Fieber dauerte noch ein Jahrzehnt lang an.

Zwar hatte Fremont seinen Auftrag ausgeführt, aber ihn dürstete nach weiteren Forschungen. Er ließ alle Karren zurück und verlor sich mit seinen Männern südwärts in den Bergen. Fremont faßte den Plan, nach Kalifornien vorzustoßen. Der Übergang über das Gebirge im tiefsten Winter wurde eine unglaubliche Strapaze. Am 20. Februar 1844 gelangte die Gruppe an die über 3000 Meter hohe Paßhöhe. Aber damit waren die Mühsale nicht vorbei. Fremont stürzte in einen eiskalten Bach, aus dem ihn Carson rettete. Zwei Männer wurden wahnsinnig, und Preuss verirrte sich, mußte Entennester plündern, weil er weder Nahrung noch ein Gewehr bei sich hatte, und wurde schließlich von den anderen wieder gefunden. Bald danach erreichten die Forscher endlich Sutters Ranch in Kalifornien und waren gerettet.

Nach kurzer Rast bei dem gastfreundlichen Sutter machten sich die Männer zum Spanish Trail auf, auf den sie am 18. April stießen. Fremonts Bericht über Kalifornien bewog noch vor den Goldfunden viele Siedler, hierher zu ziehen. In der Folgezeit kam es zu Kämpfen mit

Ute-Indianern, die einen Mann töteten. Es ging weiter zum Utah-See und von dort quer durch das nördliche Utah nach Colorado und zum Platte und wieder nach Süden nach Colorado, wo die Forscher nur knapp einem Indianerkrieg entgingen. Am 1. Juli erreichten sie Bent's Fort, wo Carson zurückblieb. Fremont ritt mit den übrigen weiter nach St. Louis, stieß auf Arapaho und Pawnee, die zur Schlacht bereit waren, und verlor im Hochwasser des Kansas wieder alle gesammelten Materialien. Am 6. August trafen sie in St. Louis ein.

Fremont hat der Westwanderung starke Impulse gegeben. 1846 wurde Oregon an die USA angeschlossen. Zwar wiesen Fremonts Berichte viele Irrtümer auf, aber er war als Abenteurer wie Wissenschaftler eine Autorität und galt als Symbol des westwärts drängenden Amerika. Preuss verfertigte aufgrund der Expedition die bedeutendste Karte des Jahrzehnts, die noch bis zum Bürgerkrieg von überragender Bedeutung blieb. Preuss verfügte über die modernsten Kenntnisse der Landvermessung und Kartographie. Seine „Geographische Denkschrift" (1847) gehört zu den „topographischen Meilensteinen" der amerikanischen Geschichte. 1846 veröffentlichte Preuss eine weitere wichtige Karte, die für Auswanderer bestimmt und unter ihnen weit verbreitet war. Von der Mündung des Kansas in den Missouri bis zur Mündung des Walla Walla in den Columbia waren die Entfernungen von Westport Landing eingetragen; auch Bemerkungen über Wild, Gras, Wasser, meteorologische Charakteristiken und über die Indianer fehlten nicht. Mit dieser Karte haben Preuss und Fremont Wesentliches zur Erschließung des Westens beigetragen.

1848 erweiterte Preuss die Karte mit Eintragungen nach Berichten anderer Forscher. Sie zeigte zum ersten Mal klar die Beziehungen der einzelnen Becken, Flüsse und Gebirge. Doch litt die Genauigkeit etwas wegen der Größe des kartographierten Gebietes.

Kein anderer Forscher war so populär wie Fremont, der auch von Humboldt gelobt und zitiert wurde. Als er 1846 erneut auf Forschungsfahrt gesandt wurde, blieb

Preuss daheim, und so entging ihm das Abenteuer der Bärenflaggen-Revolte, im Zusammenhang mit dem Krieg gegen Mexiko, in die Fremont verwickelt wurde.

Wenige Jahre danach begann der Streit um die Verlegung einer Pazifik-Bahn, der zu den zahlreichen Expeditionen in den fünfziger Jahren führte. Benton, der die Interessen von St. Louis vertrat und gegen St. Joe und Springfield im eigenen Staat verteidigte, hoffte auf eine Strecke, die ihren Ausgangspunkt in St. Louis nahm und nach San Francisco führte. Schon 1848 überredete er drei Geschäftsleute, die Erforschung der Möglichkeit dieser Route zu finanzieren. Natürlich sollte Fremont die Expedition leiten, was ihm sehr gelegen kam, da gegen ihn ein Verfahren wegen Befehlsübertretung im Gange war und er so seine „befleckte Ehre" wiederherstellen konnte.

Im Oktober 1848 scharte Fremont in Westport seine Leute um sich, während Benton sein Unternehmen im Senat verteidigte. 35 Mann sollten ihn begleiten, unter ihnen Preuss und ein anderer Deutscher, der Botaniker Friedrich Creuzefeld. Ferner gehörten die Topographen Kern, zwei Brüder von Schweizer Herkunft, zu der Mannschaft.

Fremont sollte dem 38. Breitengrad folgen und hoffte, in der Nähe des Cochetopa-Passes einen neuen Paß über die Wasserscheide zu finden. Zwar wurde er von Fitzpatrick, den er am Arkansas traf, vor dem hereinbrechenden Winter gewarnt, der diesmal besonders hart werden sollte, aber er achtete nicht darauf und engagierte „Old Bill" Williams als Führer, einen bekannten, wenn auch recht fragwürdigen Trapper und Führer in den Bergen, wo manche Fluß- oder Bergnamen an ihn erinnern.

Als die Gesellschaft jenseits der Sangre de Cristo-Berge im San Luis Tal eintraf, war es Dezember geworden, der heftige Schneefälle und bittere Kälte bescherte. Williams wollte die Berge im Süden umgehen, Fremont aber sie wider alle Vernunft überschreiten. Auf der Pool Table Mesa jenseits des Bill-Williams-Passes in den San Juan Bergen ernteten die Männer dann den Preis für Fremonts Sturheit; ein Schneesturm nagelte sie am 17. Dezember in rund 4000 Meter Höhe fest. Ein Maultier nach dem anderen erfror. Williams verfiel in Apathie, und Fremont, selbst fast verzweifelt, beschloß umzukehren. Tatsächlich erreichten die Männer wieder den Fuß der Berge. Von hier sandte Fremont Ende Dezember vier der kräftigsten nach Taos um Vorräte. Es gingen Williams, King, Brakkenridge und Creuzefeld.

Sechzehn Tage später hatte Fremont noch nichts von den vieren gehört und beschloß nun, selber Hilfe zu holen. Den Westmann Alexis Godey nahm er als Führer mit. Das Lager blieb unter der Obhut von Lorenzo Vincenthaler, der wohl deutscher Herkunft war. Er sollte mit der Ausrüstung und den Männern nachkommen. Die Expedition endete in einer Tragödie. Eine Reihe von Männern erfror, die Gesellschaft brach auseinander, Vincenthaler sammelte die Stärksten um sich und beschloß, auf Fremont zu warten. Die anderen, darunter die Kerns, C. C. Taplin, Andrews, Cathcart, McGehee und der Deutsche Stepperfeldt gingen langsam weiter. Creuzefeld und seine Gefährten waren nahe am Verhungern. Henry King starb und wurde, wie es das Gerücht später wissen wollte, von den anderen verzehrt. Schließlich rettete sie Fremont, der mit Hilfe von Ute-Indianern zusammen mit Godey zu einer Niederlassung gelangte. Godey kehrte mit einer Rettungsmannschaft sofort zurück, während Fremont völlig erschöpft weiter nach Taos zog. Der Rest von seinen Leuten wurde von Godey vor dem Verhungern bewahrt. Zehn Männer waren bei diesem Unglücksfall, der zu den schwersten in der Geschichte der amerikanischen Forschung zählt, ums Leben gekommen. Die Vorwürfe des Kannibalismus und Vincenthalers opportunistisches Verhalten machten alles noch schlimmer, und Fremont setzte dem die Krone auf, indem er seine Leute in Taos sich selbst überließ und nach Kalifornien reiste. Als Williams und Benjamin Kern nach verlassenen Vorräten Fremonts suchten, wurden sie von Ute-Indianern getötet – Williams, weil er den Stamm mehrfach betrogen hatte, und Kern als sein Begleiter gleich mit. Die anderen Männer schlugen sich nach Osten durch.

Fremont hatte weder etwas an Popularität noch an Optimismus eingebüßt. Er leistete seinem Vaterland noch manch anderen Dienst. 1856 wurde er als Präsidentschaftskandidat der Republikanischen Partei aufgestellt, im Bürgerkrieg brachte er es zum General, und von 1878 bis 1883 war er Gouverneur in Arizona. 1890 starb der alte „Pfadfinder" in New York. —

Nachdem Mexikos nördliche Provinzen — Arizona, Neu Mexiko und Kalifornien — an die USA gefallen waren, gab es für die topographischen Offiziere wieder Arbeit bei der Vermessung der neuen Grenzen. Der Leiter des Unternehmens war William Emory, ein Maryländer, der Fremont an Popularität nur wenig nachstand. Man nannte ihn den „kühnen Emory", weil er als fest, ernst und entschlossen galt. Von ihm stammt der erste amerikanische Bericht über die Apachen.

Bei den Vermessungsarbeiten, die sich als sehr schwierig gestalteten, wurde Emory von fähigen Assistenten unterstützt. Leutnant Nathaniel Michler, der später Forschungen in Texas unternahm, und der deutsche Botaniker, Geologe und Zeichner Arthur Schott nahmen ihm große Teile seiner Arbeit ab. Die Vermessungen begannen 1851, aber erst zwei Jahre später, nach zahlreichen Schwierigkeiten und Streitereien mit den mexikanischen Behörden, konnten sie beendet werden.

1853 kauften die Amerikaner Mexiko weitere Grenzgebiete im Gadsden-Vertrag ab, und Emory wurde im August des nächsten Jahres wiederum mit den Vermessungsarbeiten betraut. Er selbst führte einen Trupp an, einen zweiten Leutnant Michler, zu dessen Leuten auch Schott gehörte. Wissenschaftlich brachte die Expedition eine Fülle von Erkenntnissen, manche geologischen Theorien Schotts sind noch heute nicht vollständig überholt. Die Pflanzen- und Tierexemplare, die Schott und die anderen Forscher gesammelt hatten, wurden von dem Biologen John Torrey geordnet und klassifiziert, der damals das bis zu dieser Zeit größte Wissen über die amerikanische Pflanzenwelt zusammentragen konnte.

Wichtig waren auch die Zeichnungen. Schott, dessen

Bilder einen gewissen Humor erkennen lassen, vergrößerte mit Zeichnungen von verschiedenen Indianerstämmen den Informationsgehalt der Berichte. Durch seine Skizzen von dem Verlauf der Grenzlinie zeichnete sich der Österreicher John Weyss aus, der an den Messungen teilnahm.

Die systematische Erforschung des Südwestens und Nordwestens erfolgte in den nächsten Jahren. Es war die Zeit, in der die Frage nach einer Eisenbahnlinie, die beide Weltmeere verbinden sollte, immer häufiger gestellt wurde. Das topographische Korps übernahm die Aufgabe, die günstigsten Routen durch die Berge ausfindig zu machen und zu vermessen und dabei das Land zu erforschen.

Alle diese Offiziere, die nun nach Westen zogen, hatten Deutsche in ihrer Begleitung. Zur Gesellschaft von Captain Gunnison, der zwischen dem 38. und 39. Breitengrad die Möglichkeiten einer Pazifik-Bahn erkunden sollte, gehörten der Topograph Richard Kern, der Deutsch-Schweizer Herkunft war, der Deutsche Creuzefeld — jener Botaniker, der Fremonts tragische Expedition mitgemacht hatte — und Jacob Schiel, ein Geologe, der in Heidelberg studiert hatte. Gunnisons Expedition endete unglücklich, am Sevier-Fluß wurde sie am Morgen des 26. Oktober 1853 von Ute-Indianern überfallen, und Gunnison, Kern, Creuzefeld und fünf andere wurden getötet und verstümmelt. Nach Gunnisons Tod übernahm sein Assistent, Leutnant Beckwith, 1854 die Vermessungsarbeiten am 41. Breitengrad. Er hatte den Deutschen Friedrich W. von Egloffstein in seiner Begleitung, der aus einer Seitenlinie des alten fränkischen Adelsgeschlechtes der Egloffsteins stammte und um 1850 nach New York gekommen war, wo er an neuen Gravierungsmethoden arbeitete. Als er sich Beckwith als Zeichner, Topograph und Bildstecher anschloß, war er 30 Jahre alt. Auch Kalifornien wurde Ziel der Forschungen im Jahre 1853. Hier sollte Leutnant Williamson die Möglichkeiten der Schienenverlegung prüfen. Zu seinen Leuten gehörte Charles Preuss, der mit Alexis Godey wertvolle Dienste leisten konnte, weil beide die Pässe wiederfinden konnten, die sie ein Jahrzehnt zuvor mit Fremont passiert hatten.

Die erfolgreichste Expedition während der Eisenbahnvermessungsarbeiten fand am 35. Breitengrad statt. Der Leiter war Leutnant Amiel W. Whipple, der unter Emory das Valley of Mexico neu vermessen hatte, das schon früher von Humboldt mit Instrumenten vermessen worden war, die die Amerikaner als Sieger in Mexico City gefunden hatten. Eine Eisenbahnlinie in dem Gebiet, das man Whipple zugeteilt hatte, war besonders wichtig, weil sie den Interessen mehrerer Eisenbahnförderer gleichzeitig diente.

Im Juli 1853 brach Whipple in Fort Smith in Arkansas auf. Unter seinen Leuten waren namhafte Wissenschaftler wie der deutsche Naturforscher, Künstler und Schriftsteller Heinrich B. Möllhausen. Dieser war nach seinen Abenteuern als Reisebegleiter Herzog Pauls im Januar 1853 wieder in Deutschland eingetroffen und hatte sich nach Berlin begeben. Hier kam er in engen Kontakt mit Alexander von Humboldt, dessen Freundschaft er sich erwarb, und lernte auch Carolina Alexandra Seifert kennen und lieben, die er später heiratete. Wenige Monate nach seiner Rückkehr sandte ihn Humboldt mit einem Empfehlungsschreiben an Kriegsminister Jefferson Davis wieder nach Amerika, wo er im Mai 1853 eintraf und vom Smithsonian Institut der Expedition Whipple als Topograph und Naturforscher beigegeben wurde.

Am 14. Juli brach Whipple auf und zog am Canadian entlang nach Westen. In Albuquerque wurde ihm und seinen Leuten ein begeisterter Empfang bereitet. In der ersten Zeitung Neu Mexikos, dem „Amigo del Pais", die hier erschien, wurden die Namen aller Forscher erwähnt. Möllhausen berichtete später, daß schon zahlreiche Deutsche in dieser Stadt lebten. Unter großen Strapazen gelangten die Forscher zum Colorado. Hier engagierte Whipple einen Mohave-Häuptling als Führer, Iretaba, der sich den Weißen gegenüber sehr freundlich erwies. Die Mohaven halfen der Expedition, den Colorado an den sogenannten „Nadeln" zu überqueren. Von dort ging es über den Mojave Fluß zur Mormon Wagon Road, einem

Zweig des Spanish Trails. Hier schloß Whipple die Vermessungsarbeiten ab. Sein späterer Bericht zeichnete sich durch Objektivität aus. Die von ihm gefundene Eisenbahnroute erwies sich als kostspieliger als die anderen, fand aber größte Beachtung.

Mittlerweile waren auch im Nordwesten Expeditionen unterwegs. Verschiedene Offiziere erschlossen weite neue Gebiete. Zu ihnen gehörte Isaac I. Stevens, eine Persönlichkeit, die schon zu Lebzeiten umstritten war, ein intelligenter Mann, dessen vielfach wahrscheinlich ehrliche und humane Absichten durch seine Arroganz und Rechthaberei zunichte gemacht wurden. Seine Forschungen im Nordwesten machten ihn bekannt. Unter seinen Leuten befand sich neben Botanikern und Topographen auch ein einfacher Soldat der Kompanie K im 4. Infanterie-Regiment, der als Zeichner und Dolmetscher fungierte. Es handelte sich um den Tilsiter Gustav Sohon, der eine ausgezeichnete Schulausbildung genossen hatte und 1843 im Alter von 17 Jahren nach Amerika gegangen war, um dem Militärdienst zu entgehen. Da sich ihm aber in der Neuen Welt nichts Besseres bot, trat er hier in die Armee ein.

Stevens führte seinen Trupp nach Fort Union und sandte von dort eine Abteilung ins Bitterroot-Tal, wo sie ein Depot unter den Flachkopf-Indianern einrichten sollte. Sohon befand sich bei dieser Gruppe und benützte die Gelegenheit, mit den Indianern Freundschaft zu schließen und ihre Dialekte zu erlernen. Damit wurde er der offizielle Dolmetscher der Expedition, für die er auch die Zeichnungen von Landschaft und Indianern anfertigte. Vor allem seine Portraits der Flachkopf-Häuptlinge von 1854 stellen hervorragende Dokumente der amerikanischen Geschichte dar. Außerdem waren Sohon die verschiedenen Instrumente anvertraut.

Im Jahre 1853 wurde das Territorium Washington mit der Hauptstadt Olympia organisiert. Stevens wurde zum Gouverneur bestellt und betrachtete es als seine vornehmliche Aufgabe, die von zunehmender Unruhe erfaßten Indianer zu befrieden. Nachdem der Nordwesten an die Vereinigten Staaten gefallen war und sich die Engländer zurückgezogen hatten, schwand mit dem Einfluß McLoughlins und der Hudson Bay Company auch das Vertrauen der Indianer zu den Weißen. Das Massaker, dem 1847 der Missionar Whitman und andere zum Opfer fielen, war der erste größere Zwischenfall; nach der Organisierung des Territoriums Oregon (1849) kam es wegen Goldfunden 1852 und wegen des immer größer werdenden Zustroms von Siedlern bald zu handfesten Kämpfen im Nordwesten. Stevens Plan war gut gemeint, aber ungeschickt in der Ausführung. Allerdings wurde ihm sein Vorhaben nicht gerade erleichtert, weil der Kommandeur im Department of the Pacific, der alte General Wool, der in den Siedlern die Hauptschuldigen an den Indianerkriegen erkannte, gegen ihn und seine Maßnahmen eingestellt war.

Zunächst verhandelte Stevens Weihnachten 1854 mit den Indianern am Puget Sound, deren hervorragender Führer der Nisqualli-Chief Leshi war. Zwar brachte Stevens einen Landabtretungsvertrag zustande, aber er weckte das Mißtrauen der Indianer, die sich hintergangen fühlten. Leshi hatte gar nicht unterschrieben. Inzwischen hatte Stevens weiter im Landesinneren an der Stelle, an der heute die Stadt Walla Walla steht, zusammen mit dem Indianeragenten Joel Palmer eine große Versammlung anberaumt. Das Treffen entfaltete sich zu einem der farbenprächtigsten und glanzvollsten Councils in der Geschichte Amerikas. Sohon hatte die einmalige Gelegenheit, an der Ratsversammlung teilnehmen zu können. So lernte er die damals bedeutendsten Häuptlinge im Nordwesten kennen. Es erschienen die Nez Percé, geführt von dem unaufrichtigen, weißenfreundlichen Lawyer sowie den Häuptlingen Timothy und Joseph dem Älteren — Taweet-Tueka-kas, dem „Ältesten Grizzly", der 1871 starb. Der junge Weyatenatemany kam mit den Cayuse, Wenapsnoot mit den Umatilla, Peu-peu-mox-mox, die „Gelbe Schlange", mit den Walla Walla, und schließlich trafen die mächtigen Yakima unter den Brüdern Owhi und Kamaiakan ein, die mit der festen Absicht geritten kamen, jeden Landverkauf zu verhindern. Sohon malte Bilder von der Ratsversammlung, die von Mai bis Juni 1855 dauerte, aber wichtiger noch war seine Tätigkeit als Dolmetscher. Er trug so seinen Teil dazu bei, daß die Indianer schließlich 60 000 Quadratmeilen Landes für 10 cents pro acre verkauften, eine Summe, die der Kongreß später als zu hoch bezeichnete. Während Joseph und Kamaiakan beredt für ihr Land eintraten, gaben die anderen Stämme bald nach, aber nach Ansicht mancher Beobachter nur, um Timothys und Lawyers Nez Percé los zu sein, die Weißen in Sicherheit zu wiegen und sich auf den Krieg vorzubereiten. Stevens merkte davon nichts; im Oktober schloß er mit den Schwarzfüßen einen guten Frieden; als er zurückkehrte, stand der ganze Nordwesten von Kalifornien bis Kanada in Flammen.

Noch vor Abschluß des Vertrages füllte sich das Land mit Goldsuchern und Siedlern, die den Indianern Pferde und Vorräte stahlen. Verärgert darüber und über die Methoden, mit denen der Vertrag zustande gekommen war, organisierten sie den Widerstand. Hatte Kamaiakan lange Zeit freundschaftliche Beziehungen zu den Weißen gepflegt und stets den Frieden bewahrt, so stellte er sich nun mit 55 Jahren an die Spitze der Erhebung, um alle Weißen zu vertreiben. Die Kämpfe im Nordwesten sind wenig bekannt geworden, man zählt sie nicht zu den „klassischen" Indianerkriegen. Über Jahre zog sich der Aufstand hin, mehrere Siege hatte Kamaiakan zu verzeichnen, aber schließlich wurde er 1858 von Oberst Wright in zwei Schlachten besiegt, und Wright diktierte den Frieden. Kamaiakan entkam nach Kanada und lebte noch bis 1880.

Auch im südlichen Oregon brachen 1855 Kämpfe aus, als sich die Indianer am Rogue River erhoben. Leshi bereitete inzwischen einen Angriff auf Seattle vor, der am 26. Januar 1856 erfolgte, aber keine großen Ergebnisse zeitigte. Seattle war übrigens eine Gründung des Deutschamerikaners Henry Yeslers, eines der besten Freunde, den die Indianer jener Gegenden hatten, der sie vor allem in den 60er Jahren vor viel Unheil bewahrte.

Bis zum Sommer 1856 gelang es der Armee, die Indianer am Puget Sound zu befrieden. In diesen Kämpfen sammelte ein junger deutscher Offizier seine ersten Erfahrungen mit den Indianern. Geboren wurde August Valentin Kautz 1828 in Ispringen in Baden. Im Jahre 1839 wanderte die Familie nach Amerika aus, ließ sich in Baltimore nieder, zog aber später nach Ohio. Der junge Kautz besuchte die Schule in Georgetown, meldete sich dann freiwillig für den Krieg gegen Mexiko und wurde nach der Rückkehr 1848 in die Militärakademie West Point aufgenommen, an der er 1852 graduierte. Nach Vancouver beordert, stieg er im 4. Infanterie-Regiment zum Oberleutnant auf. Als die Kämpfe ausbrachen, verbrachte er mit seiner Abteilung die meiste Zeit im Felde. In einer Schlacht mit Indianern vom Rogue River wurde er am 25. Oktober 1855 verwundet. Nach seiner Genesung wurde er gegen die Puget-Sound-Indianer eingesetzt. Anfang März 1856 war er mit einer Abteilung Regulärer unterwegs, um einen Weg vom Puyallup zur Muckleshoot Prärie zu erkunden. In der Nähe des White River stieß er auf Indianer, griff sie an und verschanzte sich dann hinter einem Haufen Treibholz, um auf Entsatz zu warten. Als dieser eintraf, wurde die Schlacht auf die andere Seite des Flusses auf die Muckleshoot Prärie getragen; Kautz ließ zum Angriff blasen und schlug die Indianer in die Flucht. Über hundert Reguläre nahmen an dem Kampf teil, einer wurde getötet, neun erlitten Verletzungen, unter ihnen Kautz.

Bald danach ergaben sich Leshi und Quiemuth, der andere bedeutende Häuptling in diesen Kämpfen. Beide kamen auf tragische Weise ums Leben. Quiemuth wurde von einem Siedler im Amtsraum von Stevens ermordet. Und Stevens gelang es mit niederträchtigen Mitteln, Lug und Betrug, Bestechung, unter Umgehung von Recht und Gesetz und gegen den Protest verschiedener weißer Persönlichkeiten, Leshi an den Galgen zu bringen (1858). So endete auch der Häuptling, der nach Kautz' späteren Aufzeichnungen der intelligenteste und humanste in dem Krieg gewesen war, durch Verrat. Stevens wurde bald danach abgelöst und fand seinen Tod 1862 im Bürgerkrieg.

Im Jahre 1857 war Kautz in Fort Steilacoom stationiert. Von hier brach er in diesem Jahr mit zwei Soldaten, einem Zivilisten und dem Nisqualli-Führer Wah-pow-e-ty auf, um den Gipfel des Mount Rainier zu erklimmen. Damit war Kautz der erste, der den Versuch einer Besteigung dieses Berges unternahm. Allerdings mußten die Männer in 12 000 Fuß Höhe umkehren, weil sich das Wetter verschlechterte. Heute erinnert im Mount Rainier Nationalpark der Kautz-Creek, der in herrlichen Kaskaden vom Kautz-Gletscher herabspringt, an das Abenteuer des jungen Offiziers, der im selben Jahr noch wegen seiner Tapferkeit von der Armeeführung belobigt wurde.

Mit den Forschungs- und Vermessungsarbeiten war zwar das Problem nicht beseitigt, wo nun die Pazifik-Bahn gebaut werden sollte, aber für die Erforschung und Erschließung des Kontinentes war Gewaltiges geleistet worden. Die Bedeutung der Deutschen bei dieser Arbeit war enorm. Baron Egloffstein malte die ausgezeichneten Illustrationen von Utah für Beckwith' Bericht und half bei der Zeichnung der Landkarte des topographischen Offiziers G. K. Warren. Sie war das bedeutendste Werk des Pacific Railroad Reports, da sie alle Erkenntnisse der letzten sechzig Jahre über den Westen zusammenfaßte (1859). Zwar lieferte sie keine genauen Details, aber den um diese Zeit so wichtigen Überblick über die westlichen Gebiete. Whipple hatte das letzte Geheimnis des Großen Beckens gelöst, auch vom Nordwesten hatte man nun verhältnismäßig klare Vorstellungen. Trotz mancher Irrtümer bildete Warrens Karte einen Meilenstein.

Eines der besten Bücher über den Westen schrieb Jacob Schiel, jener aus der Gegend von Bingen stammende Geologe, der dem Massaker entkommen war, dem Gunnison und Creuzefeld zum Opfer gefallen waren. Er besaß einen untrüglichen Sinn für das Wesentliche und für die Strömungen, die damals die Vereinigten Staaten beeinflußten. In Schaffhausen erschien 1859 sein Buch „Reise durch die Felsengebirge und die Humboldtgebirge nach dem Stillen Ozean", das die Bildung und den feinen Charakter des Mannes ausweist. Schiel prophezeite schon damals die

Ausrottung der Büffel und erkannte das dadurch bedingte Ende der Indianer.

Charles Preuss, der mit seinen Karten zur Erschließung des Westens einen wesentlichen Beitrag geleistet hatte, den es immer wieder in den Westen getrieben hatte, obwohl er ihn haßte, lieferte als seinen letzten Beitrag zur Kenntnis des Westens eine Karte von Kalifornien und beging bald danach Selbstmord.

Die Indianer und ihre Gewohnheiten, Mythen und Traditionen fanden nur bei Whipple und Stevens Beachtung. Whipples Spracheinteilung der Stämme ist noch heute von Wert. Möllhausen illustrierte den Bericht mit Schnitten und Zeichnungen. Whipple war allerdings nicht immer zufrieden, da Möllhausen teilweise nicht wahrheitsgetreu zeichnete. Zum Beispiel schilderte Whipple die Navaho-Krieger als feurige Reiter — gezeichnet wurden sie von dem „schrulligen Deutschen" mit halb geschlossenen Augen, müde über ihre ermatteten Gäule gebeugt. Dagegen lobte Whipple die akurate Wiedergabe einer Navaho-Decke. Die besten Zeichnungen allerdings stammten von Baron Egloffstein.

Nach 1855 ließen das Ansehen des topographischen Korps und sein Einfluß nach. Ähnliche Institutionen wurden gegründet. Aber als 1857 ein Krieg mit den Mormonen in Utah drohte, griff man noch einmal auf das Korps zurück. Zwar brach der Krieg dann doch aus, bevor die Expedition Klarheit über die topographischen Verhältnisse gebracht hatte, und die amerikanische Armee wurde wegen ihrer Unkenntnis des Landes von den Mormonen zum Frieden gezwungen, aber nun war die Forschung organisiert und konnte über die Bühne gehen.

Im Oktober 1857 versammelten sich die Forscher in San Francisco. Oberleutnant Joseph C. Ives, ein noch junger, doch erfahrener Offizier, hatte den Befehl. Zu den Gelehrten, die ihn begleiteten, gehörten der Arzt und Geologe Newberry, Baron Egloffstein und Ives' Assistent und Künstler, nämlich Balduin Möllhausen. Dieser war im August 1854 nach Berlin zurückgekehrt, hatte ein halbes Jahr später seine Carolina geheiratet und war von

Humboldt unter die Fittiche genommen worden. Humboldt erwirkte nicht nur beim preußischen König für ihn die Stellung eines Kustos der Büchereien in den königlichen Residenzen, so daß er die Ruhe für seine schriftstellerische Arbeit fand, sondern zeichnete auch sein späteres Reisewerk mit einem Vorwort aus. Als Ives' Expedition begann, reiste Möllhausen dann noch einmal in den Westen, was nach der Ansicht eines Historikers für den guten Ruf sprach, den Ives schon damals hatte.

Ives sollte die strategische Bedeutung des Colorado-Flusses untersuchen. Anfang Dezember bauten die Forscher an der Mündung des Stromes unter großen Schwierigkeiten den Heckrad-Dampfer „Explorer", mit dem Ives den Colorado bis zur Grenze der Schiffbarkeit befahren wollte. Noch vor ihm beeilte sich Kapitän Alonzo Johnson, der auf dem Colorado eine Schiffsverbindung eingerichtet hatte, Ives, den er als Rivalen betrachtete, mit seinem Dampfer „General Jessup" auszustechen. Früher hatten die „Nadeln" als Grenze der Schiffbarkeit gegolten; Johnson kam noch 34 Meilen weiter, aber auf der Rückfahrt erlitt er in seiner großen Eile Schiffbruch.

Aber Ives erging es nicht besser. Als er am 11. Januar 1858 von Yuma ablegte, fuhr er noch in Sichtweite des Forts auf Grund. Wieder flott gemacht, unternahm der „Explorer" eine halsbrecherische Fahrt den Colorado aufwärts, blieb zum Vergnügen der zuschauenden Indianer oftmals hängen und wurde durch und durch geschüttelt. Das Lager wurde am Ufer aufgeschlagen, oft bei den friedlichen Chemehuevi, die die Weißen freundlich aufnahmen. Hier erregte vor allem der bärtige Möllhausen Gelächter, der die Kinder losschickte, Mäuse und Eidechsen zu fangen, weil die Indianer dachten, er wolle sie verspeisen.

Schließlich erreichte das Schiff hinter den „Nadeln" das Mojave Tal, wo die Mohaven lebten, die nicht mehr kriegerisch waren, seitdem Iretaba großen Einfluß hatte. Auch der Oberhäuptling Cairook unterstützte die Forscher. Iretaba ging zu Ives' Freude als Führer mit. Bald danach, kurz hinter der Stelle, an der Johnson umgedreht war, erreichte auch der „Explorer" die Grenze der Schiffbarkeit – er rammte sich an einem Unterwasserfelsen fest und sank.

Um diese Zeit war der Mormonenkrieg in vollem Gang; die Mormonen versuchten, Mohaven und Paiute gegen die Forscher aufzuhetzen; aber die Häuptlinge Cairook, Mesikehota und Iretaba und Ives' Geschenke verhinderten Feindseligkeiten. Ives begann am 23. März 1858 einen Landmarsch, um eine Verbindung zum alten Mormonen-Trail zu finden. Iretabas Führung war dabei von großem Wert. Auch zwei der armseligen Hualpai wurden als Führer angeworben. Die Forscher befanden sich im nordwestlichen Arizona, in dem Land der mächtigen, geheimnisvollen Canyons. Sie erreichten die Mündung des Diamond Creek in den Colorado und betraten damit den Westteil des Grand Canyon. Diese Expedition sollte als erste zu seinem Grund hinabsteigen. Vorher waren nur der spanische Padre Garcés 1776 und der amerikanische Westläufer James O. Pattie 1826 zu seinem Grund gelangt.

Ungeheuer schwierig war der Marsch in diesem wildromantischen Gelände. Iretaba verlor die Lust und kehrte reich beschenkt zurück. Bis zu seinem Tode 1874 blieb er ein fester Freund der Weißen, Ives selbst bezeichnete ihn als den wertvollsten Indianer, dem er je begegnet sei. Bald nach seiner Umkehr flohen die Hualpai. Nach zahlreichen Abenteuern stießen die Forscher auf den Walapai-Trail, der zum versteckten Canyon der Havasupai in einem Seitenausläufer des Grand Canyon führte. Der Trail wurde bald so schmal zwischen steiler Felswand und senkrecht abstürzender Schlucht, daß Ives eine Reihe von Männern, denen schwindlig wurde, zurücklassen mußte. Mit den anderen, unter ihnen Egloffstein, tastete er sich vorwärts, bis der Pfad zu Ende war und vierzig Fuß tiefer erst weiterführte. Egloffstein entdeckte eine Holzleiter, die aber, als er hinabstieg, unter seinem Gewicht zerbrach, so daß er eine Rutschpartie zum Grunde des Canyon unternahm. Er kam mit heilen Knochen an und erforschte den Canyon, in dem die Havasupai-Indianer, etwa zweihundert, in vollständiger Abgeschiedenheit lebten. Von hier, dem Cataract Canyon, waren es nur sechs Meilen zum Colorado.

Mit einem Seil kletterte Egloffstein nach zwei Stunden zu seinen Gefährten und kehrte mit ihnen zu den übrigen Männern zurück. Die Expedition in dem wilden, zerklüfteten, großartigen Land näherte sich ihrem Ende. Am 25. April waren die Forscher nördlich der Bill Williams Berge angelangt, eine Woche später erreichten sie den Little Colorado. Während eine Gruppe von hier nach Fort Defiance weiter im Süden zog, marschierte Ives mit den übrigen, zu denen Egloffstein gehörte, durch die Painted Deserts zu den Pueblos der Hopi. Von dort wollte er die Wüste in nördlicher Richtung durchqueren, mußte aber bald umkehren und unternahm einen mühseligen Marsch durch das Land der kriegerischen Navaho. Jeden Tag sahen die erschöpften Forscher mehr Indianer, die sie beobachteten. Kurz nach ihrer Ankunft in Fort Defiance am 23. Mai brach der Navaho-Krieg aus, dem die abgekämpften Männer wahrscheinlich zum Opfer gefallen wären.

Die meisten Mitglieder der Expedition reisten nach Fort Leavenworth, Ives nach Fort Yuma. Dann fuhr er mit dem Schiff nach Washington, wo er einen ausgezeichneten Bericht über die Expedition verfaßte, die zu den bedeutendsten in Amerika im vorigen Jahrhundert zu rechnen ist.

Das geologische und topographische Bild vom Westen war mehr und mehr vervollkommnet. Egloffstein erfand ein völlig neues Verfahren für die Landkartenherstellung, indem er die topographischen Charakteristiken in Reliefform, wie ein Sandkasten-Modell darstellte. Sein Verfahren bürgerte sich ein und wird noch heute in verbesserter Form verwendet. Seine fünfteilige Karte war die erste, die das Land der Canyons und Plateaus zeigte. Egloffstein nahm am Bürgerkrieg auf Seiten des Nordens teil und brachte es bis zum Brigadegeneral. Er starb 1885 in New York.

Die Fülle von Abenteuern, die Möllhausen erlebt hatte, spiegelte sich in allen seinen künftigen Romanen wider.

Er kehrte 1858 heim und blieb die restlichen Lebensjahre, von einer Skandinavienreise 1879 abgesehen, zu Hause. Er schrieb 45 große Werke in 157 Bänden und achtzig Kurzgeschichten in 21 Bänden. Im Gegensatz zu Sealsfield und Strubberg verzichtete er auf ethnographische Darstellungen, doch sind seine Werke von größerer künstlerischer Geschlossenheit. Den Indianern zeigte er Sympathie, ohne ihnen mit solcher Anteilnahme zu begegnen wie Cooper oder Karl May. Seine prächtigen Naturschilderungen, seine Einfühlungsgabe und sein Sinn für Form und Motivation erwarben ihm den Titel „deutscher Cooper". Zu seinen bekanntesten Werken gehören „Der Halbindianer" (1881) und „Das Mormonenmädchen" (1864). Der „alte Trapper", wie er in Berlin hieß, starb 1905 in Berlin und wurde in seinem alten ledernen Jagdrock begraben.

Der „Goldene Staat"

Der Aufstieg, Verlauf und Fall der Nationalversammlung – „das einzige gesamtdeutsche Parlament, das je diesen Namen mit Recht getragen und verdient hat" (Valentin) – in den Jahren 1848/49 gehörten zu den bedeutendsten Ereignissen des 19. Jahrhunderts in Deutschland. Aber die Revolution 1848 hat nicht nur in Deutschland Geschichte gemacht. Als die Hoffnung der deutschen Liberalen und ihr Traum von Recht, Freiheit, Mitbestimmung und Nationalstaat zerronnen waren, flohen Tausende von ihnen in die Vereinigten Staaten.

Die amerikanische Öffentlichkeit verfolgte die Ereignisse in Deutschland mit größtem Interesse. Die deutschamerikanische Presse war voll von Schilderungen über die Vorgänge in der alten Heimat, die Auflageziffern vieler Zeitungen schnellten in die Höhe. Die meisten Achtundvierziger waren in Amerika schon bekannt, als sie als Flüchtlinge seinen Boden betraten. Zwar flaute die Revolutionsbegeisterung unter den Deutschamerikanern mit der Zeit ab, und auf die Welle der Ernüchterung folgte der nicht ganz einfache Prozeß, die kritischen, intelligenten und nicht zu wenig radikalen Neuankömmlinge in die deutschamerikanische Gemeinschaft einzugliedern – nicht selten kam es zu schweren Auseinandersetzungen zwischen Achtundvierzigern und den von ihnen in ihrer Lebensweise kritisierten Alteingesessenen –, aber die Neuerungen, die die Forty-eighters brachten, haben sowohl die deutschamerikanische Kulturgemeinschaft als auch das Leben der Vereinigten Staaten entscheidend beeinflußt. Mit den Worten von Senator Schurz brachten die Forty-eighters „etwas wie eine neue Welle frühlingshaften Sonnenscheins" in das Leben.

Freidenker und Radikale, Rechtsanwälte, Musiker, Theologen, Ärzte, Techniker, Journalisten und klassische Gelehrte – geprägt von bestem deutschen Gedankengut – verhalfen der deutschamerikanischen Kultur zu einer Blüte wie nie zuvor und brachten mehr Geist und Freude in manche amerikanische Leere. Die Achtundvierziger brachten Weihnachtsbaum, Weihnachtsgebäck und Weihnachtsgrußkarte mit, und die deutsche Art, Weihnachten zu feiern, verbreitete sich über den ganzen Kontinent. Paraden, Volksfeste und Jahrmärkte wurden üblich. Die Musik wurde neben den Skandinaviern vor allem durch die Deutschen in Amerika beliebt gemacht. Keine andere Immigrantengruppe hat so viele Gesangvereine ins Leben gerufen wie die Deutschen und insbesondere die Achtundvierziger. Sängerfeste wurden veranstaltet; am Sängerfest 1857 in Philadelphia nahmen 59 Gesangvereine und fast 500 Sänger teil; in einer rauschenden Versammlung wurde die Musik als heiliges Sakrament wahrer Religion und Band zwischen den Menschen gefeiert. Berühmt wurden die New Yorker Philharmoniker unter so hervorragenden Dirigenten wie Carl Bergmann und Carl Zerrahn, beides Achtundvierziger; Bergmann galt als bewundertster Musiker in Amerika zu seiner Zeit.

Das Theaterwesen in Amerika wurde durch die Achtundvierziger zu hohem Niveau geführt. Allein in New York, wo 1850 etwa 70 000 Deutsche lebten, blühten das Deutsche Nationaltheater, das St. Charles Theater und das New Yorker Stadttheater. Shakespeare, Goethe, Lessing und Schiller kamen zur Aufführung. Das Vereinswesen erhielt neue Impulse. Die Turnvereine zeigten bald beachtliche artistische Leistungen. Einen bedeutenden Beitrag leisteten die Achtundvierziger auch zum Erziehungswesen. Als bekanntestes Beispiel dafür gilt heute der Kindergarten, der von der Gemahlin des Senators Carl Schurz in Amerika eingeführt wurde. Als 1867 der erste Beauftragte für Erziehungswesen in den Vereinigten Staaten einen fähigen Mitarbeiter brauchte, fand er ihn in dem Achtundvierziger Johann Kraus.

Das deutschamerikanische Zeitungswesen erhielt durch die Forty-eighters sein hohes Niveau. 1840 wurden etwa vierzig deutsche Zeitungen in Amerika herausgegeben, 1848 schon 70, 1852 über hundert und um 1860 schon 250. Die „New Yorker Staatszeitung" wurde durch den Achtundvierziger Oswald Ottendörfer zur besten New Yorker Zeitung. In Baltimore erregte der „Wecker" Aufmerksamkeit, dessen Herausgeber Carl Schnauffer gegen die Sklaverei, gegen die Kirche, gegen Aberglauben und Unwissenheit, aber für die Verbesserung der sozialen Stellung von Arbeitern, für kostenlose Ausbildung und für die Frauenemanzipation schrieb. In Louisville wurde der „Herold des Westens" berühmt. Sein Herausgeber Karl Peter Heinzen war ein brillanter Schriftsteller. Auf ihn geht die „Louisville Plattform" zurück, das Programm der deutschen Liberalen und Radikalen. Das Manifest verlangte eine Änderung der amerikanischen Regierungsform, freies Land für Siedler, eine Sozial-Gesetzgebung und gleiche Rechte für die Frauen. Es sprach sich gegen die Sklaverei und gegen die Kirche aus und forderte eine Bildungsreform. Bedeutend wurden auch die „Illinois-Staatszeitung" und der in St. Louis erscheinende „Anzeiger des Westens".

Schließlich gerieten die Achtundvierziger in Amerika in eine Zeit politischer Umwälzung. Alte Parteien brachen auseinander, neue entstanden. In den Vordergrund rückte mit der Zeit die Frage der Sklaven-Wirtschaft. Die Deutschen waren in ihrer Mehrzahl der Meinung nach Abolitionisten, d. h. scharfe Gegner der Sklaverei, doch traten sie dieser Partei nicht in großer Zahl bei. Die Demokratische Partei befürwortete die Sklaverei, konnte also keinen Anziehungspunkt für die Achtundvierziger bieten. Am wenigsten wurden sie natürlich von den Nativisten angezogen, die den Einwanderern das Leben erschwerten. Aber auch die Whigs, ursprünglich ein – über Jahrzehnte hinweg schwächliches – Sammelbecken aller Gegner der Demokratischen Partei, konnten ihnen nichts bieten, gerade zur Zeit ihrer Ankunft zerfiel die Partei vollends. An ihrer Stelle entstand die Republikanische Partei. Zwar ging deren Gründung nicht direkt von den Achtundvierzigern aus, aber ihr Einfluß war von großer Bedeutung: die Deutschen mögen „den Sauerteig abgegeben haben . . ., der in seiner Gärung die republikanische Partei erzeugte . . ." (Haebler). Hauptpunkt der neuen Partei bildete die Sklavenfrage. Die Republikaner stellten die Menschenrechte über die Bundesverfassung, da diese sie im Gegensatz zur Unabhängigkeitserklärung nicht aussprach.

So groß der Einfluß der Achtundvierziger war – von der 1¼ Million deutscher Immigranten zwischen 1845 und 1860 waren nur vielleicht 5000 oder 10 000 politisch Verfolgte. Die übrigen gingen überwiegend aus materiellen Gründen nach Amerika, wo es immer noch freies Land in Hülle und Fülle gab. Zeitlich mit der deutschen Revolution fielen die Goldfunde in Kalifornien zusammen. Zehntausende brachen auf, um ihr Glück in Kalifornien zu machen.

Der berühmteste Pionier in Kalifornien war Johann August Suter. Legende um Legende rankte sich um diese Persönlichkeit und verklärte ihr Bild, bis die geschichtliche Gestalt beinahe zu einem Mythos geworden war. Aber auch wenn man die Schalen der Legende abstreift, bleibt noch vieles, was diesen Mann über die meisten Abenteurer und Kolonisten seiner Zeit stellte.

Der „Kaiser von Kalifornien" kam 1803 in Kandern in Baden als Sohn von Deutschen oder Deutsch-Schweizern zur Welt. Einen Teil seiner Jugend verbrachte er im Kanton Basel in der Schweiz. Er soll auch die Militärakademie von Neu-Chatel besucht haben. Jedenfalls wurde er offiziell als Schweizer Bürger angesehen und leistete seine Dienstzeit in der Schweizer Armee ab. Möglicherweise stieg er bis zum Hauptmann auf und diente in der Schweizer Palastwache in Paris beim französischen König.

Suter heiratete 1826 Anna Dübeld, die ihm drei Söhne und eine Tochter gebar. Von Beruf soll er Buchdrucker gewesen sein. Die Legende will wissen, daß er zu Unrecht in den Verdacht geriet, Falschgeld herzustellen, und gerade noch seinen Häschern entkam. Manche behaupten, daß der Verdacht zu Recht bestand; auf der anderen Seite wird berichtet, daß sich Suter in waghalsige Geschäfte einließ und Schulden machte, sein Geschäft verkaufen mußte, seine Gläubiger befriedigte und nach Amerika segelte. Seine Familie ließ er im Stich – oder, nach einer anderen Version, ließ er sie nur zurück, um sie später nachzuholen, wie es auch geschehen ist. Feststeht, daß sich Suter einige Seitensprünge leistete und es vorzog, sich nach Havre zu begeben, von wo er im Frühjahr 1834 nach Amerika fuhr. Er landete in New York und machte sich in den Westen auf. Die Legenden wollen wissen, daß er sich als Bettler und Zahnarzt durchs Leben schlug, jedoch immer wieder fliehen mußte. In Wahrheit begab er sich nach St. Louis und wohnte eine Zeitlang in St. Charles. Doch schon im nächsten Jahr und auch 1836 begleitete er Handelsgesellschaften nach Santa Fe. 1838 schloß er sich dann einer Missionsgesellschaft an, die nach Oregon zog. In Fort Vancouver faßte er den Plan, nach Kalifornien zu gehen. Am 1. Juli 1839 landete er im Hafen von Yerba Buena, dem späteren San Francisco. Vier Tage später traf er in Monterey mit dem Gouverneur von Kalifornien, Juan de Alvarado, zusammen. Dieser ermächtigte ihn als „Deutschen", im unbekannteren Norden des Landes eine Kolonie anzulegen, und versprach ihm, daß er ihm das von Suter ausgewählte Gebiet in einem Jahr als Grant gewähren würde.

Am 16. August 1839 traf Suter mit einigen anderen Amerikanern am Südufer des American River ein, dort, wo er sich mit dem Sacramento vereinigt. Indianer der früheren Missionsstationen und Eingeborene von den Sandwich-Inseln stellte er für seine Arbeiten an. Etwa 100 weiße Siedler, die in diesem Gebiet ein paar Äcker aufgerissen hatten, begrüßten in Suter einen Organisator und Kolonisator, der eine Besiedlung nach festem Plan schuf.

Suter legte in seinem Reich, das er Nuova Helvetia nannte, ein weiträumiges Herrschaftsgebäude im Stil eines Baronssitzes an. Nach Fremonts Angaben konnte Sutter's Fort eine Garnison von 1000 Mann aufnehmen und war stark befestigt. Wie ein Feudalherr lebte Suter hier, mit Dienern und einer Leibwache; obwohl er Untertan Mexikos war, übte er seine eigene Gerichtsbarkeit aus. Seine Kolonie verwandelte er in einen blühenden Garten, seine Erfolge waren großartig. General Sutter ließ er sich nennen, nachdem er 1844 dem neuen Gouverneur Micheltorena Militärhilfe gegen Alvarado geleistet hatte, der seinen Nachfolger stürzen wollte.

Von verschiedenen Seiten wurde behauptet, daß Sutter seine Indianer als Zwangsarbeiter ausbeutete. Wahrscheinlicher ist, daß er die Indianer gut behandelte, ein gutes Verhältnis zu ihnen hatte und sie sogar den Ackerbau lehrte. Preuss, der über die riesigen Viehherden Sutters staunte, berichtet, daß anläßlich des Tanzfestes, zu dem Fremonts Expedition eingeladen war, ein Indianer seinen Penis mit den preußischen Farben bemalt hatte. Feststeht weiter, daß Sutters Gastfreundschaft bis zum Osten hin bekannt war. Zu seinen Leuten gehörten drei Deutsche: Henry Huber stammte aus Paderborn und war für die Landwirtschaft zuständig; Sutters Rechtsberater hieß Charles Flugge; und Theodor Cordua aus Mecklenburg war der erste Deutsche, der sich in Maryville am American River niederließ. Der deutsche Captain Charles M. Weber, ein Freund des aus dem Mexiko-Krieg bekannten Kommodore Stockton, gründete 1847 Stockton in Kalifornien, das er erst Tuleberg nannte. 1844 machte sich auch John August Sutter jr. nach Kalifornien auf und konnte seinem Vater bald wacker bei der Verwaltung des Besitzes helfen.

Um 1845 lebten etwa 8000 Amerikaner in Kalifornien, Nuova Helvetia galt nun nach Oregon als „Land der Verheißung". Hunderte suchten dort ihr Glück, Verwirklichung ihrer Träume und nahmen alle Mühen und Entbehrungen auf sich, um ihr „Land Kanaan" zu erreichen. Auch viele Deutsche befanden sich unter den Auswanderern. Daniel Lyburz führte einen Planwagenzug nach Westen, und ebenso Jakob Hoppe, der in Virginia gelebt hatte. Ihm schlossen sich die „fünf deutschen Jungs" an, wie sie genannt wurden: Heinrich Lienhard aus Ussbühl im Kanton Glarus, der später ein enger Vertrauer Sutters wurde und Sutters Familie aus Europa nach Kalifornien holte; Heinrich Thomen und Jakob Ripstein – beide Deutsch-Schweizer; Georg Zins aus dem Elsaß und Valentin Diehl aus Darmstadt. Sie überschritten Ende September 1846 die Sierra Nevada kurz vor Einbruch des Winters, in dem sich einer der tragischsten Unglücksfälle der Auswandererzüge ereignete: Von der Donner-Reed-Gesellschaft, die 81 Menschen zählte, verhungerten und erfroren sechsunddreißig.

Die Donners stammten aus Nord Karolina, waren deutscher Herkunft und hatten sich in Illinois niedergelassen. Jacob Donner und sein Bruder George waren reiche Landbesitzer, die die Sehnsucht nach Westen gepackt hatte, George war zum dritten Mal verheiratet, seine jetzige Frau Tamsen, die aus Neu England stammte, sollte sich als die bemerkenswerteste Frau des Auswandererzuges erweisen, als eine Frau von besonderer Charakterstärke.

Als die Donners ihr Hab und Gut zusammenpackten, gesellte sich ihnen auch der reiche, extravagante Ire polnischer Abkunft James Reed zu, der im Krieg gegen die Sauk 1832 in derselben Kompanie gedient hatte wie Abraham Lincoln und der Westmann und Forscher James Clyman und der von dem Klima Kaliforniens Genesung für seine kranke Frau erhoffte. In Fort Independence schlossen sich die Familien einem großen Auswandererzug an, der im Begriff stand, auf einem Weg nach Kalifornien bzw. Oregon zu ziehen, den der Westläufer Lamsford Hastings in einem Führer beschrieben hatte. Auf dem Weg nach Laramie aber traf die Gesellschaft auf Clyman, der vor Hastings Weg warnte. Während die meisten auf Clymans Rat hörten, ließen sich die Donners, Reeds und einige andere nicht umstimmen. Zunächst war der Trail auch wirklich gut. Das nächste Ziel war Fort Bridger, in dem die Emigranten den alten Forscher „Old Gabe" Jim Bridger trafen. Dieser trug zu der späteren Katastrophe insofern bei, als er den Donners nicht die Nachricht des Journalisten Edwin Bryant, der dem Auswandererzug vorausritt, übergab, in der ihnen mitgeteilt wurde, daß Hastings Weg für Planwagen nahezu unbefahrbar war.

Einige deutsche Auswanderer gehörten zu der Gesellschaft. Ludwig Keseberg stammte aus Westfalen, war ein reicher Mann und zog mit seiner Frau, zwei Kindern und dem deutschen Treiber Karl Burger nach Kalifornien. Von Cincinnati aus hatten sich der wohlhabende Deutsche Wolfinger und seine Landsleute Joseph Reinhardt und Augustus Spitzer ins „Land der Verheißung" aufgemacht.

Am 31. Juli 1846 begann die Fahrt ins Unglück. Der Weg war so schwer befahrbar und es ging so langsam, daß die Leute bald in Panik gerieten, weil sie Angst vor dem hereinbrechenden Winter bekamen. Bald kam es zu Streitereien und Tätlichkeiten. Die Armen haßten die Reichen, und keiner traute dem anderen mehr. Bei der Durchquerung einer Wüste verlor Reed sein ganzes Vieh und wäre umgekommen, wenn ihn nicht die Donners gerettet hätten. Später töteten Indianer weitere Zugochsen; es kam zu Streitereien, in deren Verlauf Reed einem Freund zu Hilfe eilte und einen Fuhrmann erschoß – dieser war beliebt gewesen, Reed war es nicht, und die Deutschen wollten Reed am liebsten hängen. Als Wolfinger, der durch den Verlust seiner Ochsen bettelarm geworden war, seinen restlichen Besitz verstecken wollte, boten ihm Reinhardt und Spitzer ihre Hilfe an – und ermordeten ihn, wie sie kurz vor ihrem Tod gestanden.

Noch gab es Hoffnung, die erst zunichte wurde, als am 3. November ein Schneesturm hereinbrach und die Auswanderer zum Kampieren zwang. Da die Emigranten vom Überleben in der Wildnis nichts verstanden, waren sie der Natur und dem Hunger hilflos preisgegeben. Zwar trafen schon bald die ersten Rettungsmannschaften ein, aber für viele kam jede Hilfe zu spät. Jacob Donner und sein Bruder erfroren, Reinhardt und Spitzer kamen ums Leben, Frau Wolfinger und Frau Keseberg wurden gerettet, Keseberg wurde wahnsinnig und brachte Tamsen Donner um, um sie zu verzehren – die Lebenden aßen die Toten.

Am 22. Juni 1847 begruben US-Soldaten die Leichname. Der Paß, der den Emigranten zum Verhängnis wurde, trägt noch heute den Namen Donner. —
Wie anderswo in Mexikos nördlichen Provinzen waren auch die Amerikaner in Kalifornien bald der mexikanischen Herrschaft überdrüssig. „Der kalifornische Apfel war", wie ein Zeitgenosse urteilte, „reif genug, um vom mexikanischen Baum gepflückt zu werden." Fremont befand sich 1846 auf seiner dritten Expedition in Kalifornien und wurde von den Mexikanern des Landes verwiesen. Er kehrte aber zurück, als er erfuhr, daß die Vereinigten Staaten gegen Mexiko den Krieg eröffnet hatten, um die Siedler vom Sacramento zu einem Aufstand zu veranlassen. In Sutter's Fort sammelten sich die Siedler zur sogenannten Bärenflaggen-Revolte. Aber Fremont traute Sutter nicht und nahm das Fort ein. Als der Krieg mit der Einnahme von Mexico City durch die Amerikaner endete, erhielt Sutter sein Fort zurück, aber sein Besitztum sollte ihm nicht mehr lange gehören.
Am 24. Januar 1848 fand Sutters Mitarbeiter Marshall während des Baus einer Mühle Gold. Vergeblich versuchten er und Sutter, die Entdeckung geheim zu halten. Bald wußte es Kalifornien, bald Amerika, bald die ganze Welt. Der Goldrausch brach los und stürzte das Land in ein Chaos. Die ersten Goldsucher bezahlten noch, wenn sie auf Sutters oder Marshalls Boden Gold wuschen, die nächsten schon taten es nicht mehr. Eine Völkerwanderung nach Kalifornien setzte ein, 50 000 Menschen überschwemmten in kürzester Zeit das Land. Goldsucher, Verbrecher, Glücksritter, Spekulanten, Gesetzlose, Habenichtse, Kaufleute, Händler, Huren — alle strömten nach Kalifornien. Hier wie anderswo in den USA haben Goldfunde die Erschließung weiter Gebiete beschleunigt. Tausende wurden reich, Zehntausende verloren ihr Vermögen wieder. Bis 1852 wurde in Kalifornien Gold im Wert von 200 Millionen Dollar geschürft, die Einwohnerzahl stieg von 15 000 auf 250 000. Sutters Königreich brach über Nacht zusammen. Sein Korn wurde niedergetreten, sein Vieh geschlachtet, seine Farmen wurden nie-

dergerissen, seine Leute ermordet – unter den Opfern war einer seiner Söhne. Sutter wurde über Nacht bettelarm. San Francisco glich einem Heerlager. Das Verbrecherunwesen blühte. Mit besonderem Haß wandten sich die Goldsucher gegen alle Andersfarbigen – Mexikaner, Indianer, Neger, Chinesen, keiner war seines Lebens mehr sicher.

Eine Fülle deutscher Namen ist aus den Goldgräber-Zeiten in Kalifornien überliefert. Die Brüder Karl Christian Nahl und Hugo Nahl aus Kassel waren bedeutende Maler. Als politische Flüchtlinge fanden sie sich auf den Goldfeldern wieder. Ihre Bilder von den Minen und dem alten San Francisco stellen einzigartige Dokumente dar. Auch das Wahrzeichen des Staates, die „Bärenflagge", und das Großsiegel Kaliforniens gehen auf Entwürfe der Brüder zurück. Der Deutsche Levi Strauß besaß, als er 1848 nach San Francisco kam, nichts als einen Ballen Segeltuch, doch machte er damit sein Glück. Strauß wurde der Erfinder der „Blue Jeans", jener festen, widerstandsfähigen Hosen, die bald auf allen Minen Amerikas getragen wurden und überall im Westen die ursprüngliche Lederkleidung verdrängten. Als Strauß 1911 starb, waren die „Blue Jeans" in der ganzen Welt bekannt und er selbst steinreich geworden.

Andere interessante deutsche Persönlichkeiten waren Friedrich Wilhelm Wedekind und Gustav Bergenroth. Jener kam in Göttingen zur Welt, studierte Medizin und wurde in die Revolution 1848 verstrickt. Er floh nach Amerika und zog zu Fuß, zu Pferd und mit Planwagen nach San Francisco, wo er 15 Jahre als Arzt zubrachte. Im Goldrausch gewann und verlor er nicht nur ein Vermögen, aber er wurde doch recht wohlhabend und konnte später nach Europa zurückkehren. Sein Sohn war der bekannte Dichter Frank Wedekind. Bergenroth, ebenfalls ein Achtundvierziger, lebte in Kalifornien ein abenteuerliches Leben als Goldsucher und Vigilantenführer, d. h. Führer der Bürgerwehr. Als „König" über achtzig Kolonisten auf seinen Ländereien richtete er sich eine eigene Gerichtsbarkeit ein und unterzeichnete drei Todesurteile, die er allerdings nicht vollstrecken ließ. Diese Tätigkeit brachte ihn mit der amerikanischen Gerichtsbarkeit in Konflikt, und die Hüter des Gesetzes ließen schließlich Kanonen gegen ihn auffahren, weil ihm anders nicht beizukommen war. Aber da hatte er sich schon abgesetzt und war nach Europa zurückgekehrt, wo er als Lehrer und Journalist lebte und ein bedeutendes Werk über englische Geschichte verfaßte.

In Kalifornien landete auch Lola Montez, die Exmätresse König Ludwigs von Bayern, der ihr den Titel einer Gräfin von Landsfeld verschafft hatte. Das Verhältnis des Königs mit der Tänzerin, die schottisch-kreolischer Herkunft war und seit 1846 in München lebte, führte 1848 zu Unruhen in München. Ludwig dankte ab, und Lola mußte fliehen. Da sie anti-jesuitisch eingestellt war und viel Einfluß darauf verwendet hatte, gegen die Korruption der klerikalen Mitglieder der bayerischen Regierung vorzugehen, war sie dem jungen Vilsecker Forty-eighter Elias Peissner sympathisch, der ihr zur Flucht nach Amerika verhalf. Lola zog nach Kalifornien und ließ sich in Grass Valley nieder. In ihrem Haus gab sie herrliche Parties und Empfänge, das erweckte den Zorn und den Neid ihrer Mitbürger, und bald mußte sie wieder fliehen, diesmal nach New York, wo sie, dreiundvierzigjährig, 1861 gestorben ist. Zwei Jahre später fiel Peissner in der Schlacht von Chancellorsville im Bürgerkrieg.

Weniger bekannt als Lola Montez wurde die Österreicherin Ida Pfeiffer, die – für eine Frau in der damaligen Zeit recht ungewöhnlich – mehrere Weltreisen unternahm und 1853 nach Kalifornien kam. Ebenfalls weniger bekannt als Lola Montez, aber für die amerikanische Geschichtsforschung umso interessanter ist der Preuße Herman Francis Reinhart, der am Neujahrstag 1832 in Jena als Sohn eines Bäckers und Konditors geboren wurde. Die Familie wanderte 1840 nach Amerika aus, wo der Junge eine Kaufmanns- und Handwerkslehre absolvierte. Acht Jahre später zogen die Reinharts nach Illinois und begannen zu farmen. Als die Eltern bald danach starben, hinterließen sie ihren Kindern vor allem Schulden. Herman und sein ein Jahr älterer Bruder Karl suchten 1851 ihr Glück auf den Goldfeldern des Westens. Ihren Plan, mit viel Geld zurückzukehren und eine Farm aufzubauen, konnten sie nie verwirklichen. Herman hielt sich von 1851 bis 1869 im Fernen Westen auf und nahm an jedem Goldrausch in diesem Zeitraum teil. Zunächst ging er nach Kalifornien. Ein Jahr danach nannte er die Pacific Ranch und 320 acre Land im südlichen Oregon sein eigen. Als er 1855 eine neue Reise nach Kalifornien unternahm, brach der Rogue-River-Indianerkrieg aus (wie schlecht die Indianer von den Weißen behandelt wurden, ist auch bei Ida Pfeiffer nachzulesen), in dessen Verlauf auch seine Ranch zerstört wurde. Herman, vom Pech verfolgt, rettete wenig später einem Eingeborenen das Leben. Er ging wieder auf Goldsuche am Klamath See und Indian Creek, baute sich einen Saloon und eine Bäckerei und verließ sie, um sein Glück erneut in den Minen zu suchen. 1858 zog er nach Kanada zum Fraser River und fuhr dann per Schiff nach Crescent City in Kalifornien (einer der Gründer, 1853, war der Deutsch-Schweizer Grubler gewesen). Das nächste Jahr verbrachte er in Roseburg als Postmeister und in Coffeeville als Angestellter. Nach weiterem Goldsuchen machte er sich 1862 wieder zum Pazifik auf, erfror fast in den Bergen, verlor seine Pferde, mußte zu Fuß weiter, kam heil an und wurde Saloon-Besitzer und Bäcker. Die nächsten Jahre farmte er am Dry Creek, 1864 bis 1866 hielt er sich in Montana auf. Hier trennte er sich von Karl, der inzwischen geheiratet hatte. Die beiden Brüder — selten fand sich so ein inniges Verhältnis zwischen Geschwistern — sahen sich nicht wieder. Karl starb 1888.

Das Jahr 1867 verbrachte Herman in Montana, Idaho und Utah; bei dieser Gelegenheit traf er mit dem Mormonen-Führer Brigham Young zusammen. 1869 bereiste er die östlichen Staaten und ließ sich dann als einer der ersten Siedler in Chanute in Kansas nieder. 1871 heiratete er, er wurde ein angesehener Bürger, Stadtrat, City Marshall, Leiter der Feuerwehr u. a.; am 14. Januar 1889 starb er in Chanute.

Reinharts Leben war das des „amerikanischen Jedermanns", ein Leben, wie es tausende so oder ähnlich führten. Aber sein Schicksal errang einen kleinen Nachruhm, weil Reinhart seine Erinnerungen aufzeichnete. Er schrieb der Wahrheit gemäss, so wie er sie sah, ohne darauf zu achten, ob er in gutem oder schlechtem Licht erschien, manchmal mit einem Schuss Humor. Als relativ einfacher und ungebildeter Mann zeigte er „eine unerwartete Tendenz, zu philosophieren". Herman war ein Mann der Tat, ehrlich, anständig, er liebte das Leben, das Abenteuer — und gute Kleidung. Gross, etwas vierschrötig, breitschultrig, mit schwarzem Haar und schwarzem Bart sah er aus wie der typische amerikanische Pionier dieser Zeit. Er trank nicht, war gutmütig, hilfsbereit, fleissig, ausgeglichen und vom Schicksal nicht beeindruckbar. Seine Erinnerungen haben einen unvergleichlich hohen historischen Wert. Er „war ein gewöhnlicher Mann, mit geringer Schulbildung, vielleicht ein typischer Amerikaner dieser Zeit. Er zeigt jene Zeit in all ihrer Lebenskraft, und damit hinterlässt er im Leser einen unvergesslichen Eindruck seiner eigenen Persönlichkeit" (N. B. Cunningham). Reinharts Lebensbericht ist ein Leckerbissen für jeden an der Wahrheit des „Wilden Westens" jenseits aller falschen Romantik Interessierten. Keine anderen Erinnerungen eines einfachen Pioniers umspannen einen so grossen Zeitraum, ein so grosses Gebiet und werfen auf so viele bedeutende Ereignisse ein Licht (Cunningham). Die Gründung der Nation beruhte auf Männern wie Reinhart. Auf seinem Grabstein steht: „Hier liegt Herman Francis Reinhart, der gewöhnliche Mann der amerikanischen Goldsucher-Grenze, in der Tat ‚Jedermann'."

Neben bekannten Persönlichkeiten der amerikanischen Geschichte tauchen auch einige Deutsche in Reinharts Bericht auf. Einer von Reinharts Begleitern war der Danziger Joe Nitsell, der 1852 in Yreka von einem Spanier getötet wurde. In Walla Walla arbeitete Reinhart, der übrigens für Präsident Lincoln stimmte — wie die meisten Pioniere im Westen — und der über die Indianer, denen er begegnete, oft positiver urteilte als über die Weissen, in einem Hotel des St. Louis-Deutschen Charles Ebert (1861). In

Montana begegnete er dem deutschen Hotelkoch und Bäcker Ludwig Heinige, wie auch den Woolfs, zwei deutschen Schuhmachern. Deutsche lebten in Walla Walla, in Frankfurt, Oregon, und in Hamburg und in Anaheim in Kalifornien. Bei Anaheim entstand später das Disney-Land. Bei Placerville betrieb der deutsche Barbier und Zahnarzt Herzog ein Hotel. In Happy Camps schließlich lernte Reinhart James Daniels und dessen Partner Guss Hill kennen, der ein Preuße war. Beide versuchten ihr Glück 1855 in den Minen.

Während in Kalifornien noch immer die Zivilisation vom rauhen Goldgräberleben umtost wurde, begann die systematische Erforschung des Landes, vor allem seiner geologischen Beschaffenheit. Aber auch für die Wissenschaftler, die durch das Land zogen, drohte die Frontier manchmal zu verschwimmen. Der Leiter des Unternehmens war der ausgezeichnete Metallurg, Chemiker und Geologe Josiah D. Whitney, der in Yale, Berlin und Gießen studiert hatte und als vierter Amerikaner in die Geologische Gesellschaft Londons aufgenommen wurde. Als Assistenten begleiteten ihn zunächst der Ackerbauchemiker William H. Brewer, der in Yale, Heidelberg und München studiert hatte, und der Mineraloge William Ashburner, der 1862 ausschied. 1860 nahmen die Wissenschaftler ihre Arbeit auf. Im Juli 1861 kam offiziell ein Deutscher zu dem Team dazu: C. F. Hoffmann, ein junger Mann, der zu den großen Pionier-Topographen im Westen werden sollte. Zu dieser Zeit gab es noch keine detaillierte Karte von Kalifornien. So mußten die Männer selbst überall topographische und geographische Vermessungen vornehmen. Dabei verbesserte Hoffmann auch das von Egloffstein entwickelte Verfahren.

Neben anderen Wissenschaftlern gesellte sich noch ein Deutscher zu dem Team, der zu den bedeutendsten Geologen des vorigen Jahrhunderts gehörte: Baron Ferdinand von Richthofen, 1833 in Carlsruhe in Oberschlesien geboren. Als schon in jungen Jahren hochqualifizierter Mann schloß er sich 1860 der preußischen Gesandtschaft nach Ostasien an, besuchte China, Japan, Thailand, Java, die Philippinen und Formosa und kam nach Kalifornien, wo er nicht nur Whitneys Assistent, sondern auch sein bester Freund wurde.

Im Sommer 1862 erforschte Whitney das gesamte Monte-Diablo-Massiv bis zur San Francisco Bay und das Sacramento-Tal. Am 12. September erreichte seine Gruppe den Gipfel des Mount Shasta, des höchsten Berges in den Staaten, der zu dieser Zeit bekannt war. Eine andere Gruppe, unter ihnen Hoffmann, befuhr die kalifornische Küste, erlitt Schiffbruch und entging am Montgomery Rock einem größeren Erdbeben.

Im nächsten Jahr gelangten die Forscher in den späteren Yosemite-Nationalpark. Whitney und andere einflußreiche Persönlichkeiten machten Eingaben bei Präsident Lincoln, das Yosemite-Gebiet für die Öffentlichkeit zu reservieren. Und als das Gebiet 1864 an Kalifornien angeschlossen wurde, gehörten Whitney und Hoffmann zu den Mitgliedern des ersten Treuhandausschusses für das herrliche Tal.

1863 veröffentlichte Richthofen eine Arbeit über die Metallproduktion Kaliforniens. Zur selben Zeit vermaßen Hoffmann und seine Gruppe den Mount Dana und gaben von seinem Gipfel aus einer Reihe von Bergen den ersten Namen. Vom Mono Lake verfertigte Hoffmann die erste Karte. Wenig später schloß sich der Expedition in San Francisco der hervorragende, aber etwas exzentrische Forscher Clarence King an, dessen hervorragende Ausbildung unter Hoffmann ihn zu einem der besten Geographen und Topographen im Westen werden ließ.

1864 nahmen sich Whitney und Richthofen den östlichen Landesteil vor, vermaßen die Comstock Lode und das Land östlich der Sierras. Brewer, King und Hoffmann erforschten inzwischen die Hohen Sierras. King brachte vom Mariposa-Gebiet Fossilien mit — eine der bedeutendsten Entdeckungen während der Forschungen in Kalifornien, weil die Fossilien Aufschluß über das Alter des Landes gaben. Bald danach erstiegen Hoffmann und Brewer den 14 500 Fuß hohen Mount Brewer. Während des Rittes zurück zum Hauptquartier war Hoffmann vom

Rheuma so hilflos und lahm, daß er aufs Pferd gebunden werden mußte. Whitney verlor bei seinen Forschungen mit Richthofen in Nevada dreißig Pfund Gewicht.

1864 waren die Forschungen im wesentlichen abgeschlossen, abgesehen von einigen Expeditionen Hoffmanns drei Jahre später in den High Sierras. Der Deutsche Wackenroder stellte um dieselbe Zeit Vermessungen in den Zentral-Sierras an. Richthofen blieb bis 1868 in Kalifornien, dann bereiste er China, eine Forschungsfahrt, die ihn berühmt machte. Die 5000 Meter hohe nördliche Kette des Nan-schan-Gebirges in China ist nach ihm benannt. Bis zu seinem Tode 1905 wirkte er als Hochschullehrer in Bonn, Leipzig und Berlin und wurde zum Begründer der Morphologie der Erdoberfläche. –

Die alten Goldgräberzeiten in Kalifornien verwehten, der Aufstieg des Landes zu einem bedeutenden Industriestaat konnte sich vollziehen. Nur der „Kaiser von Kalifornien", Sutter, war und blieb betrogen. Schon vor den Goldfunden sah sich Sutter durch Landspekulationen allmählich ruiniert, aber erst die Goldfunde machten ihn bankrott. Daran änderte auch die Entscheidung des kalifornischen Gerichtshofes nichts, der ihm sein Land entgegen den Protesten der Bevölkerung zuerkannte. Beinahe wäre Sutter gelyncht worden, doch glückte es ihm zu fliehen. Später forderte er Schadenersatz vom kalifornischen Staat, der ihm nicht gewährt wurde, und weitere Prozesse konnte sich Sutter nicht leisten. Sein Sohn, der ihn als Anwalt vertreten hatte, beging Selbstmord, und fast den ganzen Rest seines Besitztums am Feather River verlor er durch einen Großbrand. So zog er 1871 mit seiner Familie nach Litiz in Pennsylvanien. Bis 1878 erhielt er eine Pension vom kalifornischen Staat. Die Winter verbrachte er zumeist in Washington. Die Bearbeitung seiner Bittschrift an den Kongreß wurde allerdings laufend verschleppt, weil man dort vor einer gerechten Lösung in seinem Fall, die gleichzeitig dem Staat Kalifornien schaden mußte, Angst hatte.

So trug auch sein vergeblicher Kampf um Gerechtigkeit dazu bei, daß Sutter allmählich zu einem Mythos wurde.

Sutter war kein Hüne mit dunklen Augen, breitschultrig, wie er oft dargestellt wird, sondern untersetzt, klein, dick, mit einem breiten Schädel; in späteren Jahren besaß er eine Glatze, die von flachsenem, grauem Haar umrahmt war. Er besaß auch keinen ernsten, energischen Charakter, sondern war leutselig, freundlich und vergnügt, bisweilen ein Schwätzer und öfter ein Säufer. Gewisse Historiker bezeichneten ihn sogar als unfreundlich und ehrlos. Aber für die meisten Biographen ist Sutter durch seine einzigartige Karriere, seine Wechselfälle des Glücks und seinen langen, vergeblichen Kampf um Gerechtigkeit eine der ansprechendsten Gestalten der amerikanischen Geschichte. Die Legende erzählt auch, daß Sutter als innerlich und äußerlich verkommener Bettler auf den Stufen des Kapitols verschied. In Wirklichkeit starb er im Mades' Hotel in Washington 1880 und wurde in Litiz begraben. Seine Besitztitel sind noch heute vorhanden.

Von 1848 bis 1850 stieg die Bevölkerungszahl von San Francisco sprunghaft von 800 auf 35 000. Eine große Anzahl Deutscher beteiligte sich an der Landnahme Kaliforniens. Sie brachten aus ihrer Heimat ihre Kultur mit und bereicherten das kalifornische Leben. Verschiedene Zeitungen entstanden. Die bedeutendste war wohl der „California Demokrat", dessen Gründer Joseph von Löhr aus Mainz sich an der Revolution 1848 beteiligt hatte, obwohl er aus einer sehr konservativen Familie stammte. Insgesamt war er dreimal zum Tode und zu 106 Jahren Haft verurteilt worden. Als er 1877 starb, hieß es in der „Deutschen Zeitung" in Oregon: „Wird es jemals wieder solch eine energische, fähige Gruppe Deutscher in diesem Lande wie die Forty-eighters geben?"

In ihrer neuen Heimat organisierten sich die Deutschen in zahlreichen Vereinen und feierten ihre Feste. Das erste Maifest der deutschen Kalifornier fand schon 1853 statt. Sie verbrachten den 1. Mai im Freien, veranstalteten Wettkämpfe, tanzten Mazurka, Walzer und Polka, hörten sich begeisternde Reden an und sangen Volkslieder. Gegen jede Störung von Seiten irgendwelcher Rowdies wehrten sie sich, wenn es sein mußte, mit Gewalt.

Die Vereine — landsmannschaftliche, Musik- und Gesangvereine, Turnvereine, Kegelclubs, Geheimbünde, Wohltätigkeitsgesellschaften — schossen wie Pilze aus dem Boden. Ein soziales und kulturelles Zentrum bildete das Deutsche Theater in San Francisco, das schon zu Beginn der sechziger Jahre bestand. Hier trat auch einmal Helene von Dönniges-Racowitza auf, für die der Sozialist Lassalle in einem Duell sein Leben gegeben hatte.

Kalifornien wurde auch bekannt für deutsche Dichtung in Amerika. Durch die Tätigkeit von Emma Marwedel aus Münden bei Göttingen, die 1870 nach Amerika kam und dort als Apostel der Kindergartenbewegung galt, wurde Kalifornien in der Kindergartenbewegung führend unter den einzelnen Staaten. Der Aachener Ingenieur Adolph Sutro, der in Nevada für die Comstock Minen einen berühmten Entwässerungskanal gebaut hatte, wurde 1894 Bürgermeister in San Francisco. Klaus Spreckels aus Hannover brachte es zum „Zucker-König", der erste Wolkenkratzer in San Francisco war das Spreckels-Gebäude. Bedeutende Unternehmer, die Kalifornien und Alaska förderten, waren die bayerischen Juden Ludwig Gerstle und Ludwig Sloss. Als Philanthrop machte sich der Pennsylvanien-Deutsche James Lick einen Namen. Er spendete 700 000 Dollar für den Bau des zu dieser Zeit größten Teleskops der Welt. Zwölf Jahre nach seinem Tode wurde 1888 das Lick-Observatorium fertiggestellt, Licks Körper wurde in einem Pfeiler beigesetzt. Als Lick bestattet wurde, hieß es im „Daily Evening Bulletin": „So lange San Francisco und der Staat Kalifornien bestehen werden, wird der Name James Lick mit ihnen verbunden sein." Lick steht für viele deutsche Pioniere im „Goldenen Staat".

Im „Land des himmelfarbenen Wassers"

Die bedeutendste Rolle spielten die Deutschen in Amerika zur Zeit des Bürgerkrieges. Kein anderer amerikanischer Präsident hat so viele Deutsche unter seinen persönlichen Freunden gehabt wie Abraham Lincoln, in dessen Amtszeit die Auseinandersetzung zwischen Nord- und Südstaaten ihren Höhepunkt erreichte. Schon während der Wahlkampagne 1860 schrieb Lincoln an den späteren Senator Carl Schurz, daß „in dem Grad unserer begrenzten Bekanntschaft meinem Herzen niemand näher steht als Sie." Als Lincoln in der Wahlnacht gebannt die telegraphischen Nachrichten abhörte, saß ihm einer seiner besten Freunde zur Seite, der Journalist Carl Bernays aus Mainz, der den „Anzeiger des Westens" redigierte. Am 6. November 1860 erhielt Lincoln die relative Mehrheit; er war der Erwählte einer „Sektion", nämlich des Nordens, der numerisch die Mehrheit hatte. Ausschlaggebend waren die Stimmen der Deutschamerikaner gewesen. Geheim und unter Bedeckung reiste er nach Washington, begleitet von seinem intimsten Freund, dem Deutschen Johann G. Nicolay (1832–1901) aus Landau, der lange Zeit sein Privatsekretär und Vertrauter war und später durch eine zehnbändige Lincoln-Biographie Aufsehen erregte. Lincoln, der sich auch um die deutsche Sprache bemühte, anerkannte dankbar die Hilfe seiner deutschen Freunde. Viele erhielten Ämter oder wichtige Auslandsposten. Von 283 auswärtigen Posten waren 21 mit Deutschen besetzt.

Auf die Wahl Lincolns hin lösten sich die Südstaaten von der Union und bildeten einen eigenen Staatenbund, die Konföderation. Präsident wurde der ehemalige Kriegsminister Jefferson Davis, Finanzminister sein Freund, der Jurist Christopher Gustavus Memminger aus Württemberg, der allerdings vor einer hoffnungslosen Aufgabe stand und auch schließlich kapitulieren mußte.

Lincoln erklärte die Erhaltung der Union und die Wahrung aller ihrer Gesetze für seinen obersten Grundsatz. So wurde der Bürgerkrieg, der durch die Konföderation entfacht wurde, zunächst auch gar nicht um die Erhaltung oder Abschaffung der Sklaverei geführt, sondern um die Erhaltung oder Spaltung der Vereinigten Staaten. Erst als Lincoln während des Krieges die Sklaverei abschaffte, erlitt die Konföderation die entscheidende politische Niederlage, der die militärische folgte.

Als der Krieg ausbrach, strömten Tausende von Freiwilligen zu den Fahnen. Der Beitrag der Deutschen zum Sieg der Union füllt in den meisten Geschichtsbüchern nicht einmal eine Fußnote, doch war er unvergleichlich groß. Etwa 200 000 Deutsche, ein Zehntel der gesamten Streitmacht des Nordens, dienten in der Unionsarmee. Aus New York kamen gleich zu

Kriegsbeginn 6000, aus Pennsylvanien 4000; Illinois schickte 6000, Ohio stellte neben Kavallerie und Artillerie elf Infanterieregimenter, 8000 Deutsche kamen aus Missouri, das deutsche 9. Wiskonsin Regiment hatte eigene Uniformen. Fünfzehn von 26 Regimentern des 11. Korps der Potomac-Armee waren deutsch. Von den Deutschen stiegen etwa 500 zu Offiziersrang auf, 28 (darunter einige aus der zweiten Generation) wurden General. Führend waren auch hier die Forty-eighters.

Als bester deutscher Offizier galt Generalmajor Peter Joseph Osterhaus aus Koblenz, der sich in den Kämpfen in Missouri, vor Vicksburg, in Chattanooga – als „Held von Lookout Mountain" – und während General Shermans Marsch zum Atlantik auszeichnete. Umstritten waren die Fähigkeiten von Generalmajor Franz Sigel, der aus Sinsheim stammte; aber der Sieg in der Schlacht von Pea Ridge 1862, der den Staat Missouri der Union erhielt, war in erster Linie seinem Geschick zu verdanken. Darüber hinaus war Sigel einer der Führer des Deutschtums in Amerika vor dem Krieg gewesen und hatte dadurch viel dazu beigetragen, das deutsche Element in den USA zu einen. Kein anderer deutscher Offizier war unter seinen Landsleuten in Amerika so beliebt wie er. Dagegen stieß Generalmajor Carl Schurz auf heftige Kritik, auch von Seiten der Deutschen, die annahmen, er wolle ihren Favoriten Sigel verdrängen. Dazu gesellten sich unglückliche Geschehnisse, die Schurz die Militärzeit sehr betrüblich gestalteten. Seine Freundschaft und sein Briefwechsel mit Lincoln schufen ihm viele Neider, die ihn als „politischen General" ablehnten. Seine Regimenter trugen den Hauptstoß der Konföderierten während der Schlacht von Chancellorsville, die mit einer vernichtenden Niederlage endete. Obwohl für das Debakel Schurz' Vorgesetzte verantwortlich waren, wurde Schurz' und seinen „deutschen Feiglingen" die Schuld in die Schuhe geschoben. Ähnliches geschah nach der den Krieg zu Gunsten der Union entscheidenden Schlacht von Gettysburg, in der Schurz vorübergehend ein Korps führte und am 1. Schlachttag eine Niederlage hinnehmen mußte. Doch errang Schurz die Achtung seiner Leute, er deckte den Rückzug bei der zweiten Schlacht von Bull Run, und bei hervorragenden Generalen wie Sherman wurde ihm Anerkennung und Würdigung seiner Dienste zuteil.

Die Taten einzelner deutscher Offiziere sind Legion. Entscheidend auf den Sieg in der Schlacht von Shiloh wirkte sich der brillante Angriff durch die Truppen von Oberst August von Willich aus, der einer der besten Militärs unter den Forty-eighters war. In der Schlacht am Antietam führte der Forty-eighter Gottfried Becker sein Regiment als erster über den Fluß und griff die starke Position der Konföderierten an, während Max von Weber auf einem anderen Teil des Feldes die weit überlegenen Konföderierten wiederholt zurückschlug. Der Achtundvierziger Louis Hofmann focht vor Vicksburg so hervorragend, daß ihm und seiner Battery auf dem Schlachtfeld ein Denkmal errichtet wurde. Desgleichen erinnert ein Denkmal an Hauptmann Heinrich Dietrich auf dem Feld von Gettysburg, ein anderes an den deutschamerikanischen Arzt Clinton Wagner, einen der bemerkenswertesten Frontärzte während des Bürgerkrieges. Als erster rückte General Kautz bei Kriegsende in Richmond, der Hauptstadt der Konföderierten, ein.

Auch auf Seiten des Südens fanden sich deutsche Offiziere. Stabschef unter General Stuart war der ehemalige preußische Gardekürassieroffizier Oberst Heros von Borcke, den finanzielle Schwierigkeiten nach Amerika getrieben hatten und der in der Südstaatenarmee sehr populär wurde. Eine traurige Berühmtheit erlangte der Deutsch-Schweizer Henry Wirz, der den Befehl über das berüchtigte konföderierte Gefangenenlager Andersonville hatte, das zu Kriegsende insgesamt 50 000 Insassen gehabt hatte. Ein Drittel davon starb an Hunger, Seuchen und an der brutalen Behandlung. Wirz, selbst krank, war unfähig, die Lage der Gefangenen zu verbessern und wahrscheinlich auch nicht recht willens dazu. Zu den ganz wenigen Fällen einer geglückten Flucht aus Andersonville gehörte der des Achtundvierzigers Hermann Ulffers. Wirz wurde nach dem Krieg vor ein Kriegsgericht gestellt. Zu seinen Verteidigern gehörte der Berliner Journalist und Anwalt Ludwig Schade. In einem nicht ganz fairen Gerichtsverfahren wurde der verhaßte Mann zum Tode verurteilt.

Auf der anderen Seite zeichnete sich auch die Union nicht gerade durch humane Kriegsführung aus. Die von ihr verhängte Blockade zermürbte den Süden, dessen reichste und schönste Landschaften mit unglaublicher Brutalität von den durchziehenden Unionstruppen verwüstet wurden. In dieser Zeit des Brudermordes arbeitete der deutschamerikanische Staatsphilosoph Franz Lieber (1798–1872), der „Vater der akademischen Staatswissenschaft in den USA" und Begründer der Encyclopedia Americana, Regeln für das Verhalten der Soldaten im Sinn einer humanen Kriegsführung aus, die als „General Order No 100" in etwas abgeänderter Form den Heeresteilen zugeleitet wurden. Es war das erste Werk dieser Art auf der Welt und blieb Grundlage für alle späteren Werke dieser Art wie auch der Haager Landkriegsordnung.

Während im Osten der Bürgerkrieg tobte, bahnte sich im Westen der Untergang der freien Indianerstämme an.

Zur Zeit des Sezessionskrieges waren die „Hohen Ebenen", das Wohngebiet riesiger Büffelherden, eines der größten Grasgebiete der Erde, noch immer der Tummelplatz freier, farbenprächtiger, nomadisierender Indianervölker. Das Klima, der Boden, der Bürgerkrieg und die Indianerunruhen zögerten ihre Erschließung hinaus. Der 98. Meridian setzte dem Ackerbau eine Grenze. Dahinter begann unberührtes Land, eine trockene, dürre Hochebene, von seichten Flüssen durchzogen und von großen Temperaturschwankungen zerrissen und ausgedörrt. Längst waren Kalifornien und Oregon besiedelt, längst drängten sich an den Grenzstaaten des „Ostens" wie Kansas die landhungrigen Pioniere, bereit, ihre Sachen zu packen, ihre Planwagen zu beladen und ins Grasmeer zu ziehen, da waren die westlichen Ebenen noch unerforschtes, gefährliches Land. Aber die Zivilisation schob sich unaufhaltsam vorwärts. Auf die Forscher, Glücksritter und Missionare und das Militär folgten die Pioniere, die Squatter, auf ihren Spuren zogen Viehzüchter und Farmer, und die Niederlassungen, die von ihnen gegründet wurden, lockten Siedler aller Berufsschichten an, bis die Zivilisation an die Tür des „Wilden Westens" klopfte. Zu ihren Wegbereitern gehörten auch Deutsche. Es gab unter ihnen Abenteurer und Squatter, Goldsucher und Prospektoren, Bauern und Handwerker: namenlose, hunderte. Sie wurden von Landspekulanten übervorteilt, von Indianern getötet; sie bestanden gegen Dürren und Heuschrecken und Kälte und Hunger und Not wie alle anderen Pioniere auch. Die meisten verloren sich im Dunkel der Geschichte.

Zu der Vorhut dieser deutschen Pioniere gehörten oft deutsche Juden, von denen die meisten aus Bayern stammten. Schon seit Beginn der Kolonialzeit kamen sie nach Amerika. Vor allem New York besaß eine große Gemeinde deutscher Juden, die sich, auch wenn sie ihrem Glauben treu blieben, stets als Deutsche fühlten und viel länger die deutsche Sprache bewahrten als die übrigen deutschen Einwanderer. Die meisten waren arm und ungebildet, aber einige brachten es zu Wohlstand oder wurden berühmte Bankiers und Industrielle, wie z. B. der Agent der Rothschilds in den USA, August Belmont aus Alzey, der während des Bürgerkrieges in Europa für die Sache der Nordstaaten warb. Die deutschen Juden waren meist reformwilliger und weniger orthodox als die anderen europäischen Juden, unter den Achtundvierzigern gab es eine Reihe deutscher Juden, die in bestem deutschen Gedankengut verhaftet waren, und die erste Ethische Bewegung der Welt wurde 1876 von dem deutschen Juden Felix Adler in New York gegründet. Die Bruderschaft B'nai B'rith, in der Organisation den Freimaurer-Logen verwandt, die bis in unsere Tage durch ihre Wohltätigkeiten auffällt, war eine Gründung deutscher Juden in New York (1843).

Die bayerischen Juden, die in den Westen gingen, weil sie in den Atlantik-Staaten ihren Lebensunterhalt nicht entsprechend verdienen konnten, waren zwar arm, aber arbeitsam, ehrgeizig und fromm. Viele von ihnen wurden Pedlars, ziehende Händler, die die entferntesten und abgelegensten Farmen und Dörfer belieferten. Ein früher deutscher Reisender berichtete: „Sie beginnen gewöhnlich als Pedlars, wobei sie an jeder Farm halten, und der Farmer ist gezwungen, ihnen etwa abzukaufen, um sie loszuwerden."

Die Mehrzahl der Deutschen, die vor 1848 in die USA auswanderten, hatte sich im Mittelwesten niedergelassen, da damals an die Besiedlung der Präriegebiete noch nicht zu denken war. Erst nach der Ankunft der Forty-eighters setzte allmählich die Westwanderung ein. Auch die Achtundvierziger beteiligten sich an der Landnahme im Westen. Zwar gehörten sie nicht unmittelbar zu den Pionieren, aber sie kamen mit dem zweiten Schub. Auch sie suchten dort ihr Glück, erfüllt von der Liebe zur Natur, von Abenteuerlust und Tatendrang, gepaart mit einem Hauch Romantik und vor allem der Sehnsucht nach Freiheit, die allen Forty-eighters gemeinsam war. Das Leben, das sie auf sich nahmen, war anfangs hart und entbehrungsreich, eintönig und gefährlich. Sie aßen Mais wie alle Pioniere, schliefen in Blockhäusern, durch deren Dächer der Regen rieselte, erschraken ob dem plötzlichen Eintreten von Indianern in die niedrige Blockhütte — wie alle, die nach Westen zogen. Die Cholera suchte sie in der einen Gegend heim, in einer anderen ein Indianeraufstand.

So waren auch die Forty-eighters Pioniere. Von St. Louis zogen sie in die Siedlungen in Missouri oder nach Illinois: nach Belleville und Quincy. Die Mehrzahl aber fuhr mit dem Dampfschiff stromaufwärts. Keokuk, Burlington, Muscatine, Buffalo, Davenport, Clinton-Lyons, Dubuque und Guttenberg waren ihre Niederlassungen. Sie nahmen eine deutsche Atmosphäre an, sie hatten bald Turnhallen und Zeitungen, Gesangvereine, Theater und Biergärten. Vor allem Guttenberg wurde ganz zu einer deutschamerikanischen Stadt; einstmals lebten dort enthusiastische Turner – nur Deutschen war die Siedlung in Guttenberg erlaubt, heute ist es ein schläfriges Landstädtchen.

Auch im Westen waren die Forty-eighters politisch von Einfluß. Viele von ihnen zogen noch weiter stromauf und ließen sich im „Land des himmelfarbenen Wassers": in Minnesota nieder; hier war der Beginn des Indianerwestens, Neu Ulm war die westlichste Ansiedlung in Minnesota zur Zeit ihrer Gründung.

Einer der ersten Forscher in Minnesota war der „Pfadfinder" John Charles Fremont gewesen. Mit 25 Jahren war er 1838 schon der Assistent des bedeutenden, 1830 aus Frankreich nach Amerika geflohenen Mathematikers und Forschers Joseph N. Nicollet. Nicollet, Fremont und der abenteuerliche Botaniker Charles Geyer, der aus Dresden stammte, leisteten wertvolle wissenschaftliche Arbeit, als sie im Sommer 1838 eine Expedition nach Süd Dakota, ins Coteau des Missouri, zum Minnesota-Fluß und ins Blue Earth (Mankato)-Gebiet unternahmen. Im nächsten Jahr wurde eine neue Expedition ausgerüstet, die nach Fort Pierre und von dort nach Westen ziehen sollte. Zu dem Forschungstrupp gehörte auch der preußische Artillerist Ludwig Zindel, der Fremont später noch öfter begleitete. Von Fort Pierre zogen die Forscher zu den Flüssen James und Cheyenne und hielten sich dann nordwärts zum Devil's Lake in Nord Dakota. Fremont, den die Romantik des Westens, die bunt geschmückten Indianer, die wogende Prärie, die donnernden Mustangs begeisterten, lernte den Westen richtig kennen. Er erlebte eine Büffeljagd und tollkühne Jagden zu Pferde, verirrte sich, verbrachte eine Nacht allein im Indianerland und nahm an einer der alljährlichen Zusammenkünfte der Dakota teil.

Vom Teufelssee ging es zum Red River und nach Süden zu Renville's Fur Station. Dann folgte man dem Minnesota zum „Vater der Ströme". Der letzte Dampfer, der die Forscher nach Süden hätte bringen können, war bereits abgefahren, und sie mußten einen Landmarsch nach St. Louis antreten – keine Kleinigkeit bei dem hereinbrechenden Winter.

Etwa zehn Jahre später wurde Minnesota das Ziel zahlreicher Siedler, die aus dem überfüllten Osten nach Westen drängten. Eine große Anzahl unter ihnen waren Deutsche, aber ihre Geschichte ist in Deutschland kaum bekannt geworden.

Deutsche Arbeiter, Mitglieder einer Landkompanie aus Chicago, die dem unsicheren Arbeitsmarkt im Osten entgehen und sich auf billigem Land an der Frontier ansiedeln wollten, gründeten 1854 am Minnesota Fluß eine Ortschaft. Im nächsten Jahr erschienen hier drei Kommissionäre der „Siedlungsgesellschaft der Sozialistischen Turner-Vereinigung", die eine geeignete Gegend für die Besiedlung mit Deutschen in Minnesota suchte. Leiter des Unternehmens war Wilhelm Pfänder, der 1823 in Heilbronn als Arbeitersohn zur Welt gekommen war. Seine schlechte Gesundheit verhinderte eine Handwerkerausbildung, so wurde er zu einem Kaufmann in die Lehre gegeben. 1844 beteiligte er sich an der Gründung eines Turnvereins in Heilbronn, vier Jahre später zwang ihn die Revolution zur Auswanderung nach Amerika. Wie für viele Einwanderer ohne Englischkenntnisse begann hier für ihn der Existenzkampf, der noch durch seine schlechte Gesundheit verstärkt wurde. Die Arbeit in einer Fabrik war zu schwer für ihn, so verdang er sich als Kellner in Cincinnati. Dort gründete Friedrich Hecker, der neben Franz Sigel und Carl Schurz der prominenteste Streiter in der Badener Revolution und angesehenste Führer des Deutschtums in Amerika war, einen Turnverein, und

Pfänder wurde eines der ersten Mitglieder. Seine Erkenntnis und Erfahrung, daß die Immigranten von den Arbeitgebern tüchtig ausgenutzt wurden – die Deutschen, noch viel mehr die Iren – ließen ihn den Plan fassen, eine Siedlung von Arbeitern und Freidenkern im Nordwesten zu gründen, wo Überfluß an Boden und Holz zu finden sein würde. Hier könnte jeder Arbeit finden, und vielleicht würde sogar jeder einen eigenen Garten besitzen. Das Akkerland und größere Besitztümer sollten allen gemeinsam gehören.

Unterstützt wurde Pfänder vor allem von dem Fortyeighter Jacob Nix, der aus Bingen stammte, sich als Hauptmann an der Revolution beteiligt und später in Algier in der Fremdenlegion herumgetrieben hatte. Sein bewegtes Leben hatte ihn nach Cleveland und dann nach Cincinnati geführt. In der Nationalversammlung der Turner von 1855 fand der Plan der beiden bei den westlichen Vereinen Interesse, die Gruppe von Cincinnati wollte sogar finanzielle Unterstützung gewähren. Pfänder entwarf eine Urkunde der Siedlungsgesellschaft, suchte im Auftrag der Gesellschaft Gebiete im Westen und fand sie am Minnesota. Die deutschen Arbeiter aus Chicago verkauften ihr Land an die Turner, der Kaufpreis wurde von diesen durch den Verkauf von 800 Stück Vieh, das 15 Dollar pro Stück brachte, aufgetrieben. 3000 Dollar stellte der Turnverein von Cincinnati für den Kauf von Vorräten für den ersten Winter zur Verfügung. So entstand Neu Ulm, das Nix – er betätigte sich als Lehrer – und Pfänder, der eine Farmwirtschaft betrieb, nun leiteten.

In den nächsten Jahren strömten viele weitere Deutsche nach Minnesota. Der Grund war für die damaligen Zeiten eher merkwürdig, er hatte mit den in Minnesota ansässigen Indianerstämmen zu tun. Am oberen Mississippi lebten Teile der mächtigen Chippewa, Erbfeinde der Dakota. Unter ihnen wirkte seit 1852 der österreichische Missionar Franz Pierz, einer der großen Pionier-Missionare in Minnesota. Schon 1835 hatte er die Missionierung bei den Chippewa-Verbänden in Michigan begonnen. Mit 67 Jahren machte er sich dann zum oberen Mississippi auf, um der katholischen Kirche Neuland zu gewinnen. Jedes Jahr reiste er trotz seines hohen Alters hunderte von Meilen zu den einzelnen Dörfern. Durch seine Schriften trug er dazu bei, daß in Europa Fonds für seine Arbeit unter den Indianern entstanden. Als sich in der Umgebung „seiner" Indianer allmählich Weiße niederließen, wünschte sich Pierz, daß nur deutsche Katholiken dort siedeln sollten, weil davon auszugehen war, daß sie sich mit den Indianern besser vertragen würden als die rauhborstigen Iren oder Angloamerikaner. Seine Prospekte und Schriften wie „Die Indianer in Nordamerika" (1855) veranlaßten zahlreiche Deutsche und Österreicher, nach Zentral-Minnesota auszuwandern. Pierz setzte seine Missionsarbeit noch bis 1871 fort, 1873 kehrte er in seine Heimat zurück, wo ihm noch sieben Jahre verdienten Ruhestandes vergönnt waren.

Als Minnesota als Territorium (1849) bzw. als Staat (1858) organisiert war, annoncierte die Verwaltung selbst in irischen Zeitungen, sandte Agenten nach Deutschland und verschickte Prospekte in sechs Länder. Iren, Schotten, Russen, Skandinavier und vor allem Deutsche zogen in Scharen nach Minnesota. Viele Ortschaften tragen noch heute deutsche Namen, wie Hamburg oder Neu München.

Am interessantesten ist die Entwicklung der Gemeinde Neu Ulm, wo zu achtzig Prozent Deutsche lebten. Hier herrschten eine liberale, freundliche Atmosphäre, Toleranz, Freiheit und Sozialismus, obwohl er in seiner extremen Form wie anderswo bald aufgegeben wurde. An seine Stelle trat freier Wettbewerb, aber trotz der Amerikanisierung des Systems blieb das Gemeinwesen in der sozialen Struktur der Grundlage nach den Ideen der deutschen Turner verhaftet. Die Siedlungsgesellschaft übertrug die Verwaltung der Kolonie 1858 dem Ort New Ulm, als über 400 Menschen dort lebten. Ein Jahr danach wurde sie aufgelöst. Bald danach gingen die Mühlen in Privatbesitz über. Auch die Zeitung der Turner in Neu Ulm hielt sich nur ein Jahr als Gemeinschaftsprojekt. 1858 war der „Neu Ulm Pionier" entstanden, mit dem

Ziel, „in allem unabhängig, aber nirgends neutral" zu sein, der sich als sozialistisches Blatt zum Anwalt eines „freien Bodens, freier Menschen, freier Arbeit und freier Presse" machte. Die Gründer, Lambert Nägele und Eugen Gerstenhauer, gaben es als Wochenblatt heraus und verlangten zwei Dollar für ein Jahresabonnement. Die Schwierigkeiten, mit denen sie fertig werden mußten, waren groß: Das Leben an der Indianergrenze, das anfänglich sehr hart war – vor allem der Hunger ging in den ersten Jahren um, manche Farmer mußten Saatkartoffeln ernten – behinderte die Arbeit. Papier war rar, und die Konkurrenz anderer deutscher Zeitungen war groß. In St. Paul gab es seit 1855 die „Minnesota Freie Presse", eine Zeitung, die erst zur Demokratischen, dann zur Republikanischen Partei neigte. In Chaska erschien 1857 das kleine, parteiabhängige, republikanische Blatt „Minnesota Talbote". Samuel Ludvigh, bekannt durch seine „Fackel" in Baltimore, zog 1858 nach St. Paul, wo er die „Minnesota Staatszeitung" gründete. Einflußreich war auch die „St. Paul Volkszeitung" des Achtundvierzigers Albert Wolff aus Braunschweig, der schon 1855 in die Legislatur von Milwaukee gewählt wurde und von 1864 bis 1871 als Immigrantenkommissionär des Staates den Neuankömmlingen den Zuzug erleichterte.

Diese Konkurrenz zwang 1859 die Herausgeber des „Neu Ulm Pionier", das Gemeinschaftsprojekt in private Hände übergehen zu lassen. Das Schulkomitee übertrug sein Besitztum dem öffentlichen Schuldistrikt New Ulm. Aus dem Erlös des Verkaufes von Land der Gesellschaft wurden Lehrer bezahlt und Lehrbücher für öffentliche Schulen gekauft – allerdings nur unter der Bedingung, daß kein Religionsunterricht stattfinden dürfe. Mehrere Morgen Land wurden für die Gründung von Feuerwehr, Krankenhaus und Schwimmbad verkauft. So entwickelte sich Neu Ulm zu einer Stadt, die noch heute unter den amerikanischen Städten durch ihre Sauberkeit, die großzügige Planung und die breiten Straßen hervorsticht. Aus ihrer ruhigen Entwicklung wurde sie durch einen Indianerkrieg gerissen.

In Minnesota lebte eine Gruppe der östlichen Dakota, die Santi, deren Land von den Siedlern rücksichtslos weggenommen worden war. 1851 mußten die Santi große Gebiete in den Verträgen von Traverse des Sioux und Mendota abtreten, Gebiete, die ihnen ohnehin nur mehr nominell gehörten. Ihr Häuptling Little Crow, ein ehemaliger Trinker, ein überdurchschnittlicher Redner und Krieger, dem es allerdings an „Feldherrngeschick" mangelte, versuchte, die friedliche Politik seines Vaters Großer Adler fortzusetzen, der 1834 gestorben war. Bei Ankunft der deutschen Siedler lebte er mit seinem Stamm schon lange in einem Reservat im Süden Minnesotas; Neu Ulm entstand etwa acht Meilen vom Reservat entfernt. Die Indianer fristeten in ihrer neuen Umgebung ein mehr oder weniger armseliges Dasein. Mit den Siedlern, vor allem den Deutschen, kamen sie gut aus. Minnie Bolsch, die Tochter eines deutschen Ansiedlers, schrieb über diese Zeit: „Meine Eltern, Mr. und Mrs. Werner Bolsch, gehörten zu den ersten Siedlern im Renville County. Wir wohnten drei Meilen von Fort Ridgely entfernt, und die Straße zur Lower-Agentur führte in einer Entfernung von knapp neun Meilen an unserem Haus vorbei. Wir sahen die Indianer täglich, und wir brauchten uns nie zu ängstigen, daß sie uns etwas tun würden. Sie waren freundlich, spielten mit uns und kamen sogar oft in unser Haus. Sie brachten Fische mit, um sie bei meiner Mutter gegen Lebensmittel einzutauschen . . ."

Wie anderswo waren es auch hier die betrügerischen Agenten und Händler, die die Indianer demütigten und das für sie bestimmte Geld in die eigene Tasche wandern ließen, die letztlich den Indianerkrieg beschworen. Als mit Beginn des Bürgerkrieges gar kein Teil der versprochenen 20 000 Dollar, die die Santi jedes Jahr erhalten sollten und die natürlich nicht ausreichend waren, mehr die Santi erreichte, waren sie bald am Verhungern. Im Sommer 1862 brachte der Händler Andrew Myrick das Faß der Ungerechtigkeiten und Gemeinheiten zum Überlaufen, als er dem um Nahrung bittenden Little Crow die überlieferte Antwort gab: „Wenn deine Leute hungern, sollen sie Gras fressen." Nach Meinung von verschiedenen Beobachtern, Missionaren und Historikern war in diesem Fall wie in vielen anderen das falsche Verhalten einzelner Weißer die Ursache des Aufstandes von lange Zeit hindurch friedlichen Indianern.

Damals lebten etwa 150 000 Weiße in Minnesota. Zur Zeit war es wegen des Bürgerkrieges an Truppen geschwächt. Auch viele Deutsche waren mit gegen die Konföderation gezogen. Pfänder, der 1859 in die Staatslegislatur von Minnesota gewählt worden war, kommandierte eine Batterie Artillerie und zeichnete sich in der Schlacht von Shiloh aus.

Am 18. August 1862 brach der Sturm los. Little Crow und andere Häuptlinge konnten die bis zum äußersten erbitterten Krieger nicht mehr zurückhalten. Etwa tausend Weiße kamen durch Scharen unglaublich grausam wütender Santi ums Leben. Die Überlebenden flohen in größter Panik in die wenigen größeren Orte. Neu Ulm war gewarnt worden. Jacob Nix organisierte mit seinen wenigen Leuten — nur etwa 200 kampfbereite Männer, vor allem Deutsche, gab es in der Stadt — den Widerstand und ließ Verteidigungsanlagen errichten. Noch am ersten Tag des Aufstandes erschienen Santi vor Neu Ulm. Am folgenden Nachmittag griffen sie an, wurden aber von Nix abgewehrt. Ein paar Tage später kam Captain Charles Flandrau, ein bekannter Jurist und Schriftsteller, mit einigen Freiwilligen zum Entsatz heran. Kurz vorher hatte er die Santi von St. Peter abgewiesen. Flandrau übernahm das Kommando. Immer mehr Santi erschienen vor Neu Ulm. Ihr Anführer war der gefürchtete Häuptling Mankato. Am 23. August stürmten sie gegen den Ort vor. In kürzester Zeit gelang es den rasenden Santi, die Erdwerke zu überwinden. Was folgte, galt später als eine der erbittertsten Straßenschlachten, die je in den Indianerkriegen stattfanden. Mit etwa 250 Siedlern verteidigten Flandrau und Nix einen ganzen Tag den Ort, der bald in hellen Flammen stand. Um jedes Haus wurde erbittert gerungen. Als die Indianer schließlich am Abend abzogen, waren zwischen 150 und 190 Häuser zerstört. Nach verschiedenen Quellen waren acht, 26 oder sogar hundert Verteidiger gefallen, siebzig waren verwundet worden. Am 24. August kam es noch einmal zu Kämpfen, dann wandten sich die Indianer anderen Orten zu. Die Regierung wies die Räumung der Stadt an, in einem Zug von 150 Wagen flohen die Bewohner in großer Eile über die offene Prärie nach Osten, voller Furcht vor den Indianern, die die Schlacht von Neu Ulm als Sieg verbuchen konnten. Einige der Flüchtlinge begaben sich nach St. Paul. Als Pfänder von dem Aufstand zu hören bekam, eilte er sofort nach Minnesota und fand seine Familie unverletzt vor.

Die Schlacht von Neu Ulm gehört zu den „klassischen" Kämpfen der Indianerkriege, doch sind anscheinend die Ereignisse nicht restlos rekonstruiert worden. Über das Kampfgeschehen, die genauen Daten und den Verteidigungsbeitrag von Nix und Flandrau findet man in der Literatur widersprüchliche Angaben.

Die Niederlage der Santi war nur eine Frage der Zeit. Sie besaßen kaum Vorräte und erzielten keine nachhaltigen Erfolge. Ein Teil der Santi unter dem Guten Donner und anderen Häuptlingen unterstützte die Weißen und wurde Zeit seines Lebens als Verräter angesehen. Verbündete konnte Little Crow nicht viele gewinnen. Pierz eilte voll Sorge zu seinen Chippewa und hielt sie davon ab, sich den Santi anzuschließen. Nur Häuptling Bagwunagitschik („Loch im Himmel") gewährte den einstigen Feinden verschiedentlich Unterstützung — er teilte ein paar Jahre später das Schicksal von Little Crow: er wurde ermordet. Gouverneure benachbarter Staaten bemühten sich, ein Übergreifen des Aufstandes auf ihr Gebiet zu verhindern. Vor allem Wiskonsin war gefährdet. Gouverneur hier war der Deutsche Eduard Salomon, der aus Halberstadt stammte und 1849 nach Wiskonsin ging, wo er als Lehrer und Vermesser tätig war. Später machte er eine Anwaltspraxis auf. 1861 wurde er erst stellvertretender Gouverneur und bald Gouverneur von Wiskonsin, ein Posten, den er mit Auszeichnung versah. In Wiskonsin war das deutsche Element beträchtlich, nach Pennsylvanien galt Wiskonsin als „deutscher Staat" — es gab hier sogar Pläne, Deutsch als Amtssprache einzuführen — und heute ist Wiskonsin „deutscher" als jeder andere Staat der Vereinigten Staaten. Salomon organisierte Streitkräfte, setzte sich für das Wehrpflichtgesetz ein und achtete darauf, daß sich die einheimischen Indianer nicht Little Crow anschlossen. Aber Struck-by-the-Ree hielt seine Winnebago ohnehin zurück.

In der Literatur wird allgemein Oberst Henry Sibley das Verdienst zugesprochen, Little Crows Aufstand niedergeschlagen zu haben. Sibley stammte aus Detroit, machte sich um den Aufbau Minnesotas verdient, wurde der erste Gouverneur und erwarb sich durch seine Betrügereien an den Santi wenig Ruhm. Zwar ist wahr, daß Sibley die Truppen im Felde führte, aber die Rolle von Oskar Malmrose war nicht minder bedeutend — er allerdings ist in Vergessenheit geraten. Malmrose stammte aus Kiel, kam als Anwalt nach Minnesota und wurde Generaladjutant des Staates. In dieser Eigenschaft organisierte er den Feldzug gegen die Santi, der dann schnell Erfolg brachte. Malmrose wurde später Konsul in spanischen und französischen Hafenstädten und starb 1909.

Unter den von Malmrose aufgestellten Einheiten befand sich auch das Minnesota Kavallerie Regiment, in dem Pfänder Oberstleutnant wurde. Bald danach wurde er Kommandant von Fort Ridgely, das die Santi am 20. August erfolglos berannt und in dem sich hunderte von obdachlosen Flüchtlingen in Sicherheit gebracht hatten. Sibleys Infanterie schlug am 23. September Little Crow in der Schlacht von Wood Lake, in der Mankato fiel. 1500 Krieger, die sich Sibley ergaben, gerieten während und nach der Schlacht in Gefangenschaft, aber Little Crow, der wie die meisten Häuptlinge an den Greueln keinen Anteil gehabt hatte, entkam. Er wurde 1863 von einem Siedler erschossen, nachdem er vergeblich versucht hatte, in Kanada Hilfe zu erhalten.

Dreihundertdrei Indianer wurden zum Tode durch den Strang verurteilt. Der in Minnesota bekannte Missionar Henry B. Whipple setzte allen Einfluß daran, die Urteile aufzuheben. Präsident Lincoln legte daraufhin die Gerichtsprotokolle dem Richter William T. Otto vor. Otto war ein Nachkomme des während des Unabhängigkeitskrieges bekannt gewordenen deutschen Arztes Dr. Bodo Otto. Unter dem Einfluß von Whipple und Otto begnadigte Lincoln die meisten Verurteilten zu lebenslänglichem Gefängnis, 38 wurden am 26. Dezember 1862 in Mankato gehängt. Die meisten Santi – 2000 Männer, Frauen und Kinder – wurden 1863 in den Westen deportiert. Jahre später schlossen sie sich den letzten Dakota an. Ihr Häuptling Inkpaduta stand in der Custer-Schlacht. Nur der Gute Donner durfte mit dem Teil der Santi in Minnesota bleiben, der sich nicht an dem Aufstand beteiligt hatte; der Gute Donner starb 1901, noch immer von seinen westlichen Stammesgenossen als Verräter verfemt.

Im Januar 1863 wurde Otto assistierender Innenminister (er blieb es bis 1871) und widmete sich seitdem besonders dem Studium der Indianerangelegenheiten. Er überprüfte die Indianergesetzgebung und empfahl eine Verbesserung. Zwei Jahre lang arbeitete er mit dem hervorragenden Irokesen-Häuptling Ely Samuel Parker zusammen, der als Ingenieur und General der Unionsarmee Karriere gemacht hatte und von 1869 bis 1871 Kommissar für indianische Angelegenheiten war. Zwar scheiterten beide auf die Dauer doch an der Politik des Kriegsdepartments, aber nicht jede ihrer Ideen ist in Vergessenheit geraten. Der Versuch von Präsident Grant, während seiner Amtszeit ab 1869 gegenüber den Indianern eine friedliche Politik einzuschlagen, beruht zweifellos auch auf dem Einfluß von Otto, der zu seiner Zeit einer der bekanntesten Richter in Amerika war.

Minnesota war befriedet. Die Siedler kehrten in die zerstörten Niederlassungen zurück und bauten sie wieder auf. Viele Neuankömmlinge ließen sich in ihrer Nähe nieder. Zwar gab es nach dem Indianerkrieg noch manche Not zu überstehen – 1873 verheerende Schneestürme und in den nächsten Jahren Heuschreckenplagen – aber die Entwicklung verlief nun friedlich. Auch Neu Ulm erlebte einen neuen Aufschwung. Die Eigentümer des „Neu

Ulm Pionier" waren in den Bürgerkrieg gezogen, das Pressehaus hatten die Santi zerstört, die Zeitung wurde aufgegeben. Gerstenhauer schrieb für andere Blätter, Nägele gründete die „Minneapolis Freie Presse", die er 1889 verkaufte, um in Montana eine neue Zeitung zu gründen. Aber schon 1864 erschien ein neues Blatt in Neu Ulm, die „Neu Ulm Post". Der Herausgeber Ludwig Bogen, ein Achtundvierziger, engagierte sich als liberalrepublikanischer, sozialistischer Journalist, hartnäckig kämpfte er gegen die Ausbeutung der Arbeiter durch die Eisenbahn-Mäzene.

Pfänder gab im Dezember 1865 das Kommando von Fort Ridgely ab und kehrte auf seine Farm zurück. 1869 wurde er in den Senat des Staates Minnesota gewählt und nach seiner Amtszeit zum Bürgermeister in Neu Ulm. 1875 bis 1879 leitete er das Finanzressort des Staates. Danach zog er sich ins Privatleben nach Neu Ulm zurück, wo er 1905 gestorben ist.

Von zahlreichen bekannten deutschen Siedlern in Minnesota wurde Frederick Weyerhäuser am erfolgreichsten: in den neunziger Jahren brachte er es zum führenden Holzmagnaten des Staates, zum „Holz-König".

Neu Ulm wurde ein kultureller Mittelpunkt des umliegenden Gebietes. In der öffentlichen Schule wurde deutsch gelehrt und Turnunterricht gegeben. Die Turnhalle wurde sogar ein gesellschaftlicher Mittelpunkt. Neben den Gymnastikstunden wurden dort Musik- und Theaterveranstaltungen gegeben und Vorträge von Liberalen und Freidenkern gehalten. Früh besaß die Stadt eine öffentliche Bücherei. Hundert Bücher dafür stiftete der deutschamerikanische Schriftsteller und Historiker Friedrich Kapp – der Vater eines mißratenen Sohnes, der 1920 in Deutschland durch den „Kapp-Putsch" Aufsehen erregte. Als Neu Ulm mehr Einwohner hatte, erschienen zwei deutsche Zeitungen und wurden eine evangelische und eine katholische Kirche gebaut. Vater Berghold wurde hier der erste Priester, seine Memoiren sind für die Geschichtsforschung von großem Wert.

Die Freidenker waren in Neu Ulm in der Mehrzahl, sie

zeichneten sich durch ihre Toleranz aus. Einmal wurde durch einen Sturm die katholische Kirche zerstört, doch schon erschien ein Braumeister, der ein Freidenker war, und bot sein Gebäude für die Abhaltung von Gottesdiensten an. Viele Freidenker trafen sich mit Berghold bei einem Glas Bier, und es war ungeschriebenes Gesetz in Neu Ulm, daß von den sechs Mitgliedern der Schulbehörde zwei Freidenker, zwei Protestanten und zwei Katholiken waren.

1876 erhielt Neu Ulm Stadtrechte. Heute zählt die Stadt etwa 10 000 Einwohner. Während sich Neu Ulm zur Stadt entwickelte, drängten die Siedler nach Westen, in die „Hohen Ebenen".

Der Kampf um die „Hohen Ebenen"

Internationalen Ruf als hervorragender Maler des Felsengebirges errang sich Albert Bierstadt aus Solingen. Er kam 1858 in den Westen und malte sein berühmtes Bild vom „Donner-Paß" und das Gemälde „Looking Down Yosemite Valley". Kein anderer Maler in den Vereinigten Staaten war so populär wie er. Aber seine romantischen Bilder vom Fernen Westen verschleierten eine grausame Realität.

Als die Pioniere ihren Fuß auf den harten Boden der Prärien setzten, betraten sie ein Land, das nicht ihnen gehörte, sondern den Indianern. 1877 erklärte Präsident Hayes: „Viele, wenn nicht die meisten unserer Indianerkriege wurden durch Wortbrüche und Ungerechtigkeiten unsererseits veranlaßt." Der Dakota-Führer Sitting Bull hatte schon früher ausgesprochen, daß „die Worte der Weißen auf Wasser geschrieben" seien. Die Geschichtsforschung ergab, daß die Weißen seit der Gründung von Jamestown bis zum Gemetzel am Wounded Knee etwa 1500 Verträge mit den Indianern gebrochen haben.

Das Land der großen Ebenen war zunächst von der Regierung unter Präsident Jackson als riesiges Reservat gedacht gewesen, aber bald wurde es den Siedlern zugänglich gemacht, die Stämme wurden in kleine Reservate gesperrt. Durch Raub, „Kauf", Verträge und Schenkungen brachten sich die Weißen allmählich in den Besitz des Landes. So waren die Hauptstreitpunkte zwischen Indianern und Weißen der Boden und der Büffel, der Boden als die Heimat der Indianer und der Büffel als Lebens- und Kulturgrundlage. Als er von weißen Profitjägern beinahe ausgerottet, von Rinderseuchen fast dezimiert war, brach diese Lebensgrundlage zusammen. Die 15 Millionen Büffel, die es bei der Ankunft der Weißen gab, bildeten eine Gefahr für Viehzüchter und Farmer, die ihnen deshalb nachstellten. Sie gaben den Arbeitern beim Eisenbahnbau Fleisch und wurden durch das Eisenbahnnetz eingeschränkt; die Linien folgten meist den alten Büffelwegen, und die Tiere wurden zusammengeschossen, damit sie die Gleise nicht zerstörten. Nach 1872 wurden jährlich zwei Millionen Büffel erlegt, um 1880 gab es nur noch ein paar kleine Herden. Das bedeutete das Ende der letzten freien Indianer, die sich in einem letzten Aufbäumen noch einmal gegen die erdrückende weiße Flut zur Wehr gesetzt hatten.

Die Hintergründe der Indianerkriege sind zu vielschichtig, als daß sie hier alle erörtert werden könnten. Grundsätzliches aber sollte einmal gesagt werden, da klischeehafte Vorstellungen doch weit verbreitet sind.

1824 war das „Bureau of Indian Affairs" gegründet worden, dem acht Jahre später ein dem Kriegsministerium unterstellter

Kommissar für indianische Angelegenheiten und 1834 ein „Department of Indian Affairs" folgten. Das Büro wurde 1849 dem Innenministerium unterstellt. Damit begann das jahrzehntelange Tauziehen zwischen Innenministerium und Kriegsdepartment, das eine vernünftige Politik unmöglich machte. 1869 setzte Präsident Grant einen zehnköpfigen Kontrollrat (US Board of Indian Commissioners) ein, ernannte seinen Freund Ely S. Parker zum Indianerkommissar und unterstellte im folgenden Jahr alle indianischen Agenturen den Kirchen und Missionsgesellschaften. Der Hader und die Zwietracht zwischen diesen Parteien wirkten sich allerdings auf die Indianerpolitik nicht besonders förderlich aus, doch wurde manches erreicht wie z. B. der Friede mit dem Apachen-Führer Cochise. Leider wurde mit Grants Amtsantritt auch sein Freund, der rauhe General Sherman, der maßgebliche Mann im Kriegsdepartment. Er befehligte ab 1869 die gesamte US-Armee und widersetzte sich meist mit Erfolg der friedlichen Politik des Innenministeriums. Ihm lag an einer Festigung und Sicherung der wandernden Front, doch versuchte er sie immer nur auf Kosten der Indianer zu erreichen. „Wir müssen jetzt rücksichtslos gegen die Sioux vorgehen, selbst wenn wir sie mit Frauen und Kindern ausrotten sollten", lautete seine Reaktion auf das sogenannte Fetterman-Massaker. In der Tat war „Ausrottung" das bestimmende Merkmal seiner Indianerpolitik. Sie wurde ihm durch die ungeheuerliche Korruption im Indian Bureau sehr erleichtert, in dem sich fast jeder Angestellte auf Kosten der Indianer nur bereicherte. Gerade die Grant-Ära war reich an Skandalen; die Belknap-Affaire 1875/76, in die Grants Kriegsminister und sogar einer seiner Verwandten verwickelt waren, machte die Korruption unter den Agenten und Händlern im Indianergebiet offenkundig.

Die eigentlichen Fehler im Umgang mit den Indianern wurden im Osten gemacht, auch wenn man berücksichtigt, daß man dort über die tatsächlichen Ereignisse im Westen oft viel zu wenig oder falsch informiert war, die Lage nicht übersah und daher zu falschen Schlüssen und Anordnungen neigte. Die Anlässe zu den Indianerkriegen indes fanden sich im Westen. Die Regierungsvertreter, die mit den einzelnen Stämmen unterhandelten, hatten meist wenig Kenntnisse von ihnen und ihren Problemen. Sie schlossen Verträge mit „Häuptlingen", die sie selbst ernannt hatten und auf die die Indianer nicht hörten. Selten trugen sie der Tatsache Rechnung, daß die indianischen Häuptlinge nur beratende Funktion innehatten. Fast immer verhandelte die Regierung mit den Indianern erst dann, wenn bereits Siedler in ihr Gebiet eingedrungen waren oder das erste Blut schon geflossen war. Oft wurde das Land den Indianern ohne Vertrag weggenommen. Niemals gelang es der Regierung auf die Dauer, Siedler aus den Indianerterritorien herauszuhalten. Auch wenn sie guten Willens war — und bisweilen war sie es — bekam sie die Verhältnisse nicht in den Griff. War der Vertragsbruch geschehen, so riefen die Siedler um Hilfe gegen die „roten Wilden", und die Regierung konnte ihre Untertanen nicht ständigen Überfällen schutzlos preisgeben. Oft provozierten die Siedler selbst bewußt Indianerkriege — und das noch in den siebziger Jahren — um Soldaten ins Land zu holen, weil sie wußten, daß die Regierung Gebiete finanziell unterstützte, in denen Soldaten lebten. Mehr als alles andere aber waren die betrügerischen Agenten, die die Gelder der Regierung für die Indianer in die eigene Tasche fließen ließen, und die Händler, die unverschämt hohe Preise für Nahrung und Kleidung verlangten, Ursache für die Aufstände; zusammen mit dem verbrecherischen „Indianer-Ring" in Washington beuteten sie die Indianer systematisch aus. Die Siedler und die Armee mußten die von ihnen verschuldeten Kriege austragen.

Das Indianerbüro bezeichnete die Armee als Hauptschuldigen und nannte sie einen „üblen Haufen von Schlächtern, Säufern und Wüstlingen". Das stimmte zwar nur selten, aber sie mußte als Sündenbock für die unfähigen und korrupten Bürokraten herhalten. Ihren Teil zum Ausbruch von Indianerkriegen trug sie nichtsdestoweniger bei.

Bisweilen hat man die Armee der USA nach dem Bürgerkrieg mit der französischen Fremdenlegion verglichen, weil sie ein farbenprächtiges Bild der verschiedensten Nationalitäten bot. Iren und Engländer, Franzosen und Italiener, Russen und Skandinavier waren darunter, und natürlich auch viele Deutsche, die dem Militärdienst in Europa entflohen waren, in Amerika nicht Fuß fassen konnten und sich deshalb freiwillig meldeten. Gescheiterte Existenzen, die nach dem Bürgerkrieg nicht in eine zivilisierte Welt zurückkehren konnten; Berufssoldaten, die sich nur im blauen Rock wohlfühlten; ehemalige Kriegsgefangene, die ihre Freiheit erhielten, weil sie sich zum Kampf gegen die Indianer meldeten; junge Männer, die von zu Hause weggelaufen waren oder die während der wirtschaftlichen Depression nicht ihren Lebensunterhalt bestreiten konnten; „Zugvögel", die im Winter ein Dach über dem Kopf, ein warmes Essen und ein wenig Sold haben wollten und im Frühling wieder desertierten — so sah diese Armee aus. Viele wunderliche Existenzen dienten in ihr. Da gab es z. B. einen österreichischen Offizier von Hammerstein, der im Sezessionskrieg Befehlshaber eines New Yorker Regiments gewesen war und nach dem Krieg auf Beförderung in der Friedenskavallerie hoffte. Aber er ergab sich dem Trunk und wurde nichts weiter als eine Postordonanz zwischen den kleinen Garnisonen des Fernen Westens. In einem Schneesturm verlor er beide Beine, aber seine Angehörigen in Europa ermöglichten ihm die Heimkehr. Oder da gab es einen Hermann Stieffel, der aus Wiesbaden stammte und 1852 mit 26 Jahren in die US-Armee eintrat. Von 1857 bis 1882 diente er in Kansas, später in Montana, und die Gemälde, die er vom Land an der Grenze der Zivilisation malte, wurden in Amerika weit bekannt.

So gegensätzliche Gestalten fanden sich in dieser Armee, die gegen einen Feind kämpfen sollte, den sie nicht oder kaum kannte, in einem Land, das ihr unbekannt war, mit einer Taktik, die zu üben sie nicht genug Zeit hatte, weil sie die vielen Grenzforts erst selbst erbauen mußte; und ohne Freude, weil sie oft monatelang keinen Sold bekam und manchmal nicht einmal genügend Munition zur Verteidigung oder gar erst zu Schießübungen hatte. Während der Friedenspolitik Grants erhielten die Indianer sogar bessere Waffen als die Armee.

Die Offiziere wußten meist von den Indianern nur sehr wenig, ihre Mannschaften natürlich noch viel weniger. Sie konnten die Stämme nicht unterscheiden, vor allem nicht freundliche und feindliche, sie kannten ihre Gebräuche nicht, noch viel weniger verstanden sie ihre Lage, für viele war nur der „tote Indianer ein guter Indianer". So dachte auch General Sherman, so dachte der Oberkommandierende im Westen, General Sheridan, so dachte sein tapferster Offizier, Oberst Custer.

Die großen Dakota- und Cheyenne-Unruhen auf den Prärien werden markiert durch verschiedene Jahreszahlen. 1854 verlor ein leichtsinniger, unerfahrener Offizier namens Grattan im sogenannten „Grattan-Massaker" sein Leben, als er bei Fort Laramie einen Indianer wegen des angeblichen Diebstahls einer Kuh festnehmen wollte. 1862 erhoben sich die Santi in Minnesota, und verschiedene Generale nahmen das zum Anlaß, den Krieg weiter nach Westen auszudehnen. 1864 metzelte eine Horde weißen Pöbels unter dem „Obersten" Chivington im sogenannten „Sand Creek Massaker" die Bewohner eines friedlichen Cheyenne-Dorfes nieder. Im selben Jahr rückte die US-Armee planmäßig ins Powder-River-Gebiet vor, angeblich nur, um die Einwanderer am Bozeman Trail zu schützen, und führte damit den Krieg gegen die Dakota unter Red Cloud herauf, dessen bekannteste Einzelheit die Niederlage Leutnant Fettermans 1866 war. Zwei Jahre später schlossen die Weißen zähneknirschend einen neuen zweifelhaften Vertrag und verließen das Land. Ein paar Jahre herrschte leidlicher Friede, allerdings nicht für die Cheyenne, die von dem Vertrag nicht betroffen waren. Mit ihnen hatte Sherman 1867 selbst verhandelt, doch ohne Erfolg, und deshalb befahl er Sheridan ihre Befriedung mit Waffengewalt.

Philip H. Sheridan war einer der besten Reiterführer während des Sezessionskrieges gewesen und trug nun im Westen seinen Teil zu der fragwürdigen Friedenspolitik Shermans bei. Zu seinen Offizieren gehörten ein Deutscher und ein Deutschamerikaner, Clous und Custer, die sich charakterlich wesentlich unterschieden.

Johann Walter Clous, in Württemberg geboren, begann seine Karriere als einfacher Soldat und beendete sie als Brigadegeneral. Er emigrierte 1855 mit achtzehn Jahren nach Amerika, nachdem er ein Studium der Rechtswissenschaften aufgegeben hatte, und trat 1857 als Gemeiner in die Armee ein. Kurz vor Ausbruch des Bürgerkrieges wurde er Korporal und Sergeant. Ende 1861 kam er zur Potomac-Armee, an deren Schlachten er in der Folgezeit teilnahm. Im Dezember 1862, nach der Schlacht von Fredericksburg, wurde er zum Leutnant befördert. Am zweiten Tag der Schlacht von Gettysburg wurde er wegen seiner Tapferkeit zum Brevet-Oberleutnant ernannt. Im März 1865 wurde er dann sogar ein zweites Mal wegen seines tapferen und verdienstvollen Verhaltens während der Entscheidungsschlacht ausgezeichnet, nämlich zum Brevet-Captain ernannt.

Während der Zeit der militärischen Besetzung des Südens diente Clous als Adjutant-General in verschiedenen Militärdistrikten im Süden. Im Januar 1867 wurde er zum Captain der 38. Infanterie befördert und im März 1868 ins Missouri-Department gesandt, als dieses von Sheridan befehligt wurde. Mit seinen Leuten stand er nun im Felddienst gegen die Indianer. Bis zum November 1868 führte er eine Eskorte an, die die Arbeiter und Vermesser beim Bau der Kansas Pacific Railway schützen sollte. Danach wurde er Sheridan als Adjutant zugeteilt, als dieser seinen Winterfeldzug gegen verschiedene Stämme vorbereitete.

Eine der zwielichtigsten Gestalten in den Cheyenne- und später Dakota-Kriegen war George A. Custer, der zu den umstrittensten Persönlichkeiten der Geschichte der Staaten gehört. Die Meinungen über ihn reichen von begeisterter Glorifizierung bis zur völligen Ablehnung.

Custers Urgroßvater Küster war einer der Offiziere von General Riedesel, der im Unabhängigkeitskrieg den Feldzug General Burgoynes 1777 mitgemacht hatte. Nach der Niederlage von Saratoga war er in Gefangenschaft geraten. Später ließ er sich in Pennsylvanien nieder. Sein Enkel Emmanuel Custer war Hufschmied und Farmer in Ohio und heiratete eine Nancy Ward, die 1839 George zur Welt brachte. Schon als Junge wollte er Soldat werden. Der Umstand, daß er für die Ausleseschule von West Point vorgeschlagen wurde, spricht nicht nur für den Ruf seiner Eltern, sondern auch für ihn selbst. Daß er in West Point, wohin er 1857 kam, öfter durch Faulheit auffiel, wurde weidlich gegen ihn verwendet; doch waren die Urteile seiner Lehrer über ihn gar nicht so schlecht. Seine Überheblichkeit und Arroganz allerdings wurden durch den Dünkel in dieser Anstalt ins Unerträgliche gesteigert. Im Bürgerkrieg wurde Custer durch seine Energie, seinen Wagemut und sein Draufgängertum – auch über taktische Fähigkeiten verfügte er – zu einem der gefeiertsten Befehlshaber an der Front, zum Volkshelden. Sein Glück wurde sprichwörtlich. Mit knapp 24 Jahren wurde er ehrenhalber Brigadegeneral der Freiwilligen und war damit der jüngste General der US-Armee. Brillante Siege erfocht er während der Schlacht von Gettysburg, in Woodstock 1864 und in Waynesboro 1865; er zeichnete sich in Aldie 1863 aus, in Yellow Tavern und Winchester 1864, und er war es, der den Oberbefehlshaber der Konföderierten, General Lee, schließlich 1865 zur Waffenstreckung zwang. Im selben Jahr wurde er Brevet-Generalmajor der regulären Armee.

Custer war groß, schlank, gewandt, vital, ein ausgezeichneter Reiter und Schütze und liebte auffallende Kleidung. Er war außerordentlich ausdauernd und hart gegen sich und seine Leute. Im Feld benahm er sich brüsk und aggressiv, im Zorn war er sogar bereit, ihm unterstellte Offiziere zu verprügeln. Daneben soll er in Stunden der

Entspannung sogar Charme gezeigt haben und freundlich gewesen sein. Sein maßloser Ehrgeiz, seine Ruhmsucht und seine unerhörte Arroganz stehen außer Zweifel. Seine Berichte über seine Feldzüge entsprechen teilweise nicht der Wahrheit. Er mißachtete Befehle, opferte rücksichtslos seine Leute und schaffte sich auch dadurch viele Feinde, daß er sich – wie viele Offiziere – politischen Einfluß sehr zunutze machte. So war Custer, obwohl ein hervorragender Organisator und einer der tapfersten Kavallerie-Offiziere der US-Armee, zumindest eine fragwürdige Gestalt.

Nach dem Bürgerkrieg diente Custer als Oberstleutnant der 7. Kavallerie unter dem „Gettysburg-Helden" General Hancock gegen die Indianer. Dieser mochte wohl den borniertten Custer überhaupt nicht und machte ihn wegen eines Fehlschlages zum Prügelknaben. Als Custer diese Lage unerträglich wurde, verließ er ohne Erlaubnis sein Kommando, worauf ihn ein Kriegsgericht für ein Jahr vom Dienst suspendierte. Aber als Sheridan, dessen Adjutant Custer einst gewesen war, 1868 Hancocks Nachfolge antrat, holte er ihn zurück, weil er in dessen Abwesenheit kaum Erfolge zu verzeichnen hatte.

Die Jahre 1868/69 brachten für die gehetzten Cheyenne drei schwere Niederlagen; ihre bedeutendsten Führer, Roman Nose, Black Kettle und Tall Bull, kamen dabei ums Leben. Im Verlauf des Jahres 1868 hatten die Cheyenne eine Reihe von Streifzügen unternommen. Am Washita wurde der Wintersitz der wilden Stämme vermutet. Custer erhielt den Befehl, dorthin vorzudringen, die Krieger zu töten, die Dörfer zu zerstören und Frauen und Kinder zurückzubringen. Am 27. November 1868 griff er Black Kettles Dorf am Washita an. Ihn interessierten weder Stammeszugehörigkeit noch Schuld oder Unschuld, Feindschaft oder Freundschaft, sondern nur sein Befehl, „Indianer zu töten". Black Kettle war ein friedlicher Häuptling und hatte sein Lager dort aufgeschlagen, wo es laut Vertrag zu geschehen hatte. Jedoch gab es unter seinen Leuten viele Krieger, die sich an Streifzügen beteiligt hatten. Für das Gemetzel unter Frauen und Kindern – etwa vierzig, nach anderen Quellen an die hundert kamen ums Leben – war Custer voll verantwortlich. Ungefähr 20 Krieger wurden getötet, darunter der Häuptling. Custers Scout Ben Clark hielt ihn ab, die Indianerdörfer in der Nähe anzugreifen, und bewahrte ihn dadurch vor seiner Vernichtung. Natürlich schwieg sich Custer über Clarks Tat aus.

Sein „Sieg" verschaffte ihm zunächst großen Ruhm; doch warf man ihm auch vor, daß er seinen Stellvertreter, Major Joel Elliott, und neunzehn Soldaten im Stich gelassen habe, als sie Indianer verfolgten und dabei getötet wurden. Die Kontroverse darüber wurde bis in den Osten getragen; auch viele Offiziere seines Regiments hielten Custer für schuldig.

Clous übernahm im Mai 1869 den Befehl über ein Battaillon der 38. Infanterie und marschierte mit ihm von Fort Hays in Kansas nach Fort Robinson in Texas. Im August traf er hier ein, bis zum Juli des nächsten Jahres kommandierte er Fort Griffin in Texas. Clous gehörte nicht zu den sogenannten „Helden" der Indianerkriege. Er war der typische Offizier der Grenzgebiete, wie es hunderte von ihnen gab. Zwar gerieten ihre Taten in Vergessenheit, aber die erfolgreiche Befriedung der Prärie-Indianer beruhte zum großen Teil auf Offizieren wie Clous, die den strapaziösen Felddienst versahen, Patrouillen ritten und die Grenzforts befehligten.

Als Clous nach Texas kam, war der Krieg gegen die Kiowa und Komanchen in vollem Gang. Schon seit Jahrzehnten verteidigten die Komanchen ihre Existenz gegen die hereinströmenden Siedler, Rinderzüchter und Baumwollpflanzer. 1858 wurde ihr Führer Iron Jacket erschossen. Einen Namen machten sich in den nächsten Jahren der alte Ten Bears, der 1872 starb, und Peta Nokona oder Nokoni (Wanderer), der 1860 fiel. An Nokonis Stelle trat später sein bedeutender Sohn Quanah, „der Kriegsadler mit den blauen Augen", ein Halbblut. Seine Mutter Cynthia Ann Parker war 1836 mit neun Jahren von Quahadi-Komanchen entführt worden und ganz zur Indianerin geworden. Nokoni heiratete sie später, um 1845 gebar sie einen Sohn, der als Quanah Parker als bedeutendster Komanchen-Führer in die Geschichte einging. Cynthia wurde 1860 von Texas Rangers wiedergeholt — sie starb vier Jahre später an gebrochenem Herzen.

Weiße Kinder wurden oft von Komanchen oder Kiowa geraubt und in den Stamm aufgenommen. Wie Peter Groma auf seiner Amerikafahrt herausfand, fielen den Indianern um 1857 auch zwei deutsche Jungen während eines Angriffs auf Fredericksburg in die Hände, zwei Brüder im Alter von zehn und zwölf Jahren. Amerikanische Kavallerie aus Fort Austin setzte den Indianern nach und entriß ihnen den jüngeren der beiden. Der andere, Rudolf Fischer, blieb bei den Eingeborenen und wurde völlig zu einem der ihren. Er heiratete später ein Komanchen- und ein Kiowa-Mädchen. Als Kämpfer gegen die Weißen erfocht er sich den Namen „Großer Krieger", Assuwana. Bei einigen Stämmen war er beliebt und geachtet. In den zahllosen Scharmützeln erhielt er einen Schuß in die Brust und eine Musketenkugel in den linken Ellbogen, die den Arm beinahe steif machte. Sein Körper war ganz mit Narben bedeckt. Assuwana ritt im letzten erfolglosen Aufstand der Komanchen.

Der letzte Oberhäuptling der Kiowa, Dohasan, starb 1866. Danach zerfiel das Volk in einzelne Verbände unter hervorragenden Führern wie Satank, der der grimmigste unter ihnen war, Big Tree, Lone Wolf und Satanta. Letzterer, der wegen seiner Sprachfertigkeit „Redner der Ebenen" hieß, war unter den Weißen geachtet, ja sogar etwas beliebt (wie auch Quanah), wegen seiner Kühnheit, Offenheit und seines Humors. Friedlich zeigte sich der an Geistesgaben reiche und vormals als Krieger berühmte Kicking Bird, der allen Einfluß darauf verwendete, um seinen Stamm zu überzeugen, sich ins Unvermeidliche zu schicken.

Der Krieg gegen die Indianer wurde mit aller Erbitterung geführt. Als der Bezwinger der Kiowa und Komanchen ist General Ranald Mackenzie anzusehen, der das Oberkommando führte. Verträge wie der von Medicine Lodge 1867 beendeten den Krieg keineswegs. Quanah sperrte die großen Ost-West-Verbindungen, und die Indianer, die sich auf die Reservate begeben hatten, ließen sich im Winter von den Agenturen versorgen, im Sommer aber nahmen sie ihre Streifzüge wieder auf. Bald nach dem Washita-Massaker nahm Custer unter der weißen Fahne Satanta und Lone Wolf gefangen und zwang sie, ihre Anhänger in die Reservate zu bringen. In diesem Jahr schaffte er auch die südlichen Cheyenne in die Reservation und stiftete damit einen fünfjährigen Frieden — dies war seine größte Leistung. Die Kiowa allerdings flüchteten bald wieder in die texanischen Weiten. Unter Mackenzie war Clous von 1870 bis 1872 in Fort McKavett in Texas stationiert und unternahm von hier aus zahllose Patrouillenritte gegen die Indianer. 1871 wurden Satank, Big Tree und Satanta gefangen. Satank versuchte zu fliehen und wurde dabei erschossen. Big Tree verhielt sich nun friedlich und lebte noch bis 1929. Kicking Bird half 1873, die erste Schule bei seinem Stamm einzurichten. Zwei Jahre später kam er unter nie geklärten Umständen ums Leben — sein Volk allerdings glaubte, der Zaubermann des Stammes habe ihn durch einen geheimnisvollen Zauber getötet, weil er an seinem Volk zum Verräter geworden sei.

Vom Juni bis Dezember 1872 kommandierte Clous eine Kompanie, zu der einige technische Offiziere gehörten, die in Texas astronomische Untersuchungen vornahmen. Am 29. September geriet er am North Fork des Red River mit den Indianern in eine heftige Schlacht. Mit großer Umsicht und Tapferkeit schlug er sie zurück. Er wurde dafür wenig später in den War Department Orders ehrenhaft erwähnt.

Während Mackenzie den Krieg endgültig beendete, kommandierte Clous von 1873 bis 1876 eine Kompanie berittener Infanterie am unteren Rio Grande und an der Küste während der Grenzstreitigkeiten mit Mexiko. Das Jahr 1874 brachte für die Kiowa das Ende. Satanta wurde verletzt und beging 1878 Selbstmord, weil er die Unfreiheit nicht ertragen konnte. Lone Wolf wurde mit seinen Anhängern nach Florida deportiert, er lebte noch bis 1879. Am 8. Juni 1875 ergab sich Quanah in Fort Sill General Mackenzie, der ihn bewunderte. Zum ersten und letzten Mal in der indianischen Geschichte durfte ein Häuptling vor der Waffenstreckung eine Parade der Truppen abnehmen. Quanah führte von nun an sein Volk als Friedenshäuptling und bemühte sich bis zu seinem Tode im Jahre 1911 um ein Auskommen mit den Weißen.

Als die letzte Bande der Komanchen gestellt worden war, hatten sich die Soldaten über einen rothaarigen Indianer gewundert. Es war Assuwana, der nach Angaben seines Enkels, die dieser Peter Groma machte, 1943 auf dem Reservat starb. Nach Gromas Ermittlungen ist der von ihm angetroffene Kiowa-Häuptling Taft Hainta ein Neffe und Vincent Myers, ein bekannter Komanche unserer Zeit, ein Enkel Assuwanas. Myers, der sogar in der Ausgabe der Encyclopedia Americana von 1968 erwähnt ist, betreibt in Oklahoma eine Art Musterfarm. Er nahm am Zweiten Weltkrieg teil und stieg bis zum Major auf. Er errang das „Distinguished Flying Cross" und die „Air Medal". Für 1960 gewann er das „Department of Interior's Conservation Award".

Clous hatte nach dem Bürgerkrieg sein Studium beendet. Ab 1878 war er in verschiedenen Forts in Texas, zumeist in Fort Sill, als Werbeoffizier und Vertreter der Anklage in Militärgerichtsverfahren gegen Offiziere tätig. Im März 1885 berief man ihn nach Washington, wo er in dem Aufsehen erregenden Prozeß gegen General Hazen die Anklage vertreten sollte. Hazen, ein fähiger Offizier, hatte 1881 eine Expedition in die Arktis organisiert und zwei Jahre danach das Kriegsdepartment scharf angegriffen, weil es sich mit der Entsendung einer Rettungsmannschaft zu sehr Zeit ließ. Wegen der Kritik an seinen Vorgesetzten mußte er sich nun vor Gericht verantworten. Danach kehrte Clous noch einmal nach Fort Sill zurück, aber schon 1886 wurde er zum Major befördert und ging als Assistent des Acting Judge Advocate General erneut nach Washington. Als Anklagevertreter verbrachte er hier weitere Jahre. Von 1890 bis 1896 lehrte er als Professor in West Point Rechtswissenschaften. 1892 stieg er zum Oberstleutnant auf, und, als der Krieg gegen Spanien ausbrach, zum Brigadegeneral der Freiwilligen. 1901 schließlich wurde er Brigadegeneral und Judge Advocate General, d. h. Chef der obersten Institution der Anklagevertretung in Militärgerichtsverfahren der Armee, bei den Regulären. Gestorben ist Clous 1908 in New York.

Zu dieser Zeit war der Kampf um die Hohen Ebenen schon längst entschieden. Bis 1870 kämpfte Custer an der Spitze seiner Siebten gegen die Indianer, dann wurde sein Regiment aufgelöst, und Custer war von 1871 bis 1873 in Kentucky stationiert. In diesem Jahr entstand die Siebte Kavallerie neu und wurde in Fort Rice im Dakota-Territorium eingesetzt; Custer wurde wiederum der Kommandant. Er verfaßte ein Buch über sein Leben in den Hohen Ebenen, das 1874 erschien; aber es sagt über den Charakter des Autors mehr aus als über die geschichtliche Wahrheit.

Der Laramie-Vertrag von 1868 wurde schon bald nach Abschluß von den Weißen gebrochen, doch herrschte leidlicher Friede, bis es Sheridan, nun Oberbefehlshaber im Westen, einfiel, eine militärische Aufklärungsexpedition in die geheiligten Paha Sapa, die Black Hills, zu entsenden und zum Befehlshaber Custer zu ernennen (1874). Man fand Gold, und als Verhandlungen über den Verkauf der Black Hills scheiterten (1875), wurde das Gebiet für die Weißen freigegeben. Den Dakota-Indianern wurde befohlen, in die Reservate zurückzukehren. Als bis zum 31. Januar 1876 keine Indianer von der vertraglich zugesicherten Jagd in die Reservate gezogen waren, teilweise, weil mehrere Stämme in dem harten Winter nicht benachrichtigt werden konnten, wurde ihnen am folgenden Tag der Krieg erklärt. General George Crook, ein West Pointer und Veteran des Bürgerkrieges, sollte die Angelegenheit bereinigen. Mit 800 Mann zog er gegen die Dakota zu Felde. Er stieß auf das Cheyenne-Lager von Two Moons, griff es an und erlitt hier seine erste Schlappe. Die Cheyenne, die von dem Regierungsbefehl, in die Reservate zu ziehen, gar nicht betroffen waren, wurden auf diese Weise in den Kampf getrieben und schlossen sich den Dakota an. Am Rosebud vereinigten sich die Indianer. Die größten Anführer der Dakota waren Sitting Bull von den Hunkpapa und Crazy Horse von den Oglala. Sitting Bull war der Stratege, Ratgeber und Zaubermann der Dakota und wohl eine der hervorragendsten Gestalten der indianischen Geschichte. Ihm zur Seite stand der geniale, damals noch keine dreißig Jahre zählende Crazy Horse, der heute als der beste „Kavallerie-Taktiker" gilt, den die Indianer hervorbrachten. Sie und andere ausgezeichnete Führer bereiteten am 17. Juni 1876 den Truppen Crooks eine empfindliche Niederlage.

Während Crooks Mission scheiterte, war Custer nicht im Einsatz. In der Regierungsuntersuchung des erwähnten Belknap-Skandals hatte er eine Aussage zu machen. Da sich Custer gegen die Korruption der Händler und des Indian Bureau aussprach und der Bruder Präsident Grants in die Affaire verwickelt war, brachte Custer Grant gegen sich auf. Er wurde deshalb zunächst in militärischen Gewahrsam genommen, schließlich wurde ihm jedoch die Teilnahme an dem Feldzug gegen die Dakota gestattet. Custers Stolz war zutiefst getroffen, zumal er nicht den Oberbefehl über die Truppen erhielt. Außerdem gesellten sich Beschwerden über seine Person hinzu, die zur Einleitung eines Disziplinarverfahrens geführt hatten. Custer war den wilden, bisweilen kriminellen Elementen seines Regiments gegenüber von unglaublicher Härte. Auspeitschungen selbst bei geringen Vergehen waren an der Tagesordnung. Und Deserteure oder Meuterer ließ Custer nicht wie üblich einsperren, sondern in einigen Fällen kurzerhand erschießen. Daran konnte die Armeeführung auf die Dauer nicht vorbeisehen, auch wenn Custer dennoch bei den Truppen verhältnismäßig beliebt war. Custer brauchte also einen großen Sieg, um seine befleckte Ehre wiederherzustellen und eine eventuelle unehrenhafte Entlassung zu verhindern. Nicht, weil er so ein „wilder Indianerkiller" gewesen sei, sondern aus Angst vor der Schande ging Custer dann in zweifelhafter Weise gegen die Indianer vor.

Crook war nordwärts von Fort Fetterman marschiert, aber hielt nach der Niederlage an. General Terry, dem

Custer unterstellt war, rückte von Fort Lincoln nach Westen vor, und Oberst John Gibbon ostwärts von Fort Ellis. Am 22. Juni 1876 sandte Terry Custer mit der Siebten zum Little Bighorn, wo sich mittlerweile etwa 4000 Indianer zusammengeschlossen hatten, während er selbst den Yellowstone aufwärts zog. Custer, mit etwa 650 Soldaten, sollte mit einem Angriff warten, bis Terry und Gibbon zu ihm gestoßen waren. Aber Custer wollte den Ruhm, die Indianer besiegt zu haben, nicht teilen; darum griff er, als die Indianer seine Ankunft bemerkt hatten, am 25. Juni sofort an. Über ihre Stärke war er sich wohl nicht im klaren. Major Reno sandte er mit drei Kompanien über den Fluß, er sollte das Dorf von Süden her angreifen. Captain Benteen sollte links von Reno zum Nordende des Dorfes reiten. Mit fünf Kompanien wollte Custer selbst das Dorf frontal überrennen. Alle drei Angriffe zeitlich zu koordinieren, scheinen Custer und seine Offiziere vergessen zu haben. Reno, der seine Leute törichterweise absitzen ließ, wurde von Crazy Horse restlos geschlagen. Er zog sich zurück, später stieß Benteen zu ihm, ohne Custers Misere zu bemerken. Wären beide Custer zu Hilfe gekommen, so wäre es wahrscheinlich nicht zu dem Debakel gekommen. Die Indianer waren in der Überzahl und kämpften taktisch überlegen. Eine nach der anderen von Custers Kompanien wurde zerschlagen. Custer selbst wurde wahrscheinlich von Sitting Bulls Neffen White Bull getötet. 264 tote Soldaten, die gesamte Einheit, fand Terry, als er am 27. Juni das Schlachtfeld erreichte. Mit seiner Ankunft zerstreuten sich die Indianer.

Viele haben später behauptet, sie seien Überlebende der Custer-Schlacht. Sie stellten sich alle als Lügner heraus. Nur in einem Fall spricht mehr für die Wahrheit der Geschichte als dagegen. Es ist dies der Fall des Deutschamerikaners Frank Finkel, der etwa 1853 geboren wurde und in Ohio die Schule besuchte. Im Oktober 1874 ließ er sich anwerben und geriet im Lauf der Ereignisse in die Custer-Schlacht. Nach eigenen Aussagen ging sein Pferd mit ihm durch und trug ihn durch die Indianerreihen und in Sicherheit. Schwerverletzt stieß er auf ein paar Outlaws, wurde gesund gepflegt und machte sich im Oktober nach Fort Benton in Montana auf. Dort suchte er um seine Entlassung nach, doch wurde er als Lügner ins Gefängnis gesteckt. Er floh und wurde später ein reicher und angesehener Bürger. 1921 besaß er ein Heimwesen im Wert von 40 000 Dollar. In diesem Jahr wurde seine Erzählung, über die er bis dahin geschwiegen hatte, durch einen Zufall bekannt und veröffentlicht. Er starb 1930. Zwar sind in seiner Geschichte ein paar dunkle Punkte, aber sie lassen sich alle mehr oder minder gut erklären. Vor allem seine genaue Kenntnis des Angriffs des Cheyenne-Führers „Lahmer Weißer Mann" während des Kampfes, aber auch sein gesamter Charakter sprechen dafür, daß Finkel die Wahrheit sagte, also tatsächlich der einzige Überlebende der Custer-Schlacht war.

Die Schlacht am Little Bighorn war Höhepunkt und Anfang vom Ende des Dakota-Aufstandes. Während sich Sitting Bull nach Kanada absetzte, wurden die übrigen Häuptlinge nacheinander gestellt. Crook nahm seinen unterbrochenen Feldzug wieder auf. Die Mehrzahl seiner Mannschaften und Unteroffiziere war von deutscher und irischer Herkunft bzw. Geburt, ein Fünftel der Offiziere stammte nicht aus den Vereinigten Staaten. Der Assistenzarzt Captain Julius H. Patzki war ein Deutscher.

Im August stießen Teile der 14. Infanterie zu Crooks Truppe. Einer der Offiziere der 14. Infanterie war ebenfalls ein Deutscher, Carl Gottfried Freudenberg. Er wurde in Heidelberg geboren und Kadett in der Militärschule von Karlsruhe und war etwa fünfzehn Jahre alt, als die Revolution 1848 ausbrach. Der Kampf begeisterte ihn so, daß er sich sofort den Aufständischen anschloß und sich in Mannheim in der Schlachtlinie wiederfand. Er hatte eine glänzende Karriere in der Heimat vor sich, die er aufgab, um für die Sache der Freiheit zu kämpfen. Es scheint, daß das Leben keines anderen Forty-eighters so sehr mit dramatischen Höhepunkten angefüllt war wie das Freudenbergs. Er mußte nach Amerika fliehen, wo sich ihm eine neue Chance bot. Bei Ausbruch des Bürgerkrieges organisierte er eine Kompanie und führte sie als Hauptmann dem 52. New Yorker Regiment zu, das für seinen Mut und seine Kampfkraft bekannt war und sich „Sigel Rifles" nannte. Bald war Freudenberg zum Oberstleutnant aufgestiegen. In den Schlachten von Chancellorsville und Gettysburg befehligte er das Regiment, das nicht zu dem glücklosen Korps XI unter General Howard und Schurz gehörte, sondern zu Korps II unter Hancock. In Gettysburg wurde Freudenberg so schwer verwundet, daß er zurücktreten mußte. Im Reserve Korps der Veteranen wurde er später Major, 1864 organisierte er das 23. Regiment, in dem er Oberstleutnant wurde. Seine mehrfach bewiesene Tapferkeit trug ihm zu Ende des Krieges den Oberstenposten ein. Später leitete Freudenberg das Flüchtlingsbüro in Milwaukee, aber er, ein geborener Militär, fand noch einmal zur Armee. Im 14. Infanterie-Regiment wurde er Hauptmann und mit ihm in den Westen gesandt. Zwar trat er in den „klassischen Gefechten" nicht in Erscheinung, aber auch er und seine Soldaten waren ständig unterwegs, um die flüchtigen Indianer zu fassen und in die Reservate zu bringen.

Crook nahm am 9. September 1876 für seine Niederlage Rache bei Slim Buttes: Häuptling American Horse war auf dem Weg zu den Agenturen, um sich zu ergeben; und Crook wußte das auch, aber er griff die Indianer trotzdem an und fügte in die Reihe der weißen Untaten eine weitere. Danach durchkämmte er das Bighorn- und Yellowstone-Gebiet. Im Oktober und November zog er zum Powder River, wo alle Indianer, deren er habhaft werden konnte, gefangen wurden. Auch hier waren die Kompanien D und G der 14. Infanterie dabei. Die deutschstämmigen Leutnants Hofman und Heyl dienten in der 9. bzw. 23. Infanterie.

Im folgenden Winter wurden die meisten Banden gestellt und in die Reservate geschafft. Crazy Horse ergab sich; die Intrigen, die gegen ihn gesponnen wurden, führten am 5. September 1877 zu seiner Ermordung. Mit seinem Tode ging der erbitterte Widerstand der Indianer auf den Hohen Ebenen endgültig zu Ende. Viele Soldaten erhielten ihren Abschied, auch Freudenberg, der es zuletzt bis zum Oberstleutnant gebracht hatte. Über sein weiteres Leben gibt es keine Quellen.

Die indianischen Häuptlinge einerseits und Generale wie Crook oder Custer andererseits wurden zu Helden hochstilisiert. Trotz seiner fragwürdigen Persönlichkeit und seines fatalen Verhaltens wurde Custer zum Nationalhelden erklärt, zum Märtyrer gemacht, mit amtlichem Glorienschein umflort. Im September 1877 wurde sein Leichnam mit militärischem Pomp auf dem Friedhof von West Point beigesetzt.

Schon viele Zeitgenossen sahen Custer so, wie ihn die Armee auswies. Der Breslauer Bildhauer Heinrich Berger, ein Achtundvierziger, gab 1877 ein Versbuch heraus, in dem er eine Lobrede auf Custer hielt, und viele andere ebenso wenig kritische Künstler taten es ihm gleich. Im Jahre 1946 schließlich weihte man ein National-Denkmal aus weißem Marmor in dem prunkvollen National-Friedhof (von 1886) zu Ehren General Custers am Little Bighorn ein: das Custer Battlefield National Monument. Ein ähnliches Denkmal für Crazy Horse steht noch aus. Nur im Andenken der Dakota und ihrer weißen Freunde lebt er als Verteidiger der den Dakota heiligen Erde weiter. Netschetu weloh – so ist es wahrhaftig!

Ein neuer Weg für die Indianer

Die Erschließung der Hohen Ebenen war vor allem durch den Bau der Transkontinental-Eisenbahn beschleunigt worden. Vorher hatte es nur den Pony-Express (der erste Angestellte war der Deutsche Johann Frei) und Postkutschenverbindungen gegeben. Nachdem sich der Süden Jahre lang gegen den Eisenbahnbau gesträubt hatte, führte der Plan nach dem Sieg der Union zum Erfolg. Die Union Pacific begann mit dem Bau in Iowa, die Central Pacific in Kalifornien. Am 10. Mai 1869 wurde in Utah der goldene Nagel, der die Fertigstellung der Bahn markierte, eingeschlagen. An dieser Zeremonie wie an vielen der zahlreichen Abenteuer während des Baues nahm der Essener Achtundvierziger Heinrich Lambach teil, der zu den Vermessungsbeamten der Union Pacific gehörte – eine rauhe, individualistische, der Freiheit verbundene Persönlichkeit, die in die Zivilisation nicht so gut paßte wie in den Westen.

Die ersten Lokomotiven für die Erschließung und Durchquerung des Westens wurden in einer Eisengießerei in St. Louis hergestellt. Mitbesitzer dieser Fabrik war ein politischer Flüchtling der dreißiger Jahre, der Deutsche Wilhelm Palm, ein Philologe und Mathematiker, der einen beträchtlichen Teil seines Vermögens der Universität Washington hinterließ.

Der ersten Transkontinentalbahn folgten bald weitere. Mit dem Eisenbahnbau war eine genaue Erforschung und Vermessung des Landes verbunden. Fast alle Karten, die in geographischen oder geologischen Veröffentlichungen der Regierung bis zum Ende des Jahrhunderts erschienen, wurden bei dem in Naumburg bei Kassel geborenen Achtundvierziger Julius Bien in New York graviert und gedruckt.

Die Eisenbahn veränderte den Charakter der Grenze. Der Pionier, die Vorhut, mußte nicht isoliert bis zur Ankunft der Siedler warten, sondern die Eisenbahn verband ihn mit der Zivilisation, sie verkürzte die Entwicklung vom Territorium zum Staat. Noch vor dem Siedler aber eroberten Viehzüchter das Land, die ein gewaltiges Rindfleisch-Imperium schufen, die Viehherden hunderte von Kilometern weit trieben und den Kampf gegen Indianer und Verbrecher aufnahmen. Aber auch hier änderte die Eisenbahn vieles. Der „romantische", heute glorifizierte „Wilde Westen" dauerte nur zwanzig Jahre, dann bereiteten ihm die Schienennetzerweiterung, die umzäunte Weide und die industrialisierten Viehzuchtmethoden ein Ende.

Einer der berühmtesten Viehzüchter im „Wilden Westen" war der Texaner Charles Goodnight, dessen Urgroßvater Michael aus Deutschland nach Virginia ausgewandert war. Im Dakota-Territorium ließ sich ein französischer Marquis als Viehzüchter nieder. Seine Frau stammte aus dem Elsaß oder aus

Deutschland und hieß Medora von Hoffmann. Als der Marquis reich geworden war, baute er sich ein schönes Anwesen und ein kleines Schloß und nannte es zu Ehren seiner Frau „Medora", und seine Frau erhielt von den Nachbarn den Namen „Königin der Badlands".

Auf den Viehzüchter folgte der Farmer, der den 1873 erfundenen Stacheldraht und die Windmühle nach Westen brachte. Er brach das Viehzüchter-Monopol, in manchen Gegenden kam es zu regelrechten Kämpfen zwischen ihm und dem Viehzüchter, aber dieser mußte nachgeben. Die Siedler brauchten das Land, das die Viehtreiber beanspruchten. Die Eisenbahngesellschaften verfügten über Millionen von acres Land; sie überfluteten den Osten und Europa mit Propagandaschriften, priesen den fruchtbaren Boden, versprachen billige Kredite, herabgesetzte Frachtpreise und boten jedwede Unterstützung an. Spekulanten und Banken, Dampfschiffahrtsgesellschaften und Behörden lockten die Siedler an, die scharenweise aus dem Osten oder der Alten Welt nach Westen strömten. In knapp zwanzig Jahren stieg die Zahl der Präriebewohner auf vier Millionen.

Auch deutsche Siedler zogen westwärts, in die Dakotas, nach Nebraska, Colorado, Wyoming und Idaho. Überall im Westen entstanden kleine deutsche Ansiedlungen und Gemeinden. Fritz Hedde aus Rendsburg gründete 1857 Grand Island in Nebraska und wurde später in die Legislatur des Territoriums Nebraska gewählt. David Teller aus Bayern erwarb in Colorado einen riesigen Grundbesitz, der Zuckerfabrikant Charles Boettcher wurde in Colorado ein bekannter Industrieller, und nach dem Deutschen Fred Walsen, einem der frühen Siedler hier, wurde der Ort Walsenburg benannt, der 1873 Stadtrechte erhielt. Deutsche aus Wiskonsin gründeten 1866 Norfolk in Nebraska. Deutsche siedelten in Sioux Falls, in Bismarck, in Yankton, in Lincoln (Nebraska) und in Omaha. Die deutsche Zeitung in Helena, die „Montana Staatszeitung", erreichte eine Auflage von 2000. Deutsche Ansiedlungen waren Max in Nord und Erwin in Süd Dakota, Opheim, Zortmann und Ingomar in Montana, Kemmerer in Wyoming, Gerlach in Nevada und Seibert in Colorado.

Bismarck, die Hauptstadt von Nord Dakota, wurde 1873 gegründet und erhielt den Namen, um den deutschen Finanzierern der Nord-Pazifik-Bahn einen Gefallen zu erweisen. Vollendet wurde der Bau der Northern Pacific von dem Achtundvierziger Heinrich Hilgard aus Speyer, der sich in Amerika Henry Villard nannte. Er durfte sich zu den persönlichen Freunden Lincolns rechnen und heiratete die Tochter des Urhebers der abolitionistischen Bewegung Garrison. Zwischen 1879 und 1882 war Villard wohl der bedeutendste Förderer des

Eisenbahnbaus in Amerika. Seine Liebe gehörte vor allem Oregon, das er durch Eisenbahn- und Dampfschiffahrtslinien erschloß. In späteren Jahren – er starb im Jahre 1900 – wurde er einer der größten Förderer der Elektroindustrie und ihres Pioniers Thomas A. Edison.

Ein bekannter und erfolgreicher Farmer in Idaho war der Hamburger Carl Cesar Eiffe. Noch weiter westlich erstand der Forty-eighter Rudolph Reichmann Land, nämlich im Washington Territorium, wo er prächtige Jagden veranstaltete.

Viele deutsche Siedler in den amerikanischen und auch in den kanadischen Präriegebieten stammten nicht aus Deutschland selbst. Für die Besiedlung der Präriegebiete eigneten sie sich vorzüglich, weil sie in den weiten Räumen Ost-Europas genügend Erfahrung gesammelt hatten. Die napoleonischen Kriege hatten viele Deutsche aus Baden, Württemberg, dem Elsaß und der Pfalz zur Auswanderung getrieben. Die Zaren boten Grund und Boden, lokale Selbstverwaltung, Freiheit von Militärdienst und Religions- und Sprachfreiheit. Vom Schwarzen Meer bis zur Wolga und zum Don, in Bessarabien und auf der Krim blühten deutsche Ansiedlungen, und ebenso im Gebiet der Donaumonarchie, in Gallizien, Ungarn und Rumänien. Mit der Zeit aber nahm die politische und wirtschaftliche Unterdrükkung zu. Neues Land wurde selten, die Söhne aus den meist großen Familien fanden keine Arbeit mehr. Dazu verloren die Deutschen ihre ursprünglichen Rechte und Privilegien, als der Nationalismus wie überall in dieser Zeit auch in Rußland auf dem Vormarsch war und die deutschen Minderheiten entnationalisieren wollte. Besonders die Mennoniten waren betroffen, als sie, die sich ganz zum Pazifismus bekannten, plötzlich zum Militärdienst zugezogen wurden. So wanderten sie zu tausenden nach Amerika aus. Viele ließen sich in Kansas, Nebraska, Dakota und Montana nieder oder besiedelten den kanadischen Westen. Die Erschließung der kanadischen Präriegebiete begann erst spät, wurde aber dadurch erleichtert, daß es in Kanada so gut wie keine Indianerunruhen gab, weil die kanadischen Behörden die Indianer mit strikter Gerechtigkeit behandelten. Eröffnet wurde die Besiedlung hier überhaupt erst durch 7000 deutsche Mennoniten, die sich 1874 und in den folgenden Jahren im westlichen Manitoba niederließen. Die erste dauerhafte Siedlung mit Farmbetrieben auf Kanadas Prärien ohne direktem Zugang zu einem See oder einem Fluß wurde von ihnen 1876 zwischen Red River und Pembina-Hügeln gegründet. Der bedeutendste Mennoniten-Führer in Kanada war der Preuße Heinrich Ewert, der 1864 mit 19 Jahren nach Kansas kam und von 1900 bis zu seinem Tode 1934 als Lehrer und Geistlicher in Gretna in Manitoba wirkte.

Aus der Zeit des „Wilden Westens" stammt die Legende vom

Cowboy, vom Viehzüchter, vom Trapper, vom Goldsucher. Aber auch der amerikanische „Typ" erhielt in dieser Zeit eine Bereicherung, die sich auch noch heute zeigt. An die Siedler im Westen stellte die Prärie harte Anforderungen. Kleinmut und Feigheit waren hier fehl am Platz. Den Kampf um die Existenz konnte nur ein Mann gewinnen, der ein Wegbereiter war, auf Neues versessen, von sich überzeugt, der an die Erfüllung seiner Erwartungen glaubte. So hat die „Alte Grenze" neben Romantik noch ein anderes Erbe hinterlassen: den rauhen Typ des Westlers, des Individualisten, der bisweilen zum politischen Krakeler wurde. Auch hier haben die Deutschen ihren Anteil. —

Während sich die Hohen Ebenen mit Siedlern füllten, ging es für die letzten Indianer um das nackte Überleben.

Im Jahre 1877 wurde Carl Schurz Innenminister der Vereinigten Staaten. Mit ihm bahnte sich allmählich eine Verbesserung der Indianerpolitik an. Ihm war es beschieden, den Boden zu bereiten, auf dem bald nach seinem Abtritt entscheidende Reformen erwuchsen.

In seinem Aufsehen erregenden, erschütternden Bestseller „Begrabt mein Herz an der Biegung des Flusses" hat Dee Brown die alten Märchen von Schurz' angeblicher Indianerfeindschaft neu aufgewärmt. Abgesehen davon, daß dieses Buch in einigen Einzelheiten historisch nicht exakt ist — die Darstellung von Schurz ist schlechthin falsch und ähnlich rätselhaft wie diejenige in Hagens Buch über die Deutschamerikaner. Sieht man sich die von Brown benutzten Quellen an, so fällt auf, daß Biographien von Schurz fehlen und vor allem solche Quellen verwendet wurden, die der damaligen Polemik gegen Schurz entstammten und deren Unwahrhaftigkeit schon zu Schurz' Lebzeiten jedem unvoreingenommenen Beobachter einsichtig war.

Zu seiner Zeit galt Schurz merkwürdigerweise im Osten als Indianerfeind, im Westen dagegen wurde er wegen seiner aufgeklärten Indianerpolitik stark angefeindet.

Schurz wurde am 2. März 1829 in Liblar bei Köln geboren. Sein Vater Christian Schurz war erst Dorfschullehrer und sattelte später ins Geschäftsleben um; seine Mutter Marianne, geb. Jüssen, die Tochter des Pächters eines Bauernhofes, war eine Frau von ungewöhnlicher Charakterstärke. Carls Großvater hatte die Burg Gracht in Liblar, den Stammsitz der Grafen Wolf-Metternich, gepachtet. Dort verlebte Carl seine Kinderjahre. Seine Eltern brachten jedes Opfer, um ihrem Sohn seinen Traum zu verwirklichen — nämlich Professor für Geschichte zu werden. Der hochbegabte Junge besuchte von 1839 bis 1846 das Kölner Gymnasium, wo er bald das Wohlwollen seiner Lehrer erregte. 1847 wurde er als Doktorenkandidat in die Bonner Universität aufgenommen. Wie bei so vielen tausend anderen jungen Deutschen bereitete die Revolution von 1848 dem Traum ein Ende. Schurz, Mitglied der Burschenschaft Frankonia, studierte Geschichte, doch nun galt es, Geschichte selber zu gestalten. Es gab unter den vielen Sinnes- und Altersgenossen von Schurz sicher nur wenige, die begeisterter, beredter oder wagemutiger für ihre Sache eingetreten sind. Mit neunzehn war Carl der Führer der Studentenbewegung in seiner Universität und gab mit anderen zusammen eine revolutionäre Zeitung heraus. Durch sie und durch Reden suchte er die Bauern in der Umgebung zu beeinflussen. Seine hervorragende Redegabe entdeckte er, als er ohne jegliche Vorbereitung eine Ansprache bei einem Treffen in der Universität halten mußte und stürmischen Beifall erntete.

Einer der geistigen Führer im Kampf um Freiheit und Demokratie war Carls Freund und Lehrer Professor Gottfried Kinkel, der auf Schurz einen großen Einfluß ausübte und dem sich dieser in der erfolglosen Erhebung anschloß. Während der Kämpfe in Baden und in der Pfalz 1849 nahm Schurz an der Belagerung Siegburgs am 11. Mai teil, die nicht von Erfolg gekrönt war, und er focht als Leutnant und Stabsoffizier der Revolutionsarmee in den letzten Schlachten, die bei Ubstadt und Bruchsal Ende Juni ausgetragen wurden. Während die meisten Aufständischen in die Schweiz flohen, wurde Schurz kurz vor dem Fall von Rastatt in diese Festung beordert. Das Todesurteil war ihm sicher, falls er gefaßt werden sollte; daher verbarg er sich mit zwei Kameraden in einem ungenutzten Abzugskanal, durch den er schließlich entkam. Über den

Rhein begab sich Schurz nach Frankreich und von dort aus in die Schweiz. Hier erfuhr er, daß Kinkel wie ein gewöhnlicher Verbrecher in Spandau in Berlin eingekerkert worden war. So kehrte Schurz zweimal mit falschem Paß nach Deutschland zurück, wo er auf der schwarzen Liste stand. Die notwendigen Gelder stellten ihm Freunde des Professors zur Verfügung. Nach neunmonatiger Vorbereitung war es Schurz gelungen, einen Gefängniswärter, einen vormals überzeugten Gegner der Revolution, zu bestechen, und mit seiner Hilfe gelang es, Kinkel zu befreien. In der Nacht vom 6. auf den 7. November 1850 wurde Kinkel von einem Fenster der Haftanstalt auf die Straße hinuntergelassen. Hier wartete eine Kutsche, mit der sie erst Richtung Hamburg, aber dann nach Rostock flohen, wo sie sich versteckt hielten, bis sie ein kleiner Schoner nach England brachte. Kein anderer Einzelfall der Revolution 1848/49 ist bekannter geworden als die Befreiung Kinkels durch Carl Schurz. Im Dezember 1850 begab sich Schurz nach Paris, doch wies ihn die französische Polizei im Sommer 1851 als gefährlichen Ausländer aus. Er kehrte nach England zurück, wo er seinen Lebensunterhalt mit Deutschunterricht verdiente und Freundschaft mit Vorkämpfern von Liberalismus und Freiheit wie Mazzini, Kossuth und anderen pflegte, unter denen er hochgeachtet war. Am 6. Juli 1852 heiratete er Margarethe Meyer, eine deutsche Jüdin aus Hamburg, die eine Schülerin des deutschen Kindergarten-Pioniers Fröbel gewesen war. Mit ihr machte er sich noch im selben Jahr nach Amerika auf. Zunächst wohnte er drei Jahre in Philadelphia. 1855 ließ er sich als Anwalt in Wiskonsin nieder. Ein Jahr später kaufte er eine kleine Farm in Watertown, wo die Familie eines Onkels von ihm wohnte.

Natürlich konnte sich Schurz der Politik nicht fernhalten. Bald war er einer der geachtetsten Führer des Deutschtums in Wiskonsin und in der Gegend von Watertown der erste Mann in der Republikanischen Partei. Schurz verfocht den Antisklavereigedanken mit derselben Leidenschaftlichkeit wie Recht und Freiheit 1848, und das führte ihn natürlich den Republikanern zu. Er war einer der ersten, die die Frage der Sklaverei in Amerika nicht nur von der rechtlichen und praktischen, sondern auch von der philosophischen Seite her betrachteten.

In deutscher Sprache warb er 1856 für den „Pfadfinder" Fremont, der damals Präsidentschaftskandidat der Republikaner war und nur knapp verlor. Im folgenden Jahr wurde er als Delegierter zur republikanischen Staatsversammlung von Wiskonsin gesandt, die ihn sofort zur Wahl des stellvertretenden Gouverneurs von Wiskonsin vorschlug, obwohl er noch nicht einmal die amerikanische Staatsbürgerschaft hatte. Zwar wurde Schurz nicht gewählt, aber er und Gustav Körner waren bald die Führer des beträchtlichen deutschen Elementes in der Republikanischen Partei. Zu dieser Zeit war er als glänzender Redner schon weithin bekannt. Zum ersten Mal begegnete er Lincoln in dessen Wahlkampagne für den Senatorensitz von Illinois, in der Schurz Lincolns eifriger Fürsprecher war. Seitdem trat Schurz in einer Wahlkampagne nach der anderen als Redner auf. Bei einer Gelegenheit hielt er 1859 eine seiner berühmtesten Reden: über „wahres Amerikanertum".

Als 1860 in Chicago die Delegiertenversammlung der Republikaner zusammentrat, um den Präsidentschaftskandidaten zu nominieren, befanden sich unter den Abgesandten 42 Deutsche. Carl Schurz führte die Wiskonsin-Delegation. Im Wahljahr 1860 verbrachte Schurz die meiste Zeit für die Politik. In Wiskonsin, Illinois, Indiana, Ohio, Pennsylvanien und New York hielt er Reden für Lincoln, und seine Wirkung war unbeschreiblich. Als größten Erfolg betrachtete er seine Rede vom 13. September in Cooper Union, in der er seine Zuhörer drei Stunden lang in Atem hielt.

Bei Ausbruch des Bürgerkrieges organisierte Schurz die 1. New York („Lincoln") Kavallerie, deren Oberst er zu werden hoffte; da traf ihn die Nachricht, daß ihn Lincoln in Anerkennung seiner Verdienste zum Gesandten in Spanien ernannt hatte. Im Juli 1861 trat er sein Amt an, das viel Geschick verlangte, weil Spanien im Besitz der Antillen war und damit direkt vor der Haustüre der Vereinigten Staaten saß. Seine Freizeit verbrachte er mit dem Studium der Militärwissenschaften. Mit der festen Meinung, daß die Sache des Nordens gewinnen würde, wenn sie sich ganz in den Dienst des Antisklavereigedankens stellte, kehrte Schurz im Januar 1862 nach Amerika zurück, um mit Lincoln zu sprechen. Dieser bestand aber vorerst noch auf seiner Politik, den Krieg nur zur Erhaltung der Union zu führen. Im April trat Schurz von seinem Posten zurück und wurde zum Brigadegeneral der Freiwilligen ernannt. Wie erwähnt, wurde er als „politischer General" vielfach abgelehnt und war zahllosen persönlichen Verunglimpfungen ausgesetzt, vor allem, nachdem er noch zum Generalmajor befördert worden war. Generalmajor Baron Steinwehr, der eine Division in Korps XI führte, betrachtete es als Erniedrigung, unter ihm zu dienen. Und General Hooker, der Schurz in der Schlacht von Chattanooga sich widersprechende Befehle gegeben hatte, setzte einen Bericht über Schurz' Schwierigkeiten bei der Ausführung dieser Befehle in die Zeitung, der von Verleumdungen und Unwahrheiten strotzte, so daß Schurz einen Court of Inquiry verlangte, eine Art Ehrengericht, aus dem er dann tatsächlich voll rehabilitiert hervorging. Auf der anderen Seite empfing Schurz den Dank des Kriegsministeriums und Lincolns nach der zweiten Schlacht von Bull Run, und die Meinung seiner Leute kam am besten durch den kritischen Obersten Leopold von Gilsa zum Ausdruck, der Schurz bekannte: „General, ich muß mich bei Ihnen entschuldigen. Als Sie zum Brigade-General ernannt wurden, betrachtete ich Sie als bloßen Zivilisten und griff Sie in etwas rauhem Ton an. Ich möchte Ihnen sagen, daß Sie nach Meinung eines jeden hier Ihren Rang vollauf verdient haben, und ich bin gekommen, um Ihnen meinen tiefen Respekt zu bekunden."

Am Ende des Krieges hielt Schurz Reden für Lincolns Wiederwahl. Nach Lincolns Ermordung wurde er von dessen Nachfolger, Präsident Johnson, gebeten, die Südstaaten zu besuchen und über ihre Lage zu berichten. Vom Juli bis September 1865 reiste Schurz umher und schrieb einen ausführlichen Bericht, der bis heute an seinem außergewöhnlichen historischen Wert nichts verloren hat. Danach arbeitete er als Korrespondent für die „New York Tribune" in Washington und wurde 1867 Redakteur und Mitbesitzer der „Westlichen Post" in St. Louis, deren Chefredakteur Emil Preetorius, ein Fortyeighter aus Alzey, gern als „Nestor der deutschamerikanischen Journalisten" bezeichnet wird. Die Zusammenarbeit war nur von kurzer Dauer, weil Schurz nach heftigen Streitigkeiten zwischen Radikalen und Liberalen in der Republikanischen Partei Missouris zum Senator gewählt wurde.

Die Republikanische Partei lenkte nach dem Bürgerkrieg in radikales Fahrwasser. Korruption und Mißwirtschaft blühten, ungeheure Skandale kamen ans Licht, und die Vereinigten Staaten wurden an den Rand des Ruins gebracht. Im Senat gehörte Schurz deshalb bald zu den Gegnern Präsident Grants, unter dem die Korruption ihren Höhepunkt erreichte, auch wenn Grant selbst integer blieb. Am 20. Dezember 1869 brachte Schurz einen Gesetzentwurf ein — Jahre bevor sein Inhalt die Politik bestimmte (damals wurde er überstimmt) — um ein System zu schaffen, bei dem zum Staatsdienst nur verdienstvolle Leute zugelassen werden sollten. Er wandte sich gegen die Mißwirtschaft der Parteien und kämpfte Jahre lang unnachsichtig und kompromißlos gegen Bestechungswesen, Imperialismus und Ausbeutung und für seine Ansicht, daß nur eine makellose und verdienstvolle Persönlichkeit an der Spitze des Staates stehen dürfe. Die Ankündigung, Schurz werde zu einer bestimmten Zeit sprechen, füllte gewöhnlich die für die Öffentlichkeit bestimmten Galerien. Aber trotz seines hohen Rufes wurde er 1875 nicht wiedergewählt, weil in Missouri die Demokratische Partei wieder zu stark geworden war.

Schurz war der eigentliche Gründer der Liberalrepublikanischen Partei, der die meisten Deutschen in Amerika zuneigten, nachdem sie von den Republikanern abgefallen waren. Das Programm der neuen Partei verlangte vor allem eine ehrliche Verwaltung. Schurz amtierte als ständiger Präsident der Versammlung in Cincinnati 1872, in der die Partei gegründet wurde. Die meisten Deutschen unterstützten Charles T. Adams als Präsidentschaftskandidaten dieser Partei; umso größer war die Enttäuschung für sie, als Horace Greeley nominiert wurde, ein durch und durch puritanischer Geist. Für Schurz bedeutete diese Nominierung eine der großen Enttäuschungen seines Lebens. Zwar hielt er in der Wahlkampagne Reden für Greeley, aber die meisten Deutschen blieben am Wahltag zu Hause, und die deutschamerikanische Presse war verwirrt und gespalten. Grant wurde für eine zweite Amtszeit wiedergewählt.

1874 zog ins Repräsentantenhaus eine demokratische Mehrheit ein, und 1876 gewann der demokratische Kandidat Tilden eine ansehnliche Mehrheit bei den Präsidentschaftswahlen. Doch gab sich der republikanische Kongreß, dessen Tage gezählt waren, nicht geschlagen. Er erließ Gesetze eigens für diesen Fall und erklärte damit und mittels künstlicher Berechnungen den republikanischen Kandidaten mit einer einzigen Stimme Mehrheit für gewählt. Schurz hatte zum Ärger und zur Überraschung seiner eigenen Partei gerade diesen Mann, Rutherford B. Hayes, im Wahlkampf unterstützt, da er in ihm den Mann sah, der das Land aus seiner Krise führen könnte. Und Schurz hatte sich in Hayes nicht getäuscht. Diesem Präsidenten, der seine Wahl einem der größten Schwindel der amerikanischen Geschichte verdankte, gelang es, die Finanzen der Union zu sanieren und die längst fällige Aussöhnung mit den von den Republikanern bevormundeten Südstaaten herbeizuführen. Ein weiterer großer wirtschaftlicher Aufschwung der USA fiel in seine Amtszeit.

Hayes bot Schurz, seinem eifrigen Wahlredner, einen Ministerposten an. Vor die Wahl gestellt, Post- oder Innenminister zu werden, wählte Schurz nach langem Zögern letzteres, um so einen Teil seiner Pläne zu verwirklichen. Sein dringendstes Anliegen war die Staatsdienstreform. Einstimmig nahm das Kabinett seinen Plan an, der vorsah, daß nur noch die Eignung für das Gewinnen eines Beamtenpostens ausschlaggebend sein sollte. Im Innenministerium konnte Schurz seinen Plan am besten verwirklichen. Nur noch verdienstvolle Personen wurden nach einer Eignungsprüfung zugelassen („merit promotion system"). Doch konnte auch er nicht alle Ämter nur mit wirklichen Fachleuten besetzen, wie er es anstrebte. Nach seiner Amtszeit verfiel die Regierung in das frühere System zurück, und erst nach der Ermordung Präsident Garfields durch einen erfolglosen Stellenjäger rang sich die Regierung zu den von Schurz seit langem vorbereiteten Reformen endgültig durch.

Schurz sicherte die Erhaltung der öffentlichen Domäne und wandte sich gegen eine verantwortungslose Ausbeutung der Rohstoffquellen. Vor allem suchte er die rücksichtslose Abholzung der Wälder zu verhindern, was eine Reihe von Politikern und Industrie-Bossen gegen ihn auf den Plan rief – erst Ted Roosevelt vollendete das Werk, das Schurz hier begann. Das Forstverwaltungswesen in den USA wurde übrigens ab 1886 von dem Deutschen Bernhard Fernow begründet und organisiert, der 1876 in die Staaten gekommen war. Schurz war einer der ersten bedeutenden Naturschützer in Amerika. Die Entwicklung der Nationalparks empfing durch ihn einen kräftigen Anstoß.

So nahm Schurz als Amerikaner aktiv am Aufbau der Vereinigten Staaten teil, wie er ihn verstand. In seiner neuen Heimat sah er das Land, in dem Werte wie Recht, Freiheit, Selbstbestimmung in größerem Maße verwirklicht waren als in anderen Ländern. Aber Schurz wollte diese Werte auf alle Einwohner der USA angewandt wissen; so konnte er die „Manifest Destiny", jene in Washington ausgebrütete Doktrin zur Rechtfertigung der Indianervertreibung, nach der die Weißen von der Vorsehung berufen seien, allein über Amerika zu herrschen, nicht anerkennen. Er war damit überzeugterer „Amerikaner" als viele seiner Mitbürger; in das Amerika seiner Vorstellung schloß er alle Einwohner ein. Darum stellte er sich jeglicher Korruption und Ausbeutung entgegen, darum kämpfte er für die Freiheit der Neger, darum setzte er sich für die geschundenen Indianer ein.

Als Schurz mit Hayes seinen Eintritt ins Kabinett diskutierte, bezweifelte er seine Eignung für das Amt des Innenministers wegen der Indianerangelegenheiten. Und doch hat er dann die Dakota vor dem endgültigen Untergang bewahrt.

Nichts bereitete Schurz so viel Ärger und Verdruß wie die Situation im Indianerbüro. Zunächst studierte er Berichte von Indianer-Agenten. Da die Verbindung zwischen Washington und dem Indianerland oftmals abriß, war es für ihn schwierig, ein wahres Bild der Zustände im Westen zu gewinnen. Erst eine sechswöchige Tour durchs Indianerterritorium zeigte ihm, wie verfahren die Situation tatsächlich war. Er fand viele Agenten unfähig, arrogant und korrupt; die Regierungsbeamten, die für die Verteilung der Vorräte an die Indianer zu sorgen hatten, übervorteilten die Indianer oder schmuggelten Whisky und Gewehre in ihr Gebiet, was natürlich verboten war. Und das Militär war, wie Schurz bald feststellte, hart und unnötig grausam bei der Ausführung von Befehlen.

Schurz setzte eine Dreierkommission ein, die aus je einem Mitglied von Justiz-, Kriegs- und Innenministerium bestand und die die Verhältnisse im Indianerbüro überprüfen sollte. Im Schlußbericht 1878 wurde dem Büro „Habgier, Unfähigkeit und nackte Unehrenhaftigkeit" nachgewiesen. Daraufhin wurden der Indianerbeauftragte Smith und die meisten Beamten entlassen. Der bekannte deutschamerikanische Karikaturist Thomas Nast, der aus Landau stammte und einst von Lincoln wegen seiner beißenden Karikaturen von Konföderationsführern als „unser bester Werbesergeant" bezeichnet worden war, hatte für Schurz' gute Absichten oft nur Spott übrig gehabt; auch jetzt zeichnete er ihn wieder als donquichoteske Gestalt: lang, hager, fanatisch, aber er setzte eine offene Schublade hinzu, aus der die Püppchen „Betrug", „Unterschleif" und „Korruption" springen. Und darunter hieß es: „Der Innenminister untersucht das Indian Bureau — gib ihm nach seinem und ihnen nach ihrem Verdienst."

Damals versuchte General Sherman durchzusetzen,

daß das Indian Bureau dem Kriegsministerium unterstellt wurde. Glücklicherweise konnte Schurz das verhindern. Aber das Tauziehen und die Spannung zwischen Kriegsdepartment und Innenministerium, zwischen denen die Indianerpolitik hin und her schwankte, steigerten sich weiter. Shermans Ausrottungspolitik gewann meist die Oberhand. Nur in wenigen Fällen konnte Schurz seine Vorstellungen durchsetzen. So drückte er 1878 durch, daß die meisten der nach Florida deportierten Kiowa in ihre Heimat zurückkehren konnten. Aber die blutige Unterwerfung der Bannock und ein Jahr zuvor die Verfolgung der Nez Percé hatte er nicht verhindern können. Der berühmte Chief Joseph der Jüngere, der 1904 starb, führte seinen Stamm, nach dessen Heimat die weißen Landsucher griffen, 1300 Meilen weit, gegen die gewaltige Übermacht der Armee kämpfend, ihr eine Schlappe nach der anderen zufügend und ihr letztlich dann doch erliegend, bis an die kanadische Grenze – eine Glanzleistung, doch fruchtlose Geste. Seine Nez Percé wurden schließlich nach Oklahoma deportiert. Als Joseph 1878 nach Washington kam, traf er neben Präsident Hayes auch mit Schurz zusammen, der ihm versprach, das beste für ihn zu tun. Schurz und General Miles, Josephs Bezwinger, der die taktischen Fähigkeiten des Häuptlings bewunderte, kämpften für Josephs Recht, und 1881 durften ein paar Nez Percé nach Idaho zurückkehren. Joseph und sein Volk wurden in den Staat Washington gebracht. Daß für sie eine Rückkehr ins Land der Väter unmöglich war, weil dort längst Weiße lebten, erkannte Joseph erst Jahre später.

Auf ernste Schwierigkeiten stieß Schurz, als er versuchte, die mächtigen Indian Rings im Dakota-Territorium zu bekämpfen. Es zeigte sich bald, daß er gegen die Korruption in diesem Gebiet einfach machtlos war. Schurz sandte als seinen Bevollmächtigten den Inspector General W. H. Hammond nach Dakota, aber dieser verbrachte seine Zeit vor allem damit, einzelnen Personen die Schuld in die Schuhe zu schieben, und vergaß darob seine eigentliche Aufgabe, nämlich für Gerechtigkeit für die Indianer zu sorgen. Von den Zeitungen des Territoriums wurde Schurz hart angegriffen; die Regierungsinspektoren, die Irregularitäten nach Washington meldeten, sahen sich harten Attacken seitens der Presse und der Bevölkerung ausgesetzt. Die Proteste gegen Schurz' Vorgehen fanden ein hundertfaches Echo; und die Prozesse, die Schurz gegen korrupte Agenten in Gang setzte, verliefen im Sande. Zu eng war die Verflechtung zwischen Territorialbehörden, wirtschaftlicher Erschließung des Landes und Ausbeutung der Indianer bzw. Bereicherung auf ihre Kosten.

Mehr Erfolg hatte Schurz in Oklahoma. Als 1879 eine Gruppe Weißer unter Führung eines gewissen C. C. Carpenter den Cherokee und anderen Stämmen Land wegnehmen wollte – ihr Plan war es, das Land ganz einfach zu besetzen und damit die Regierung vor vollendete Tatsachen zu stellen, in der Hoffnung, Washington würde, wie gehabt, die Aktion im nachhinein schon billigen – veranlaßte Schurz die Entsendung von Bundestruppen an die Grenze von Oklahoma. Am 26. Mai 1879 proklamierte er die Unverletzlichkeit des Indianerterritoriums und garantierte sie im Namen der Regierung. Zwar mußte Carpenter seine Pläne schnell fallenlassen, aber zehn Jahre später wurde Schurz' Zusage von einer anderen Regierung gebrochen und Oklahoma für die Besiedlung freigegeben.

Abgeordnete der Dakota waren schon im Herbst 1877 in Washington mit Schurz zusammengetroffen. Ihnen erschien er durch sein Aussehen ebenso lächerlich wie im nächsten Jahr den Cheyenne, als diese ihm ihr Anliegen vortrugen. Während ihn aber die Cheyenne noch höflich als Mah-ha Ich-hon (Große Augen) bezeichneten, nannten ihn die Dakota ob seines etwas grotesken Aussehens schlichtweg „Eule". Was indes nur wenige Dakota-Häuptlinge jemals erfuhren, war, daß Schurz monatelang gegen die Ansicht der Generale Sherman und Sheridan ankämpfte, die Sioux seien unverbesserliche Wilde und das geeignetste Mittel zu ihrer Befriedung bestehe darin, sie in strenger Kontrolle auf den Reservaten zu halten, möglichst bis sie ausgestorben seien. Schurz gelang es schließlich, die Armeeführung zum Nachgeben zu bewegen:

er rettete damit wohl die Dakota vor dem Untergang.

Schurz hatte der Armeeführung das Versprechen gegeben, er würde die Dakota dazu bringen, friedliche Ackerbauern und Selbstverbraucher zu werden. Zwar erreichte er, daß die Reservate dem Innenministerium überantwortet wurden, aber Tür und Tor für weitere Schwierigkeiten waren geöffnet.

Die Cheyenne River Agentur hätte ein Modell für die Vorstellungen der Behörden werden können, statt dessen wurde sie zum Zerrbild. Agent hier war Captain Theodor Schwan, ein gebürtiger Deutscher, der schon die Kongreß-Ehrenmedaille für sein tapferes Verhalten im Bürgerkrieg erhalten hatte. Er selbst betrachtete sich als Freund der Dakota und hatte möglicherweise wirklich humane Absichten. Tatsächlich aber behandelte er die Indianer wie Sklaven, zwang sie brutal zur Feldarbeit und glaubte wohl, preußische Disziplin und eine gute Polizei genügten, aus den Dakota zufriedene Ackerbauern zu machen. Heuschreckenplagen und Überschwemmungen verleideten den Indianern die Arbeit vollends und wurden wohl auch von ihnen als Strafe dafür empfunden, daß sie mit dem Pflügen das Antlitz der ihnen heiligen Erde verletzt hatten. Aber Schwan und andere Agenten standen auf dem Standpunkt, die Feldarbeit allein – blieb sie auch noch so fruchtlos – gebe den Dakota Würde, und konnten sich noch dazu auf Schurz berufen, der durch sein Versprechen, er werde die Indianer zum Ackerbau bewegen, diesen die entscheidende Hilfe gegen die Militärs gewährt hatte.

Schwan und andere machten Schurz' gute Absichten teilweise zunichte. Ein Großteil der Indianer floh in benachbarte Reservate, und als Schurz bei seinen Reisen ins Indianerland die Agenturen besuchte, nahm er für die Indianer gegen Agenten wie Schwan Partei. Mit dem Häuptling der Brulé-Dakota, Spotted Tail, verband Schurz sogar eine gewisse Freundschaft. Als in Nebraska einige Brulé einen Weißen ermordeten und Pferde stahlen, sandte Spotted Tail an Schurz einen Scheck über 332,8 Dollar mit der Bitte, den Indianern einen Rechtsbeistand zu beschaffen, was Schurz auch prompt tat; und es war auch Spotted Tail, den Schurz während der Ponca-Affaire um die Abtretung von Gebieten für die Ponca bat – nur wurde nichts mehr daraus, da Spotted Tail 1881 von seinen eigenen Leuten infolge von Rivalitätskämpfen ermordet wurde.

Ein Typ wie Schwan, wenn auch nicht ganz so schlimm, war Major Valentine McGillicuddy, ein Arzt, der Crazy Horse bis zu dessen Tod gepflegt hatte. McGillicuddy erzählte Schurz von den großen Leiden der Cheyenne. Diese waren nach dem Sieg über Custer in die Berge geflohen, aber von Miles und Crook gestellt worden. Dann hatte man sie nach Oklahoma deportiert, wo sie sich wegen des Klimas nicht einleben konnten und verschiedenen Schikanen ausgesetzt waren. Daraufhin flohen sie nach Norden. Die Regierungspolitik zielte damals darauf ab, unter allen Umständen Frieden zwischen Weiß und Rot zu erhalten. Deshalb war die indianische Bewegungsfreiheit gesetzlich beschränkt, und um nicht andere Stämme zu ähnlichen Ausbrüchen zu veranlassen, sollten die Cheyenne, die sich flüchtig befanden, nach Oklahoma zurückgeschafft werden. Nur spärlich gelangten Berichte über die Situation zu Schurz. Im November 1878 erfuhr er dann, daß sich die Cheyenne in Fort Robinson ergeben hatten und lieber sterben wollten, als wieder nach Oklahoma zu gehen. Nach langem Hin und Her in Washington gelang es Schurz durchzusetzen, daß die Cheyenne in ihrer alten Heimat bleiben durften. Durch den Film „Cheyenne Autumn" (John Ford 1964) ist die bewegte Anteilnahme von Schurz für die Indianer und insbesondere für die Cheyenne weiten Kreisen bekannt geworden.

Obwohl Schurz der Meinung war, Offiziere taugten nicht als Agenten, stellte er McGillicuddy, dessen Parteinahme für die Cheyenne ihn sehr beeindruckt hatte, dem alten Red Cloud als Agent an die Seite, gerade zu der Zeit, als dieser beschlossen hatte, seine Widerborstigkeit gegen Maßnahmen der Regierung aufzugeben. Und die folgenden Jahre wurden sowohl für Red Cloud (er starb 1909) als auch für McGillicuddy harte Jahre – zum Krieg, auf den die Weißen hofften, ist es nicht gekommen.

Zum Krieg dagegen kam es bei den Ute, wo ein anderer übereifriger Agent glaubte, in der Ausführung Schurzscher Anordnungen weitergehen zu müssen, als es in Schurz' humaner Absicht gelegen hatte.

Die Ute waren ein kriegerischer, gefürchteter Stamm. Verträge wurden geschlossen, Reservate geschaffen, Land geraubt — wie anderswo. Einer der hervorragendsten Ute-Häuptlinge war Ouray, allerdings war auch er ein von der Regierung ernannter „Oberhäuptling", und andere einflußreiche Führer scherten sich wenig um das, was Ouray für richtig befand. Durch die Freundschaft mit dem legendären Westläufer Kit Carson übte allerdings Ouray mehr Einfluß aus als andere „Regierungshäuptlinge", und als Carson 1868 starb, fand Ouray in Charles Adams einen neuen Freund.

Adams hieß eigentlich Karl Adam Schwanbeck, stammte aus Pommern und kam vor dem Bürgerkrieg in die USA. Nach seiner Teilnahme am Sezessionskrieg diente er im Kampf gegen die Kiowa und kam dann nach Colorado, wo er die Schwester der Frau des Gouverneurs heiratete. Auf ihren Wunsch hin änderte er seinen Namen und nannte sich Charles Adams. 1870 machte ihn der Gouverneur zum Brigadegeneral der Staatsmiliz, und zwei Jahre später schlug er ihn auch für den Posten des Agenten für die Ute vor. Als er im Juni 1872 in der Los Pinos Agentur in Colorado die Arbeit aufnahm, war er etwa 27 Jahre alt. Damals waren Gerüchte über einen angeblich bevorstehenden Aufstand in Umlauf; die Ute hatten Angst, aber Schwanbeck beruhigte sie und gewann ihr Vertrauen. Bald hatte er eine Sägemühle laufen, im Winter richtete er eine kleine Schule ein, und er kümmerte sich um seine Schützlinge sehr. Er verstand es, mit ihnen umzugehen, er achtete ihre Überzeugungen und bemühte sich um ihre Freundschaft. Ouray und er wurden gute Freunde. Alle Stämme der Ute respektierten ihn, und er übte einen bemerkenswerten Einfluß auf sie aus.

Im Gegensatz zu Ouray war der Häuptling der Ute auf der White River Agentur, Colorow, kein bedingungsloser Pazifist. Aber an den späteren Unruhen war nicht er schuld. Schuld waren die Behörden von Colorado, die alles Land der Ute haben wollten, und der Agent Nathan Meeker, ein Journalist, der in Greeley in Colorado eine Siedlungsgemeinschaft gegründet hatte. Meeker war ungeschickt und mischte sich in Stammesangelegenheiten ein. Im besten Weideland der Indianer ließ er sich nieder und wollte es umackern, um die Ute zum Ackerbau zu bekehren. Colorow zwang ihn, das Pflügen einzustellen. Nun holte Meeker Soldaten unter Major Thornburgh. Colorow verhandelte mit dem Offizier und erreichte, daß die Soldaten erst einmal halten blieben. Als die Truppen dann dennoch vorrückten, um sich eine bessere strategische Position zu verschaffen, sah Colorow die Abmachungen gebrochen und legte Thornburgh einen Hinterhalt. Am 29. September 1879 wurde die Truppe überfallen und niedergemacht, während andere Indianer Meeker und die Angestellten der Agentur umbrachten und ihre Frauen in Gefangenschaft führten.

Noch bevor Militär heranrückte, traf Ouray ein, der den Aufstand nicht hatte verhindern können. Die Behörden von Colorado frohlockten, da endlich der Anlaß gefunden schien, die Indianer zu vertreiben. Doch hatten sie nicht mit Schurz' Eingreifen gerechnet. Schurz verhinderte eine blutige Niederschlagung der Erhebung und sandte einen Mann zu den Ute, der ihr Vertrauen besaß. Während Schurz gerade wegen der Ponca-Affaire als Indianerfeind verschrien war, galt er in Colorado als übler Gegner der weißen Interessen. Er stattete General Adams alias Schwanbeck, der zu dieser Zeit nicht mehr Agent bei den Ute war, mit Sondervollmachten aus und beauftragte ihn mit der Untersuchung der Ursachen des Aufstandes. Im Buch von Dee Brown wird Adams' Vermittlung vollständig verschwiegen. Adams verhinderte eine Ausbreitung des Aufstandes und erwirkte die Freilassung der gefangenen Frauen. Er ging mit strikter Gerechtigkeit vor und veranlaßte, daß sich einige Führer dem Gericht stellten. Die meisten, unter ihnen Colorow, wurden freigesprochen. Eine Ute-Delegation brachte Adams nach Washington, wo ein neuer Vertrag zustande kam. Schurz erkannte, daß ein Zusammenleben von Weißen und Indianern in Colorado von da ab unmöglich war; die Weißen würden jede neue Gelegenheit ergreifen, die Indianer zu provozieren und zu vertreiben. Schurz' Ziel, den Indianern die Möglichkeit zu schaffen, allmählich am Leben der Vereinigten Staaten gleichberechtigt teilzunehmen, würde damit für die Ute lange nicht erreicht werden können. Die Ute gaben ihr Land auf und zogen 1881 nach Utah. Nur im Süden Colorados leben noch heute einige Ute.

Adams wurde 1880, in dem Jahr, in dem Ouray starb, Gesandter in Bolivien. Als zwischen diesem Staat und Chile Krieg ausbrach, nahm Adams als Schiedsrichter der USA an den Konferenzen von Arica teil. Später wurde er Geschäftsmann in Denver und kam bei einer Explosion 1895 ums Leben.

Schurz hatte die Gemüter im Westen und Osten der Vereinigten Staaten erhitzt. Er brachte unglaublich viel Schmutz an die Öffentlichkeit. Im Westen machte er sich damit verhaßt, aber im Osten begann man sich über die Vorgänge im Westen zu empören. Nach hundert Jahren des Bestehens der USA entdeckte die amerikanische Öffentlichkeit plötzlich ihr Herz für die Indianer; und sie brauchte einen Sündenbock. Daß sie ihn nicht in Sherman fand, sondern in Schurz, der als einer der ersten überhaupt begonnen hatte, etwas zu ändern, und daß die damals entstandenen polemischen Schriften gegen Schurz nach hundert Jahren noch einmal neu aufgewärmt wurden, gehört zu den Kapriolen der Weltgeschichte. Schurz wurde für die Geschehen im Indianerwesten verantwortlich gemacht, so als ob er sie verschuldet hätte. Daß Schurz derartige Unterstellungen überhaupt noch ertragen konnte, ohne zu resignieren, zeugt von großer Charakterstärke.

Die Kampagne gegen Schurz begann mit dem „Aufstand" der Ponca, die von Mai bis Juli 1877 von Niobrara in Süd Dakota nach Oklahoma deportiert worden waren. Ihr Gebiet war 1868 vom Kongreß den Dakota zugesprochen worden. Seitdem waren sie ständigen Überfällen der Sioux ausgesetzt. Einem Kongreßbeschluß von Anfang März 1877 zufolge wurden die Ponca auf die Quapaw-Reservation in Oklahoma geschafft, eine Maßnahme, mit der der Kongreß seinen „fatalen Rechtsirrtum aus der Welt zu schaffen" (Maass) suchte. Der Oberhäuptling der Omaha, Joseph La Fleshe alias Eshtamaza (Eisenauge), ein Halbblut, begab sich mit seiner Tochter Susette zu den Ponca und bot seine Hilfe an. Die Ponca, die schon auf dem Weg ins Indianerterritorium viele Tote zu beklagen hatten, litten wie die Cheyenne schrecklich unter Hunger und Krankheiten. Erst im Herbst 1877 erfuhr Schurz von der Tragödie der Ponca, als einige ihrer Vertreter Washington besuchten. Sofort nahm er sich ihrer Sache an. Gegen den Kongreßbeschluß hätte er in Kürze nichts tun können. Aber im ersten Jahresbericht wies er auf die Ponca hin, verlangte vom Kongreß Entschädigung und wies die Ponca an, sich in Oklahoma fruchtbarere Gebiete auszusuchen. An der Südgabelung des Arkansas ließen sie sich im Sommer 1878 nieder, und Schurz glaubte, daß damit die Angelegenheit bereinigt sei – mehr hatte er im Rahmen seiner Möglichkeiten nicht dafür tun können. Von Heimweh geplagt, brach allerdings der Häuptling der Ponca, Standing Bear, mit 34 Männern, Frauen und Kindern in die Heimat auf und schlug sich mitten in dem furchtbaren Winter 1878/79 nach Norden durch. Unter unsäglichen Leiden und ungeheuren Strapazen legten die tapferen Ponca 600 Meilen zurück. Bei der Ankunft auf der Omaha-Reservation wurden sie eingesperrt. Doch setzte der Journalist Thomas H. Tibbles alle Hebel in Bewegung, bis er eine Entscheidung des Bezirksgerichtes von Nebraska zustande gebracht hatte, nach der die Indianer frei kamen. Diese Entscheidung richtete sich gegen die Indianerpolitik der Regierung, weil die indianische Bewegungsfreiheit wie gesagt beschränkt war. Schurz hätte also beim Bundesgericht Einspruch erheben können. Natürlich lag ihm nichts ferner als das. Aber die Öffentlichkeit rechnete damit. Tibbles, Standing Bear und Susette reisten in den Osten und hielten Vorträge und schrieben über das Leid der Indianer; Susette, die 1881 Tibbles heiratete, wurde als Bright Eyes weit bekannt. Die angeheizte öffentliche Stimmung richtete sich gegen Schurz, den man nun plötzlich auch für die Deportation der Ponca verantwortlich machte. Schurz bereiste im August 1879 die Reservationen und fand in der der Ponca verhältnismäßige Zufriedenheit vor. Sein Vorschlag, das von Tibbles gesammelte Geld für die Ponca zu verwenden, wurde als Bemäntelung gewertet, und Schurz galt lange als Indianerfeind. Erst eine von Hayes eingesetzte Untersuchungskommission, die Schurz gerecht wurde, beendete die Affaire. Und auf Betreiben von Schurz wurden die Ponca 1881 mit einer Summe von 165 000 Dollar entschädigt. 1889 erhielten sie neues Land für die ihnen weggenommenen Gebiete.

Schurz ging seinen Weg unbeirrt weiter. Ihm lag daran, die Indianer auf einen Weg zu bringen, der sie zur Zivilisation führen sollte. Er wollte die Indianer seßhaft machen; dann — als nächster Schritt — sollten sie lernen, Ackerbau und Viehzucht zu betreiben. Einen Stammesbesitz sollte es nicht mehr geben, sondern jede Familie sollte in den Besitz eines kleinen, fruchtbaren Stückchen Landes kommen. Er wollte ihnen die Möglichkeit schaffen, zu lernen und neue Fähigkeiten zu erwerben, zu Bildung zu gelangen, damit sie mit der Zeit am sozialen und wirtschaftlichen Leben der Staaten teilhaben konnten. Als letztes Ziel sollten die allmählich zivilisierten Stämme fest und gleichberechtigt in das Gemeinwesen der USA eingefügt werden.

So zeigte sich Schurz stark an der ersten Indianerschule in Hampton in Virginia interessiert. Das Experiment hatte Erfolg. Viele Indianerjungen wurden hier im Zimmermanns- und Druckerhandwerk, in Ackerbau und Viehzucht und in der Metallverarbeitung unterwiesen. Schurz erwarb auch die ehemaligen Kasernen in Carlisle in Pennsylvanien, um aus ihnen eine Schule für Indianer zu machen. Als „Carlisle Institute" wurde sie weit bekannt. Der erste Leiter war der Offizier Richard Pratt, der seine ersten pädagogischen Erfahrungen bei den Kiowa während ihrer Gefangenschaft in Florida gemacht hatte. Am 6. Oktober 1879 begann er den Unterricht an der Carlisle-Schule. Mehr als 5000 Indianer aus 70 Stämmen unterrichtete er in den folgenden Jahren, und wenn man auch mit Recht über manche Entindianisierungsmethoden der Anstalt streiten konnte, es war wenigstens ein Anfang, den Indianern zu helfen, statt sie auszurotten.

Auch die Indianerschule in Forest Grove, Oregon, war eine Gründung von Schurz. Er tat alles, was in seinen Möglichkeiten lag. Er bestand auf Fairneß im Umgang mit den unglücklichen Ureinwohnern. Am 6. Dezember 1878 legte er einem Kongreßkomitee seinen Plan der Indianerpolitik dar, der insgesamt begrüßt wurde, wenn er auch bei den Weißen im Westen auf heftige Kritik stieß.

Nach Ansicht des Theologen James F. Clarke war Schurz der „beste Freund, den die Indianer je gehabt", und der Missionar Henry B. Whipple in Minnesota hat „nie einen Regierungsbeamten gefunden, der bereiter gewesen wäre, das den Indianern zugefügte Unrecht zu studieren."

Schurz' Pläne waren richtungsweisend. 1887 sollte das Dawes-Gesetz zur Assimilierung der Indianer die Eingeborenen auf den Weg zur Zivilisation führen. Ihr Eigentum wurde geschützt, d. h. den Indianern das Verfügungsrecht auf 25 Jahre abgesprochen, so daß sie nicht mehr durch unehrenhafte Verträge betrogen werden konnten. Danach sollten sie uneingeschränkte Besitzer ihres Landes sein. Für später sah das Gesetz die Auflösung der Stämme als gesetzliche Gemeinschaften vor. Es wird oft als das Emanzipationsgesetz der Indianer bezeichnet, freilich zu Unrecht, weil noch immer vieles im argen lag.

Als Sitting Bull 1881 aus Kanada, wo er mit seinen Dakota eine Zuflucht gefunden hatte, in die Vereinigten Staaten zurückkehrte, wurde ihm nicht der Prozeß gemacht wie vielen Häuptlingen vor ihm, und es wurde mit ihm auch kein „Unfall" veranstaltet wie mit Crazy Horse und anderen indianischen Führern. So sehr hatte sich die Stimmung in der Öffentlichkeit gewandelt. Sitting Bull wurde zunächst in Fort Randall interniert. Hier traf am 24. Oktober 1881 Rudolf Cronau ein, ein Künstler, Journalist und Schriftsteller, der für die in Leipzig erscheinende Zeitschrift „Gartenlaube" tätig war. Man hatte seine Ankunft schon gemeldet, und während seines Rundganges durch das Fort traf er Sitting Bull, der auf ihn zutrat und ihn begrüßte. Nach Cronaus Beschreibung war der Häuptling eine stämmige „Gestalt mittlerer Größe ...., ein Mann mit einem massiven Kopfe, breiten Backenknochen, stumpfer Nase und schmalem Munde". Cronau suchte den gefürchteten Häuptling, den er „Roter Napoleon" nannte, mehrmals auf, zeichnete ihn und unterhielt sich mit ihm. Bei den Indianern hieß Cronau „Eisenauge" bzw. „Verkündiger". Die Deutschen wurden von den Dakota „Iya-sica" genannt, „harte Sprecher", weil die deutsche Sprache für sie so schwer zu erlernen und zu sprechen war. Die Franzosen wurden als das „gewöhnliche Volk" bezeichnet. Cronau gewann sich nicht nur die Freundschaft von Sitting Bulls Neffen One Bull, sondern auch von Sitting Bull selbst. Cronau und der Angestellte beim Quartiermeister, der Deutsche Schenk, arrangierten eine Ausstellung von Cronaus Bildern zu Gunsten der Indianer.

Nach längerem Aufenthalt bei den Dakota brach Cronau zu weiteren Reisen auf. Beim Abschied bat ihn Sitting Bull, ihm den Namen Cronau mit großen Buchstaben aufzuschreiben, so daß er ihn nachmalen könne, und eine Botschaft nach Washington zu bringen. Cronau schenkte ihm ein Foto von sich und versah es mit der Widmung: „To his friend Tatanka-yotanka (Sitting Bull) – Rudolf Cronau, Artist and Correspondent of the ‚Gartenlaube', Leipzig, Germany." Sitting Bulls Abschiedsworte waren: „Eisenauge, die Zeit war kurz, welche du unter meinem Volke lebtest. Aber sie war doch lang genug, um uns erkennen zu lassen, daß du als Freund kamest und gute Wünsche für uns hegtest. Du willst gehen, und wir sind traurig, daß wir dich niemals wiedersehen werden. Die Dacotahs schütteln dir die Hand. Sie werden noch lange am Feuer von dir erzählen. – Eisenauge, kehre zurück –

und du wirst uns immer als Freunde finden. Möchten die Wasser dich glücklich tragen und Wakan Tanka, der Große Geist, dich schützen vor allen Gefahren."

Cronau hielt sich noch zwei Jahre im Westen auf, dann besuchte er die Bahamas, schrieb ein Buch über die Entdeckungsgeschichte Amerikas und ließ sich 1894 in New York nieder. Über verschiedene Umwege erhielt er 1936 das Bild wieder, das er 55 Jahre vorher Sitting Bull geschenkt hatte.

Der Häuptling lebte zuletzt auf der Standing Rock Reservation. Der Agent James McLoughlin, der sich selbst gern als Freund der Indianer betrachtete, sah in ihm einen Ruhestörer, und die letzten Jahre wurden dem einstigen Schrecken der Weißen verbittert. Als 1890 die Geistertanzbewegung entfacht wurde, sollte Sitting Bull verhaftet werden, weil er die Tänze nicht verhinderte, und kam in dem nachfolgenden Handgemenge am 15. Dezember 1890 ums Leben. Noch einmal brachen Aufstände los. Sie endeten nach dem grauenhaften Massaker von Wounded Knee, in dem am 29. Dezember 1890 hundert unbewaffnete Krieger und 120 wehrlose Frauen und Kinder zusammengeschossen wurden. Die 7. Kavallerie, die auch hier verantwortlich zeichnete, hatte Custer gerächt. –

Carl Schurz verbrachte seine letzten Lebensjahre als Journalist und Schriftsteller. Kurz nach der Beendigung seiner Amtszeit als Innenminister wurde ihm zu Ehren in Boston ein großes Bankett gegeben, und von der Harvard-Universität, die ihm schon 1876 den Ehrendoktor verliehen hatte, wurde er eingeladen, die „Phi-Beta-Kappa"-Ansprache 1881 zu halten. Schurz verfolgte aufmerksam die Politik der Vereinigten Staaten, die sich um die Jahrhundertwende immer mehr imperialistischen Unternehmungen zu- und damit von den Idealen abwandte, die nach seiner und seiner Freunde Ansicht für die Staaten bestimmend hätten sein sollen. So kostete ihn 1898 nach sechsjähriger Redaktionsleitung der bekannten Zeitung „Harper's Weekly" seine Weigerung die Stellung, den imperialistischen Krieg gegen Spanien zu unterstützen, und von Politikern wie Ted Roosevelt wurde er wegen seiner

Haltung lächerlich gemacht. Gleichzeitig kämpfte Schurz als Präsident der National Civil Service Reform League und der Civil Service Reform Association of New York weiter für Reformen im Staatsdienst.

Schurz besaß großen persönlichen Charme. Er war lebhaft und ungewöhnlich heiter, trotz aller Demütigungen und Enttäuschungen. Von Gestalt war er groß und schmächtig, er trug eine Brille und hatte einen dichten Vollbart. Sein forsches, in manchen Fällen etwas taktloses Vorgehen bei Reden, die er über Gegner hielt, seine jugendliche Arroganz, Kritiksucht und Herrschsucht hatten einem abgeklärten, durch und durch integren Charakter Platz gemacht. In seinem Familienleben zeigte er sich als talentierter Amateurpianist. Bis zu seinem Tode war er außerordentlich reich an Freunden und Bewunderern.

Zur Alten Welt hatte er längst Abstand gewonnen. Er bekannte sich zu seiner Verwurzelung im deutschen Idealismus, aber war längst zum Weltbürger geworden. Im Morningside Park in New York steht sein Denkmal, das ihm der Wiener Karl Bitter errichtete. Darauf besagt die Inschrift, daß er ein wahrer Verteidiger der Freiheit und ein aufrichtiger Anwalt der Menschenrechte war. Er war, wie Maass schreibt, „ein aufsässiger Staatsmann von allem Anfang an; die Politik, wie sie da war, wollte er nicht als Schicksal anerkennen, er wollte sie formen nach seinem Sinne. Wogegen immer er kämpfte: die Reaktion oder die Korruption, ins immer Üblere verschleppte alte Mißstände oder geheimnisvoll und bedrohlich anschwellende neue Zeitströmungen – es war jedesmal die absolute Übermacht, gegen die er zu Felde zog, die Minorität war es, mit der und für die er kämpfte, und zuweilen nahm sein Kampf das grotesk-heroische Gesicht einer Ein-Manns-Revolution an. Ja, er war ein durchaus politischer Mensch, ... es waren uralte Ideale, ‚die alte Sache der menschlichen Freiheit'... Ein Promethide in der Schicksalswelt der Politik, das war seine Bestimmung, und es war sein unersättlicher Ehrgeiz, diese Schicksalswelt nach seinem Bilde zu formen, sie zu säubern, sie besser, vernünftiger, menschenwürdiger zu machen."

Als Carl Schurz, hochgeehrt und betrauert von der Alten und Neuen Welt, am 14. Mai 1906 in New York verschied, hausten immer noch Apachen in Fort Sill in der Verbannung.

Der sterbende Widerstand

Nach dem Bürgerkrieg sank, wie Nye und Morpurgo schreiben, „ganz allgemein das kulturelle Niveau Amerikas. Die Denker des ‚Goldenen Zeitalters' waren tot, versprengt oder verwirrt durch ein Amerika, das sie nicht begreifen konnten. Mark Twains Bezeichnung ‚das vergoldete Zeitalter' erfaßte durchaus den Geist einer Epoche, da der Geschmack verfiel, Prunksucht die Würde verdrängte, Qualität und das gesellschaftliche Leben von einer frechen Vulgarität geprägt waren ... Gleichzeitig war es nicht nur eine üble Zeit. Sie besaß eine – bisher noch mit keinen Idealen verknüpfte – ungeheure Vitalität, immerhin eine große Reserve richtungsloser Energie. Ihre Helden waren die Tatmenschen, die Kämpfernaturen ... (es war) eine Ära derber, vitaler, rücksichtsloser Kraftentfaltung."

Schon ab etwa 1900 standen die USA an erster Stelle der Industrieländer, gemessen am Anteil an der Weltproduktion. Die Immigration aus Deutschland blieb unvermindert stark. Von 1870 bis 1910 wanderten mehr als drei und eine Viertel Million Deutsche nach Amerika aus, vor allem Arbeiter. Zwischen 1866 und 1873 trieben die Steuerlast, der Militärdienst und das Angebot von Schiffahrts- und Siedlungsgesellschaften jährlich 130 000 Deutsche nach Amerika. Der wirtschaftliche Aufschwung des Deutschen Reiches allerdings ließ den Auswandererstrom zurückgehen. Bismarcks Sozialgesetzgebung hielt viele Arbeiter in Deutschland zurück; zudem war die Auswanderung nach Amerika seit der Reichsgründung nicht mehr gern gesehen und wurde teilweise in die neu entstandenen Schutzgebiete und Kolonien umgelenkt, wo die Emigranten unter deutscher Oberhoheit standen.

Die meisten deutschen Immigranten blieben im Osten und Mittelwesten. Aber hier war der Arbeitsmarkt überfüllt, der Kampf ums tägliche Brot groß. Hier konnte die Arbeiterbewegung Fuß fassen. Schon die Anfänge sozialistischer Vereinigungen gingen zum größten Teil auf deutsche Initiative zurück. 1876 waren von den 24 sozialistischen Zeitungen in Amerika vierzehn deutsch. Die amerikanische sozialistische Arbeiterpartei wurde 1877 gegründet, Jahrzehnte hindurch waren die meisten Mitglieder Deutsche, Friedrich Sorge war ihr Führer und Leiter der amerikanischen Sektion der I. Internationale. Der Österreicher Victor Berger, der erste Sozialist, der in den Kongreß gewählt wurde, löste allerdings 1900 die Arbeiterpartei aus der Internationalen und machte sie amerikanisch – der Dogmatismus des Marxismus entsprach nicht den Vorstellungen liberaler Amerikaner.

Deutsche Arbeiter und Handwerker, die mit der Ideologie

und den Praktiken der europäischen Arbeiterbewegung vertraut waren, spielten in der Geschichte des amerikanischen Sozialismus eine bedeutende Rolle. Als 1886 die Arbeiterbewegung schon sehr stark war, kam es wiederholt zu schweren Zusammenstößen zwischen Arbeitern und Polizei. Als die Polizei eine friedliche Kundgebung am Haymarket Square in Chicago sprengte, wurde eine Bombe geworfen, und es kam zu einem blutigen Handgemenge. Fast alle, die im Zusammenhang mit dieser Straßenschlacht vor Gericht gestellt wurden, waren Deutsche, unter ihnen der Herausgeber der deutschen „Arbeiter-Zeitung" August Spies. Damals richtete sich die Wut der Öffentlichkeit gegen alle Fremdgeborenen, vor allem gegen die Deutschen, und es kam zu ähnlichen Übergriffen und Straßenkämpfen, wie sie dreißig Jahre vorher gang und gäbe gewesen waren, als die Deutschen von den Nativisten, den radikalen Gegnern der Einwanderung, verfolgt wurden.

Der Zusammenstoß am Haymarket Square hatte ein bekanntes Nachspiel. Der Gouverneur von Illinois, John Peter Altgeld, der in Hessen geboren worden war, ließ die drei zu lebenslänglicher Haft verurteilten „Rädelsführer" (die anderen waren gehenkt worden) frei, da das Gerichtsurteil ein Hohn auf jede Gerechtigkeit gewesen war. Altgeld, der 1892 vor allem von Bauern und Arbeitern gewählt worden war und dessen Programm die Verbesserung von Haftbedingungen, Ausbildung und Arbeitsverhältnissen umfaßte, verscherzte sich mit diesem einfachen Akt der Gerechtigkeit seine Wiederwahl und sogar seinen Traum, Senator zu werden. Durch die Aufnahme seiner Tat in John F. Kennedys Buch „Zivilcourage" bleibt sein Name unvergessen.

Die Strömungen und Tendenzen, die das industrielle Amerika beeinflußt haben, sind auch an den Deutschamerikanern nicht spurlos vorbei gegangen. Auf der anderen Seite haben sie Großes zum Aufbau der USA beigetragen. Die berühmten Rockefellers, Öl-Millionäre, waren deutscher Abkunft und stehen stellvertretend für eine Fülle deutscher Industrieller. Als „bedeutendster Elektroingenieur Amerikas und damit der Welt" wurde der Breslauer Karl Steinmetz 1902 anläßlich der Verleihung der Ehrendoktorwürde durch die Universität Harvard bezeichnet. Er entwickelte den Drehstrom; sein langjähriger Freund und Gönner Rudolf Eickemeyer aus Bayern meldete über 150 Patente in Amerika und im Ausland an. Charles Goessmann aus Naumburg war lange Zeit der bedeutendste Chemiker in Amerika. Der Württemberger Uhrmacher Ottmar Mergenthaler, der 1872 nach Amerika kam, erfand die Linotype, die Zeilengießmaschine, eine der wichtigsten Neuerungen im Druckwesen. Fast ein Jahrhundert lang waren die deutschen Apotheker die einzigen in Amerika, die eine Fachausbildung genossen hatten, die „Deutsche Apotheke" war eine bekannte Einrichtung in vielen Städten, und deutsche Pharmazeuten und Ärzte erlangten in Amerika große Bedeutung.

Die politische Entwicklung beschleunigte die Amerikanisierung des Deutschtums im Geschäftsgebaren und in der Moral. Die deutsche Presse errang zu Ende des 19. Jahrhunderts ihre größten finanziellen Erfolge, aber nur deshalb, weil das Kommerzielle über das Niveau gestellt wurde. Auf der anderen Seite gewannen die Deutschamerikaner vor dem Ersten Weltkrieg eine Selbstachtung wie nie zuvor. Die Ereignisse in der alten Heimat: der Sieg im deutschfranzösischen Krieg, die Reichsgründung und Bismarcks Sozialgesetzgebung und Außenpolitik gaben dafür den Ausschlag. Auch das Verhältnis zwischen Amerika und Deutschland war ausgezeichnet. So gewannen die Deutschen in Amerika auch wieder politischen Einfluß. Insgesamt wurden etwa 40 Deutschamerikaner ins Repräsentantenhaus gewählt, elf wurden Senatoren, eine Vielzahl wurde Bürgermeister oder Staatsgouverneur. Der pennsylvaniendeutsche Geschäftsmann John Wanamaker war 1889 bis 1893 Postminister, George von Lengerke Meyer aus Boston brachte es zum Postminister und Marinesekretär zu Anfang des 20. Jahrhunderts. Von 1909 bis 1913 war der Texaner Charles Nagel, der in Berlin studiert hatte, Minister für Handel und Arbeit. Und schon viel früher hatte William Wirt aus Virginia, Sohn deutscher Einwanderer und ein berühmter Jurist, als Chef des Justizministeriums amtiert (1817–1829) und war 1832 gar von der Anti-Freimaurer-Partei als Präsidentschaftskandidat aufgestellt worden.

Trotz der zunehmenden Amerikanisierung waren die Jahrzehnte vor dem Ersten Weltkrieg für das Deutschtum nicht nur eine Zeit der Verflachung. Die deutsche Kultur blühte nach wie vor. Das Feuilleton vieler großer deutschamerikanischer Zeitungen hatte beachtliches Niveau. Eine Fülle deutschamerikanischer Dichtungen erschien. Einer der populärsten Dichter, Kritiker und Journalisten war Robert Reitzel aus Baden, der 1870 in die Staaten kam; sein Wochenblatt „Der arme Teufel" war die beliebteste deutschamerikanische Zeitschrift außerhalb der Kirchenkreise. Einer der begabtesten deutschamerikanischen Lyriker war Konrad Nies.

Die Metropolitan Opera wurde durch den Einfluß von Deutschen erfolgreich und bedeutend. Der Schlesier Leopold Damrosch, der Gründer der New York Symphony Society (1878), und Heinrich Conried aus Bielitz, der das Theater am Irvingplatz in New York zu einem Mittelpunkt des kulturellen Lebens in New York gemacht hatte (ab 1892), waren die bedeutendsten Förderer der Metropolitan. Als stellvertretend für viele andere hervorragende deutschamerikanische Komponisten und Dirigenten sei noch Theodor Thomas genannt, der die New Yorker Philharmoniker im ausklingenden 19. Jahrhundert berühmt machte.

Chicago galt nicht nur als deutschamerikanische Dichterhauptstadt, sondern auch als „größtes deutsches Wunder in Amerika", weil die bedeutendsten Bauwerke der Stadt von Architekten erbaut waren, die aus deutschen Schulen stammten. Zahlreiche deutsche Wörter wurden in die amerikanische Sprache aufgenommen: Ratskeller und Delikatessen, Katzenjammer, Hanswurst, Sauerkraut, Sauerbraten und Kohlrabi, durchkomponiert, Föhn, Kindergarten, Gestalt-Psychologie und Hinterland, Weltliteratur, Weltschmerz, Glockenspiel – man könnte noch lange fortfahren. Selbst das Wort Dollar kommt aus dem Deutschen – es ist von Taler abgeleitet.

Im Lauf der Zeit zerfielen die deutschamerikanischen Kulturgruppen. Das deutsche Viertel von New York, Yorkville, nahm immer mehr Iren und andere europäische Gruppen auf. Auch der „Deutschamerikanische Nationalbund", 1889 in Philadelphia von Charles Hexamer gegründet, der sich die Pflege der Muttersprache und die Einigkeit des Deutschamerikanertums zum Ziel setzte, konnte an der Auflösung nichts ändern. Nur die Pennsylvaniendeutschen bewahrten ihre Eigenart und ihren Dialekt. Den endgültigen Niedergang der deutschamerikanischen Kultur brachte dann der Erste Weltkrieg.

Während sich im Sozialgefüge der Amerikaner und Deutschamerikaner bedeutende Umwälzungen vollzogen, drängten die Siedler in die letzten Gebiete des „Wilden Westens", um auch sie der Zivilisation zu öffnen: nach Neu Mexiko und Arizona.

Die zerrissene, zerklüftete, unzugängliche, wasserarme Wüstenei von Arizona bildete die Zufluchtsstätte für die letzten freien Indianerstämme der Vereinigten Staaten, die Apachen. Sie waren ein einzigartiger Stamm, grausam, genügsam, außerordentlich ausdauernd und von ungeheurem Freiheitsdrang beseelt. Sie konnten Spuren lesen und besaßen eine fast unheimliche Gabe, sich zu verstecken wie kein anderer Stamm. Sie bekämpften ihre indianischen Nachbarn, dann die Spanier, später die Mexikaner und schließlich die Amerikaner. Schon in der ersten Zeit des spanischen Vorstoßes in ihre Gebiete kam es zu blutigen Kämpfen.

Die Vorhut der Spanier waren Missionare. Unter ihnen gab es eine große Anzahl Deutscher. Der bedeutendste und bekannteste von ihnen war wohl der Jesuitenpater Eusebio Francisco Kino aus Trient in Süd-Tirol, der in Wirklichkeit Kühn hieß. 1681 kam er, sechsunddreißigjährig, nach Mexiko, wo er die meiste Zeit im Norden des Landes, also im heutigen Südwesten der Vereinigten Staaten, verbrachte. Gerade im Jahr zuvor hatte der große Freiheitskämpfer der Pueblo-Indianer, Pope, die Spanier aus dem heutigen Neu Mexiko vertrieben, wohin Juan de Onate um 1600 die ersten Siedler gebracht hatte. Die Unterdrückung der Indianer durch die Spanier, besonders durch die Franziskaner-Missionare, hatte die Eingeborenen aufs äußerste erbittert, und Stämme wie die Apachen machten sich ohnehin einen Spaß daraus, die Eindringlinge zu jagen. Es ist viel über die Grausamkeit der Apachen geschrieben worden; sicher ist indes, daß die Spanier mit diesen stolzen Indianern nicht besser verfuhren und daß die Apachen ihre spanischen Sklaven nicht wie Vieh behandelten, was man umgekehrt nicht immer sagen kann.

Fünfundzwanzig Jahre lang unternahm Kino in Kalifornien, Sonora und vor allem im südlichen Arizona Forschungen. Er errichtete Missionen bei den Serie und Pima-Indianern; in der Mission Dolores, der heutigen Stadt Magdalena, führte er die Viehzucht ein und wurde damit zum Begründer der Viehzucht in Arizona. Die letzten Lebensjahre verbrachte er bei den Pima in Arizona, bei denen er 1711 starb.

Unter den 56 Jesuiten in Kalifornien und Sonora befanden sich 15 Deutsche. Wie Kino schrieben viele von ihnen ihre Erlebnisse auf und leisteten damit Bedeutendes zur geographischen und ethnologischen Erforschung des Landes. Herrmann Lössing aus Paderborn legte im 18. Jahrhundert großartige Sammlungen von Antiquitäten und Beschreibungen der Ureinwohner Mexikos an. Juan Esteyneffer aus Schlesien verfaßte 1729 in Sinaloa ein ausgezeichnetes Heilkräuterbuch. Johann Baegert wirkte von 1750 bis 1767 in Kalifornien und schrieb hervorragende Berichte über die Ureinwohner. Ignacio Pfefferkorn verfaßte 1795 ein Buch über das ihm verhaßte Sonora.

Forschungen in Arizona unternahm ein anderer Deutscher, Padre Ignacio Keller. In den Jahren 1736 und 1737 stieß er ins Tal des Gila vor und brachte als einer der ersten Kunde von den Monumentalbauten der Pueblos, den Casas Grandes, nach Süden. 1743 brach er erneut mit einer kleinen Expeditionsgesellschaft von der 1700 entstandenen Mission in San Xavier del Bac ins Apachenland auf. Wieder erreichte er den Gila. Dort aber warteten die Herren des Landes. Keller wurde immer wieder von den Apachen angegriffen und mußte wie seinerzeit die stolzen Konquistadoren Pferde und Federn lassen. Bei einem Überfall erbeuteten die Indianer sämtliche Vorräte und Pferde, und der Rest der Gruppe brach nach Süden auf und eilte, so schnell es ging, in ruhigeres Land. Keller gab seine Pläne auf, aber Jacob Sedelmair, der die Mission in Tubutama in Sonora leitete, eiferte ihm nach. Er drang bis zum Colorado vor. Am Gila wollte er eine Missionsstation gründen; der Plan scheiterte, aber Sedelmair unternahm 1748 ein zweites Mal den Versuch — und wieder ohne Erfolg. Die Pima lehnten ihn ab, die Yuma zeigten sich feindlich, und die Apachen führten offenen Krieg. Als Verfasser des ersten Wörterbuches der Pima-Sprache und einer Schilderung der Yuma machte er sich einen Namen.

Nach zweihundertjährigen Kämpfen zwischen Apachen und Spaniern kehrte um 1800 Frieden ein, weil die Politik der Spanier sich gebessert hatte; fünfundzwanzig Jahre lang herrschte das „Golden Age" von Neu Mexiko. Aber dann ging die Zeit des Friedens zu Ende, weil die mexikanischen Behörden keine glückliche Hand mehr im Umgang mit den Indianern hatten. Die Grausamkeiten begannen von neuem und hielten 75 Jahre lang an. Auch der Krieg gegen die Amerikaner wurde eröffnet, die erst spärlich, dann immer zahlreicher nach Arizona und Neu Mexiko kamen und von den Apachen zunächst unbehelligt gelassen worden waren. 1837 war nämlich der Apachenführer Juan José mit etwa 400 Stammesangehörigen von dem Mountain-Man James Johnson und seinen Leuten massakriert worden; Johnson waren die von den mexikanischen Behörden auf Apachenskalps ausgesetzten Prämien so verlockend gewesen, daß er seine langjährige

Freundschaft mit dem Häuptling verriet. Daraufhin begann der bedeutende Mimbreno-Häuptling Mangas Coloradas einen grausamen und unerbittlichen Rachekrieg gegen Amerikaner und vor allem Mexikaner. Während aber auch nach dem Gadsden-Vertrag 1853 Mangas Coloradas in den nun amerikanischen Gebieten seine Raubzüge fortsetzte, konnten die Amerikaner ungehindert durchs Land der Chiricahua-Apachen ziehen. Ihr Häuptling Cochise, der vielleicht der wildeste, tapferste und fähigste aller Apachenführer gewesen ist, schloß mit den Amerikanern Frieden. In dieser Zeit begann die Besiedlung Arizonas.

1850 kam der Kentuckier Charles Poston, der später als „Vater von Arizona" bezeichnet wurde, nach San Francisco und lernte dort den deutschen Mineningenieur, Feldmesser und Abenteurer Hermann (von) Ehrenberg kennen. Dieser, um 1818 geboren, war ein radikaler Studentenführer der dreißiger Jahre gewesen und hatte nach Amerika fliehen müssen. Er nahm am Krieg gegen Mexiko teil und schrieb später ein bedeutendes Buch über den texanischen Unabhängigkeitskrieg. Poston und Ehrenberg schmiedeten verschiedene Pläne. 1853 verließen sie die Stadt per Schiff, im Golf von Kalifornien erlitten sie Schiffbruch, wurden aber gerettet und kamen nach Alamos. Von dort brachen sie nach Norden ins Santa Cruz Tal auf. Damals war das Gebiet noch mexikanisch, und Poston wurde von den Behörden unter dem Verdacht festgenommen, er wolle für die Vereinigten Staaten Land gewinnen. Einflußreiche Leute schalteten sich ein, er wurde freigelassen, und 1854 gehörten Poston und Ehrenberg zu den ersten amerikanischen Zivilisten, die den Boden Arizonas betraten, wo damals in der Hauptsache Mexikaner und Indianer lebten. In Tubac, einer verlassenen mexikanischen Garnison, wohnten sie in den leeren Häusern, verbrachten hier den Winter 1854/55 und suchten nach Gold und Silber. In der Nähe entdeckten sie reiche Silberminen. Verschiedene Expeditionen führten sie zu den alten Ajo-Kupferminen und der Heintzelman-Mine. Poston brachte Minenarbeiter und Siedler in das Gebiet, und die ersten Ranchers wurden von der Kunde von Postons und Ehrenbergs Niederlassung angezogen.

Über Tubac berichtete Poston später: „Wir hatten kein Gesetz, aber Liebe, keine Anstellung, aber Arbeit, keine Regierung, keine Steuern, keine Staatsschuld, keine Politik. Es war eine Gemeinschaft in einem perfekten Naturstatus. Als Syndikus in Neu Mexiko eröffnete ich ein Urkundenbuch, vollzog die Heiratszeremonie, taufte die Kinder und nahm die Ehescheidung vor."

Auch Ehrenberg machte sich um die Anfänge der Besiedlung Arizonas sehr verdient. Zu seinen Ehren wurden eine Mine und die dort 1861 gegründete Stadt nach ihm benannt. Im Bürgerkrieg half das Gold der Stadt Ehrenberg, die Staatskassen zu füllen. Im August 1856 nahm Ehrenberg an den Verhandlungen um die Aufnahme Arizonas als Territorium teil. Er war der erste zivile Feldmesser und topographische Ingenieur in Arizona.

Als in den Apachenkriegen alle Siedler Tubacs nach Tucson flohen, zogen Poston und Ehrenberg nach Fort Yuma und weiter zum Pazifik. 1862 reiste Poston nach Washington und erreichte die Organisierung des Territoriums Arizona. 1863 kehrte er als Superintendent für Indianer zurück. Später unternahm er zahlreiche Reisen nach Europa und Asien. 1902 starb er im Alter von 77 Jahren in Armut in Phoenix. Ehrenberg, der in Kalifornien geblieben war, wurde 1866 bei Dos Palmas von Indianern getötet.

Zu den frühen deutschen Siedlern in Arizona gehörten die Brüder Fritz und Julius Contzen, die sich 1856 hier niederließen. Den Geschäftsmann L. J. F. Jäger trieben 1848 die Goldfunde in Kalifornien in die Neue Welt. Seine Laufbahn begann er als Koch auf Johnsons Steamer „General Jessup", der ihn 1849 zur Mündung des Gila River in den Colorado brachte. Hier blieb er und gründete eine Fähre über den Strom. Weiter ins Innere des Landes wagte er sich wegen der feindlichen Yuma nicht hinein. Jäger verlangte zwei Dollar pro Person für die Übersetzung.

1854 gründete Jäger an der Mündung des Gila die spätere Stadt Yuma, deren großer Förderer er wurde. Schon 1856 besaß er 60 000 Dollar. 1877 verkaufte er die Fähre an die Südpazifikbahn und besaß nun eine halbe Million Dollar. Dann heiratete er eine hübsche Mexikanerin, die ihm drei Kinder gebar. Er baute die Industrie der Stadt auf und machte sich um die Stadt hoch verdient. Als angesehener und reicher Mann starb er 1892 in Washington.

Auf andere Weise erwarb sich der deutsche Goldsucher und legendäre Besitzer der Lost Dutchman Mine, Walz, ein Vermögen. Er war ein typischer Grenzgänger seiner Zeit, eine dunkle Existenz, Desperado, Outlaw und Abenteurer, ein Kind des Wilden Westens.

Von dem „Dutchman" weiß man nicht viel. Er hieß Jakob Walz oder Wolz und kam 1808 in Deutschland zur Welt. Möglicherweise war er mit seinem Landsmann Wiser in den Bergen unterwegs und stieß dabei auf eine außerordentlich reiche Bonanza. Einzelheiten darüber sind unbekannt. Wiser mag von Indianern oder seinem Gefährten selbst getötet worden sein. Feststeht nur, daß Walz etwa ab 1870 bis zu seinem Tod Besitzer einer Mine war, von der niemand etwas Genaues wußte, aber jeder aufgrund von Walz' Lebenswandel ahnte, wie reich sie war. Walz führte ein üppiges Leben, gab sein Geld mit vollen Händen aus und holte sich neues, wenn er es brauchte. Er erlangte weite Berühmtheit. Alle Welt versuchte ihm die Mine abzujagen. Aber er schüttelte jeden Verfolger ab, verwischte immer wieder seine Spuren und brachte acht Männer um, denen er anders nicht entkommen konnte. Er soll seinen eigenen Neffen getötet haben. Nicht einmal seinem Freund Reinhard Petrasch, einem deutschen Bäcker in Phoenix, und seiner Freundin verriet er die Lage der Goldader. Die Zeitungen waren voll mit Geschichten über ihn. Walz war oft betrunken. Er starb am 22. Februar 1891 in Phoenix mit einer Schuhschachtel voll Gold unter dem Bett. Mit beinahe dem letzten Atemzug gab er freundlichen Nachbarn ein paar Hinweise, wie sie die Mine finden könnten. Der Eingang sei unter Eisenholzscheiten verborgen und mit Felsbrocken bedeckt. Doch konnte der wichtigste Markstein, ein Paolo Verde

Baum, der einen Ast in einer ganz bestimmten Richtung reckte, bis heute nicht gefunden werden.

Tausende versuchten, die Lost Dutchman Mine aufzuspüren: ohne Erfolg. Viele verloren ihr Leben auf geheimnisvolle Weise in den Canyons. In Arizona heißt es, in den Superstitions gehe es um und ein böser Fluch liege auf der Mine. Viele Legenden ranken sich um die mysteriöse Bonanza. Der „Dutchman" nahm ihr Geheimnis mit ins Grab.

Anders der Deutsche, der eine der reichsten Minen, vielleicht sogar die größte Goldfundstätte in Arizona entdeckte! Man erzählt sich, daß der Goldgräber Henry Wickenburg durch ein burro (Kaninchenart) auf die Ader aufmerksam gemacht wurde. Wickenburg hieß eigentlich Heinrich Heinsel und wurde 1817 in Essen geboren, nach anderen Quellen in Österreich. 1862 wanderte er aus unbekannten Gründen in die Staaten aus und trieb sich als Prospektor in Arizona umher. 1863 stieß er auf die Mine, die ihn und andere steinreich machte. Drei Jahre später gründete er hier die Niederlassung Wickenburg, die sich bald zu einer der größten Ortschaften in Arizona entwickelte und sogar beinahe Hauptstadt geworden wäre. Zwischen Ehrenberg und Wickenburg verkehrte eine Postkutsche.

Von der Gründung bis zum Einstellen der Mine in den achtziger Jahren wurde hier Gold im Wert von zehn Millionen Dollar geschürft. Banditenunwesen und der Konkurrenzkampf brachten Heinsel nur Sorgen. Zudem brach 1890 eine der schlimmsten Flutkatastrophen der Geschichte Arizonas über Wickenburg herein, als ein Damm nachgab. Achtzig Einwohner wurden getötet, auch Heinsels Ranch wurde zerstört. Heinsel zog sich in die Einsamkeit zurück, angeblich soll er 1905 an seinem 88. Geburtstag Selbstmord begangen haben, doch ist die Todesursache noch immer ungewiß.

Es gab noch andere seltsame deutsche Gestalten in Arizona. Ein komischer Kauz war der Friedensrichter in Tucson, das besonders von Banditen heimgesucht wurde. Er hieß Charles H. Meyer und war ein deutscher Apotheker. Angeblich besaß er nur zwei Bücher: „Materia Medica" und eine Abhandlung über Knochenbrüche. Aus diesen beiden Werken soll er der Überlieferung zufolge Inspirationen bei der Rechtssprechung gewonnen haben. Meyer ersetzte die alte Prügelstrafe durch Einsperren.

Das Jahr 1860 brachte den Umschwung im Verhältnis zu den Indianern. Cochise wurde ungerechtfertigt beschuldigt, einen weißen Jungen geraubt zu haben, und sollte unter der Friedensfahne verräterisch gefangen genommen werden. Zwar gelang es ihm zu entkommen, aber einige seiner Begleiter, alles Verwandte, wurden festgehalten und später gehenkt. Diese Ereignisse führten zu einem unerbittlichen Rachefeldzug. Begünstigt durch den Umstand, daß wegen des Bürgerkrieges zunächst fast alle Bundestruppen abgezogen wurden, gelang es Cochise elf Jahre lang, mit weniger als 200 Kriegern der US-Armee standzuhalten. Der Häuptling bewies mehr Geschick, zeigte mehr Grausamkeit und tötete mehr weiße Soldaten als irgendein Indianer vor ihm. Auch Mangas Coloradas führte seinen Krieg fort. Aber als er mit Cochise im Juli 1862 am Apache Paß eine Niederlage einstecken mußte und kurz danach schwer verletzt wurde, war er im Frühjahr 1863 zum Frieden bereit. Man sicherte ihm freies Geleit zu, dennoch wurde er von den Amerikanern ermordet. Sein Nachfolger Victorio, einer der gerissensten Guerillaführer der Indianer, unterstellte sich zunächst Cochise. Arizona war der Schauplatz des schrecklichsten Indianerkrieges der Geschichte. Über tausend Weiße kamen ums Leben.

Auch die Mescalero-Apachen in Neu Mexiko, geführt von Cadette, Chato und Estrella, nahmen den Kampf auf. Zu Beginn der sechziger Jahre zogen sie raubend und sengend am Rio Bonito entlang und führten am Rio Grande ihr blutiges Werk fort. Der Kommandant des Department of New Mexico, General James Carleton, ging schließlich energisch gegen sie vor und befahl dem alten Scout Kit Carson, sie zu fangen. 1863 schlug Carson die Mescalero derart, daß sie sich ergaben; aber Carletons Befehl, alle Männer zu töten, entsprach er nicht, sondern er erreichte an höherer Stelle, daß sie nach Bosque Redondo am Rio Pecos in eine vierzig Quadratmeilen große Reservation gebracht wurden, wo sie zu Ackerbauern umerzogen werden sollten. Dann zog Carson gegen die Navaho zu Felde und schaffte einige Tausend von ihnen ebenfalls nach Bosque Redondo. Hier, auf minderwertigem, wasserarmem Land, wo die Ernten nur Mißerfolge brachten, wo der Hunger umging, wo die Indianer von Komanchen überfallen wurden, hausten Navaho und Mescalero zusammen, ohne sich zu vertragen. Schon ab 1864 kam es unter den Mescalero zu Massenausbrüchen, vor allem unter Führung des alten schlauen Caballero, und bald suchte der Stamm erneut Neu Mexiko heim.

Gegen die Mescalero operierte nun der deutsche Offizier August V. Kautz. Nach seiner Teilnahme am Krieg gegen die Indianer in Oregon hatte Kautz 1859 bis 1860 Europa bereist. Dann brach der Sezessionskrieg aus, in dem Kautz bei den Unionstruppen Karriere machte. Am bekanntesten wurde er durch seine Teilnahme an den Kämpfen um Petersburg 1864, in denen er sich auszeichnete. Aufgrund seiner Tapferkeit stieg er bis zum Generalmajor der Freiwilligen auf. Am Ende des Krieges führte er die ersten Negerregimenter, mit denen er als erster in die Hauptstadt der Konföderierten Richmond einrückte.

Auch nach dem Krieg blieb Kautz in der Armee. Nach Lincolns Ermordung gehörte er dem Militärgericht an, das die Attentäter verurteilte. Bemerkenswerterweise waren auch unter den an Lincolns Mord Beteiligten Deutschamerikaner: Louis Weichmann, George Atzerodt und Edward Spangler; der Mord selbst wurde von dem Schauspieler Booth verübt.

Bei der Reorganisation der Armee nach dem Krieg wurde Kautz 1866 Oberstleutnant und kam 1869 nach Neu Mexiko. Hier befehligte er bis 1874 sein Regiment und beendete in dieser Zeit den Krieg gegen die Mescalero, gegen die er mehrere erfolgreiche Expeditionen organisierte. In den Jahren 1870 bis 1871 schaffte er 800 von ihnen ins Reservat. 1873 erhielten sie ein eigenes Reservat bei Tularosa im südöstlichen Neu Mexiko, wo sie Kautz ansiedelte. In der Folgezeit verhielten sie sich meist friedlich. Sie wurden „zwangszivilisiert", d. h. mußten ihr Haar kurz tragen und Kleider der Weißen anziehen, sie durften nicht mehr tanzen und mußten ihre Stammeszeremonien auf den 4. Juli, Weihnachten und das Erntedankfest beschränken. Etwa 1300 Mescalero leben heute auf dem Reservat und sind relativ wohlhabend.

In Arizona kommandierte General George Stoneman, der eine zweifelhafte Politik verfolgte. In seine Amtszeit fallen das schreckliche Camp Grant Massaker am 30. April 1871, in dem 108 Indianer – davon etwa 100 Frauen und Kinder – von weißem Pöbel umgebracht wurden, und die Niederlage der berüchtigten „Fliegenden Schwadron" von Leutnant Cushing am 5. Mai. Howard Cushing, ein kühner Offizier, der bei seinen Soldaten sehr geachtet war, hatte Anfang 1870 mit einem Feldzug gegen die Apachen in den Pinal-Bergen Aufsehen erregt. Damals hatte ihn der deutschstämmige Joe Felmer als Scout begleitet. Beinahe hundert Indianer waren dabei gefallen. Ein Jahr später wollte Cushing von Fort Lowell bei Tucson aus gegen Cochise reiten, um dessen Macht endlich zu brechen. Nur etwa zwanzig Soldaten begleiteten ihn, unter ihnen die Deutschamerikaner Fichter und Kilmarten. Er geriet in einen Hinterhalt des Chiricahua-Führers Juh und kam mit einigen seiner Soldaten ums Leben.

Stonemans Nachfolger wurde General Crook, der bei den Apachen geachtet war. Er schaffte in teilweise grausamen Kämpfen die meisten Stämme in die Reservate. Mit Cochise Frieden zu schließen, gelang allerdings nicht ihm, sondern dem Sonderbeauftragten Präsident Grants, General Howard, für den Crook nur Spott übrig gehabt hatte (1872). Aber auch Howards ehrlich gemeinte Versprechungen wurden von der Regierung nicht gehalten. Auf der Reservation, die für sie in ihrer Heimat angelegt worden war, wurden die Chiricahua in verschiedener Weise betrogen und gedemütigt. Bei einer Gelegenheit mußte der Agent Tom Jeffords aus eigener Tasche Vorräte kaufen, weil die Regierungslieferungen ausblieben. Nur weil Jeffords sich bereit erklärt hatte, Agent für die Chiricahua zu werden, hatte sich Cochise überhaupt zum Frieden entschlossen, mit Jeffords verband ihn schon seit vielen Jahren eine enge Freundschaft, die sogar dazu geführt hatte, daß beide Blutsbrüderschaft geschlossen hatten. Durch die ständigen Sorgen um seinen Stamm bekam Cochise ein Magenleiden, er starb am 8. Juni 1874.

Howard richtete eine neue große Reservation am Gila ein, das San Carlos Reservat. Ursprünglich lebten hier die Reste der unglücklichen Camp Grant Indianer unter Eskiminzin, bald aber wurden verschiedene der von Crook gestellten Banden hierher geschafft. Sie allerdings hielten sich nicht lange friedlich. Die Unruhestifter waren die Häuptlinge Chunz und Cochinay; auf der Camp Grant Reservation schloß sich ihrem Aufruhr der grimmige Delshay an. Seine Absicht aber, den Agenten Walter Schuyler umzubringen, wurde von dem Chef-Scout auf dem Reservat Al Sieber durchkreuzt. Al Sieber gehörte zu den bedeutendsten Gestalten der Grenzgeschichte Arizonas. Hätte Karl May für seine Gestalt Old Shatterhand ein historisches Vorbild gehabt, so hätte es Al Sieber sein müssen. Kein anderer Weißer kannte die Apachen besser als er.

Geboren wurde Sieber am 29. Februar 1844 in Baden, das kurz vor der Revolution stand. Sein Vater starb bald nach seiner Geburt, und die Mutter wanderte 1849 nach Pennsylvanien aus. Hier besuchte Al die Schule. 1856 starb auch die Mutter, und Al zog zu einer Schwester nach Minneapolis in Minnesota, wo er auf Farmen und Sägemühlen seinen Lebensunterhalt verdiente. Im Bürgerkrieg kämpfte er unter dem Namen Albert Sebers auf verschiedenen Kriegsschauplätzen, in der Schlacht von Gettysburg wurde er so schwer verletzt, daß er ein halbes Jahr im Lazarett lag. Er kehrte noch einmal zur Armee zurück und wurde 1865 ehrenhaft ausgemustert.

Im nächsten Jahr machte er sich nach Westen auf, um sein Glück in den Goldfeldern von Nevada und Kalifornien zu versuchen. Erfolg hatte er keinen, so schloß er sich 1868 einigen Männern an, die Pferde nach Arizona trieben, und kam so ins Apachenland. Bald war er Vormann auf einer großen Ranch. Hier gab es nur wenige verstreute Siedler, die unter ständigen Angriffen der Apachen zu leiden hatten. Von den Soldaten konnten sie nur wenig Schutz erwarten, sie mußten zur Selbsthilfe greifen, und Sieber errang sich bald einen Namen unter den Weißen, weil er die Verteidigung gegen die Apachen organisierte. Als der Führer der Siedler brachte er den Indianern eine empfindliche Schlappe bei, tötete eine Anzahl von ihnen, verjagte den Rest und rettete Hab und Gut der Siedler und ihr Vieh. Für seine Tapferkeit war er schon damals weit bekannt, die Armee wurde auf ihn aufmerksam, 1871 stellte sie ihn als Scout an, und von 1871 bis zum Herbst 1890 diente er als Chef-Scout in Arizona, zu einer Zeit, als dieser Posten zu den gefährlichsten in den Staaten gehörte. Als Scout, Dolmetscher, Führer des Militärs und Führer in Verhandlungen wurde Sieber zu einer legendären Gestalt und zu einem der berühmtesten Pfadfinder der Grenzgeschichte des Territoriums Arizona. Auch er ist hierzulande nahezu unbekannt geblieben. Seine Findigkeit, Zähigkeit und Schlauheit übertrafen die der meisten Indianer. Sehnig und breitschultrig gebaut, ein Hüne von etwa einem Meter neunzig, mit einem Gewicht von fast zwei Zentnern, war er außerordentlich stark, tapfer, entschlossen und besaß eine ungeheure Ausdauer, die ihn größere Entbehrungen ertragen ließ, als sie die meisten Indianer ertragen konnten. Die Apachen nannten ihn „Mann aus Eisen", er selbst lehnte jeden Spitznamen ab und war Weißen und Indianern einfach als „Sieber" bekannt.

Er hatte dunkle Augen und dunkles, langes Haar und sah gut aus. Er war ein unvergleichlicher Gewehrschütze und konnte mit seinen Scouts pro Tag 60 Meilen weit marschieren. Im Umgang mit anderen zeigte er sich meist zurückhaltend, manchmal kam ein roher, etwas derber Humor zum Durchbruch, vor allem während seiner Freizeit, die er oft mit Trinken und Spielen zubrachte, weil ihm ein häusliches Leben völlig fehlte – er heiratete nie. Aber er war ein wertvoller Kamerad und besaß viele

Freunde. Sein hoher Ehr- und Gerechtigkeitssinn wurden ebenso sprichwörtlich wie seine völlige Furchtlosigkeit.

Die grundlegende Indianerpolitik Crooks zielte unter anderem dahin, Apachenscouts anzuwerben und mit diesen ihre Rassegenossen zu bekriegen. Sieber kommandierte diese Truppen auf Feldzügen und war bisweilen der einzige Weiße, der sie begleitete. Das verschaffte ihm eine tiefe Einsicht in den Charakter und die Psyche der Apachen, er lernte ihre Dialekte und gewann das absolute Vertrauen und den Respekt seiner Leute. Es konnte vorkommen, daß er Apachen, gegen die er eben noch gekämpft hatte, bald danach als Scout anwarb, und kaum einer fand sich, der ihn betrog. Obwohl er unbeugsam war, wenn er sich durchsetzen mußte, verhandelte er mit den Indianern ehrlich und fair — aber seine Willensstärke und sein Mut wirkten so unüberwindlich, daß sich jeder unter seiner Führung geborgen fühlte. Übeltäter erschoß er, wenn er es für richtig hielt, ohne Bedenken mit eigener Hand. In den Kämpfen soll er persönlich 50 Indianer getötet haben, selber wurde er durch Kugeln oder Pfeile 29mal verwundet. Verschiedentlich verhandelte er mit Häuptlingen, die einen Aufstand planten, und da er Strenge mit Gerechtigkeit paarte, gelang es ihm, die Banden unter Kontrolle zu bringen.

Der Aufstand 1873 wurde bald niedergeschlagen. Cochinay fiel in diesem Jahr, Chunz ein Jahr später, und von Delshay hat man nichts mehr gehört. Die Apachen wurden auf die Reservate zurückgebracht. Zunächst herrschte Ruhe. Der Agent in San Carlos, John Clum, der „von den Indianern geachtet wurde, weil er sie achtete", hatte eine glückliche Hand im Umgang mit den Apachen und konnte 1875 sogar verantworten, daß das Militär von San Carlos abzog. Aber bald wurden alle Erfolge wieder zunichte. 1874 ging der Oberbefehl über die Reservationen vom Kriegsdepartment auf das Indian Bureau über, und dieses heckte eine „Konzentrierungspolitik" aus, nach der alle Apachen nach San Carlos gebracht werden sollten. Das heißt, man nahm ihnen das Land, auf dem man sie angesiedelt hatte und „das ihnen für immer gehören sollte", wieder einmal weg; und als man 1875 mit der Umsiedlung begann, wagten die meisten Indianer nicht, sich zu widersetzen. Crook wurde in diesem Jahr nach Norden versetzt, wo er im Krieg gegen die Dakota eine wenig rühmliche Rolle spielte, und brauchte nicht mitanzusehen, wie seine Befriedung der Apachen durch die unsinnige Politik zunichte gemacht wurde. Sein Nachfolger wurde Kautz, der inzwischen zum Obersten befördert worden war. Am 22. März 1875 übernahm der untersetzte, bärtige Mann Crooks Aufgabenbereich. Wie er bemühte er sich um das Vertrauen der Indianer. Er versuchte, seine Politik fortzusetzen, und einige Monate glückte es ihm, die Ruhe auf den Reservaten zu bewahren. Auf die Feststellung des Kommissionärs für indianische Angelegenheiten, er glaube jetzt, daß niemand mehr die Richtigkeit des Entschlusses, alle Apachen nach San Carlos zu bringen, in Frage stelle, antwortete Kautz heftig; nach seinen Beobachtungen gäbe es niemanden, der die Removal-Politik bejahe, abgesehen von den Leuten im Indian Department – der Erfinder der Removal-Politik, der Indianerbeauftragte Smith, wurde später von Carl Schurz entlassen!

Als das Indian Bureau die Umsiedlung der White Mountain Apachen nach San Carlos anordnete, baten die Indianer Kautz, in Washington für sie zu intervenieren. In der Antwort auf sein Gesuch warf man ihm „Feindseligkeit gegen die Friedenspolitik" vor. Vergeblich protestierte Kautz gegen die Zusammenführung der Apachen in San Carlos. Auch die Chiricahua unter Cochise' friedlichem Sohn Taza wurden unter Brechung aller Verträge und Versprechungen nach San Carlos geschafft (1876). Im Spätsommer 1876 reiste Clum mit Taza und anderen Apachen nach Washington, wo Taza an einer Lungenentzündung starb. Als sein Tod bei den Apachen bekannt wurde, hielten sich viele Krieger nicht mehr an ihre Friedensversprechen gebunden und flohen in die Berge. Die Führer dieser neuen Generation waren Nachise, ein anderer Sohn von Cochise, Nana, der grimmige Juh und der schlimmste von allen, der fanatische Goyatlay, „der Gähnende", den die Mexikaner Geronimo nannten. Im Juni 1829 geboren, war er als Zaubermann der Chiricahua ausgebildet worden. In der Zeit, als Cochise mit den Amerikanern in gutem Verhältnis lebte, kamen die Apachen auch mit den Mexikanern leidlich aus und tauschten mit ihnen in Casa Grandes Waren. Als sie 1858 einmal vom Tausch zu ihrem Lagerplatz zurückkehrten, war er von Mexikanern zerstört, und auch Geronimos Familie war fast gänzlich ausgelöscht. Geronimo hat ihren Tod so bitter gerächt, daß noch heute in Mexiko unartigen Kindern mit seinem Namen gedroht wird.

Oberst Kautz gehörte zu den wenigen Offizieren, die die Misere der Indianer erkannten und sich daher in der Wahl ihrer Mittel sehr mäßig zeigten. Vielleicht ist das auch der Grund, warum über Kautz in der gängigen Literatur kein Wort zu finden ist, in der ganz überwiegend nur die Schattenseiten der indianischen Geschichte behandelt werden. Er zählt nicht zu den sogenannten „Helden" der amerikanischen Wildwest-Geschichte. Dafür schuldeten ihm die Indianer umso größeren Dank.

Charakteristisch für Kautz' Einstellung war z. B. folgende Episode: Im Mai 1877 kam es im Fort Bowie-Gebiet zu Unruhen, in der Nähe des Postens wurden zwei Postreiter getötet. Kautz weigerte sich hartnäckig, einen schweren Vergeltungsschlag zu üben, bis er sichere Kunde über die Anzahl der beteiligten Indianer erhalten hatte. Natürlich wurde Kautz bei einer derartigen Haltung Ziel vieler Angriffe seitens der Siedler und der Territorial-Behörden, die seine Ablösung forderten und ihm Untätigkeit vorwarfen. In Wahrheit befahl Kautz schon im Juli 1876 regelmäßige Patrouillenritte, und im nächsten Jahr wurde die Aktivität noch gesteigert. Am Nordende der Huachuca Berge ließ Kautz ein neues Fort bauen, um die Truppenstärke in Südost-Arizona zu vergrößern.

Unterstützung fand Kautz, so seltsam es klingen mag, bei Geronimo. Dieser war im April 1877 von Clum in Neu Mexiko gestellt worden, man sperrte ihn ein, aber der Prozeß wurde ihm nicht gemacht, auch sonst wurden die Verhältnisse der Apachen nicht befriedigend geregelt, zu guter Letzt wurde sogar wieder Militär nach San Carlos verlegt, worauf Clum entrüstet zurücktrat und damit Jeffords Beispiel folgte. Aber Geronimo blieb friedlich, seine Farm wurde die vorbildlichste in San Carlos, und viele Krieger schlossen sich seiner Haltung an.

Bemerkenswerterweise wurde die Kritik an Kautz umso größer, je größer seine Erfolge wurden. Ende 1877 waren die meisten Apachen ins Reservat zurückgeschafft, für Monate war der Friede in den meisten Teilen Arizonas wieder hergestellt. Dennoch wurde Kautz im März 1878 durch General Orlando B. Willcox abgelöst.

Kautz diente von 1878 bis 1886 in Kalifornien, danach in Nebraska, und schließlich kommandierte er das Department Columbia. 1891 wurde er zum Brigadegeneral befördert, aber schon ein Jahr später zog er sich aus dem Militärdienst zurück und ließ sich in Seattle nieder, wo er 1895 starb. Er hinterließ den Ruf eines ungewöhnlich integren, ehrenhaften, intelligenten und fleißigen Offiziers.

Der Krieg gegen die Apachen ging weiter. Auch Willcox protestierte vergeblich gegen die Removal-Politik. Der große Unruhestifter zu Beginn seiner Amtszeit war der von den Weißen vielfach betrogene Victorio, der es meisterhaft verstand, sich gegen die Soldaten zu behaupten. Aber auch sein Ende war nur eine Frage der Zeit. Am 15. Oktober 1880 wurde er mit seinen Leuten von Mexikanern niedergemacht.

Nach Victorios Tod teilten sich die in Mexiko hausenden Apachen in mehrere kleine Banden. Eine führte der siebzig Jahre alte Nana, der 1881 in Arizona einfiel und den Soldaten mit unglaublichem Geschick immer wieder entkam. Willcox machte jedoch damit von sich reden, daß er den Aufstand niederschlug, den der Zaubermann Nock-ay-del-klinne 1881 inszenierte. Aber nur wenig später, im September, brachte Juh den Leiter der Agenturpolizei in San Carlos, Albert Sterling, um und machte sich mit Geronimo, Nachise, Chatto und Chihuahua davon, die alle von des Zaubermannes Prophezeiungen mitgerissen waren. Leutnant John Blake nahm unter Siebers Führung die Verfolgung auf, doch die Soldaten suchten vergebens. Anfang 1882 kehrten Nachise, Chihuahua und

Juh in die Reservation zurück und zwangen den seit einiger Zeit friedlichen Mimbreno-Führer Loco, sich an ihren Streifzügen zu beteiligen. Nach mehreren vergeblichen Vorstößen der Truppen entdeckte Sieber nach wochenlangem Suchen Locos Lager Ende April 1882 in Mexiko, das Captain William Rafferty ohne Umschweife angreifen ließ. Doch Loco entzog sich geschickt den Soldaten.

Am 17. Juli 1882 fiel der Scout Captain J. L. „Cibicue Charlie" Colvig den Indianern von San Carlos zum Opfer. Nach dem Anschlag flohen etwa 75 Apachen unter Na-ti-o-tish und zogen sengend und mordend in die Berge. Kavallerie unter dem alten Haudegen Captain Adna Chaffee nahm die Verfolgung auf. Scouts unter Sieber begleiteten sie. Der Weg durch das Tonto-Becken und entlang der Mogollon Berge verzehrte die Kräfte der Pferde, und die Flüchtlinge waren längst durch Rauchsignale vom Nahen der Soldaten in Kenntnis gesetzt. Am Rand eines über 300 Meter tiefen Canyons oberhalb eines Nebenflusses des East Clear Creek sammelten die Indianer Felsbrocken, um sie auf die Soldaten hinunterzustürzen, sobald sie unten durchritten. Sieber, der mit seinen Scouts den Weg erkundete, entdeckte die Falle; die Kavalleristen schwärmten aus und umzingelten die Apachen, während ein Teil die Aufmerksamkeit der Indianer auf sich lenkte. Im nachfolgenden Kampf wurden zweiundzwanzig Indianer, unter ihnen der Anführer, aus ihren Felsnestern geschossen; der Rest entkam in der Dunkelheit.

Anfang September 1882 kehrte Crook, der „Graue Wolf", wie er bei den Apachen hieß, nach Arizona zurück. Alle bedeutenden Häuptlinge befanden sich zu der Zeit mit ihren Banden in Mexiko. Auch Crook vermochte zunächst nichts auszurichten. Erst als ein Apache namens Tso-ay — bei den Weißen hieß er wegen seiner hellen Haut „Peaches" (Pfirsiche) — Chattos Bande verließ und, zu Crook gebracht, erklärte, er werde ihn zu dem Lager seiner Stammesgenossen führen, winkte Crook das Glück. Mit allen verfügbaren Soldaten, geführt von Sieber und seinen Scouts, verließ Crook am 1. Mai 1883 Fort Willcox und setzte sich mit solcher Hartnäckigkeit auf die

Fährten der Apachen, daß sie schon Ende des Monats kapitulierten. Crook behandelte die Anführer menschlich und schaffte so zwei Jahre Ruhe im Apachenland. Loco begrub das Kriegsbeil für immer, was die Armeeführung nicht hinderte, auch ihn 1886 nach Florida in die Verbannung zu schicken.

Noch immer war der Apachenkrieg nicht beendet. Als man den Apachen neben dem Genuß des Feuerwassers auch den des vergleichsweise harmlosen „Apachenbieres", des Tiswin, verbot, fühlte sich Geronimo nicht mehr an sein Friedensversprechen gebunden und brach im Mai 1885 mit einer kleinen Schar aus dem Reservat aus. Sicher war aber weniger das Verbot des Tiswin schuld an dem Aufstand als Geronimo selbst, der zu viel Haß im Herzen trug, als daß er es lange im Frieden ausgehalten hätte. Dazu gesellten sich Gerüchte über mögliche Verhaftungen und Unzufriedenheit über das Leben auf dem Reservat. Wieder wurde das Grenzgebiet verheert, sechs Indianer fielen – und 73 Soldaten und Siedler. Crook, schier am Verzweifeln, sandte Kavallerie unter Captain Emmet Crawford mit 92 Indianerscouts unter Sieber ins Feld. Schon Ende Juni stießen die Scouts auf Geronimos Lager, aber der verwegene Häuptling entkam; und ein weiteres halbes Jahr entging er immer wieder den zahlenmäßig weit überlegenen Truppen.

Sieber wurde unterdes vorübergehend von seinem langjährigen Gefährten Tom Horn als Chef-Scout vertreten. Daher nahm er an den letzten Kämpfen gegen Geronimo nicht teil. Es dauerte noch bis zum September 1886, 5000 Soldaten wurden aufgeboten, Crook wurde durch General Miles ersetzt – dann erst gelang es, Geronimo zum Frieden zu bewegen. Fast alle Chiricahua und Mimbreno wurden nach Florida deportiert, darunter selbst freundliche, die geholfen hatten, den Krieg zu beenden. Erst 1894 durften sich die Indianer wenigstens in Fort Sill niederlassen. Dort starb Loco Anfang des 20. Jahrhunderts und Geronimo im Jahre 1909. 1907 gestattete man 250 Apachen, sich den Mescalero anzuschließen, der Rest mußte bis nach dem Ersten Weltkrieg in Fort Sill bleiben. Dann erst sahen diese Apachen ihre Heimat wieder. Nachise starb 1921.

Meistens wird das Ende des Apachenkrieges mit Geronimos Kapitulation gleichgesetzt. In Wahrheit gab es noch kein Ende. Einen Privatkrieg führte noch bis etwa 1889 der Apache Massai, der dem Gefangenenzug nach Florida entkommen war. Er war so wild, daß niemand jemals seine volle Geschichte erfuhr. Nach ihm erregte noch einmal ein Apache Schrecken, Ski-Be-Nan-Ted, ein ehemaliger Scout Siebers, der unter Weißen aufgewachsen war. Sein Vater war ein bekannter Häuptling, der 1887 von Indianern in San Carlos getötet wurde. Apache Kid, wie der damals 25jährige Ski-Be-Nan-Ted später genannt wurde, wollte die Mörder verfolgen, erhielt aber nicht die Erlaubnis, das Reservat zu verlassen. Daraufhin stahl er sich heimlich fort und brachte die Mörder um. Als er zurückkehrte, sollte er von Sieber festgenommen werden. Widerstrebend gehorchte der alte Scout und erklärte dem jungen Mann den Grund seines Kommens. Was dann geschah, ist mit letzter Sicherheit nicht mehr geklärt worden. Es scheint aber, daß gegen den Willen Ski-Be-Nan-Teds seine Begleiter das Feuer auf Sieber eröffneten und ihn niederschossen und dann in die Berge flohen. Sieber überlebte, aber ein Bein blieb seitdem für immer gelähmt. Apache Kid schüttelte die Verfolger ab, kehrte aber später zum Reservat zurück, um unter seinem Volk Schutz zu suchen. Dann ergab er sich; man machte ihm den Prozeß und verurteilte ihn 1889 zu zehn Jahren Gefängnis. Aber als er die Strafe antreten sollte, gelang es ihm, sich und andere Apachen zu befreien, er tötete das Bewachungspersonal und floh. Militär, das ausgesandt wurde, ihn zu fangen, gelang es nicht, ihn aufzuspüren. Sieber, der an der Verfolgung teilnahm, hatte seine frühere Beweglichkeit verloren und fand diesmal keine Spuren mehr. Als er außerdem 1890 von seinem Posten als Chef-Scout entlassen wurde, war die Chance, Apache Kid zu finden, nur mehr ganz gering. Sieber, der für seinen Gerechtigkeitssinn bekannt war, setzte sich für die Indianer auf San Carlos ein, die von dem Agenten betrogen und schlecht behandelt wurden. Eskiminzin, einer der führenden Häuptlinge hier, hatte noch kurz vor seinem Tode — er starb 1895 — besonders unter den Intrigen der Agenten zu leiden, wurde schikaniert und bewahrte dennoch den Frieden, gerade Eskiminzin, dessen ganze Familie dem Camp Grant Massaker zum Opfer gefallen war. Eine Zeitlang mußte auch er in Florida hausen, weil man ihn beschuldigte, mit Apache Kid zu sympathisieren. Sieber prangerte den Agenten John Bullis an, einen Veteranen des Apachenkrieges, der den Indianern alles andere als wohlgesonnen war, und wurde daraufhin am 1. Dezember 1890 von Bullis entlassen.

Hohe Prämien wurden auf des Apache Kid Kopf ausgesetzt, aber er blieb verschwunden. Zuletzt wurde er 1894 gesehen. Verschiedene Legenden erzählte man sich von ihm, aber wie Massai war er eines Tages dem Gesichtskreis entschwunden. Sicher war Apache Kid nicht einfach ein Bandit, wie er von Dee Brown genannt wird. Der letzte amtlich gemeldete Apachen-Überfall fand im Jahre 1900 in Chihuahua auf eine Mormonensiedlung statt.

Al Sieber erhielt lange keinen Dank, keine Bezahlung im Alter und fand nach seiner Entlassung nur noch wenig Beachtung. Er ließ sich in Globe nieder und verdiente sich seinen Lebensunterhalt mit der Schätzung des Wertes von Minen, die er früher ausfindig gemacht hatte. Als 1905 mit dem Bau des Roosevelt-Dammes begonnen wurde, übernahm Sieber die Leitung der Apachen, die die Straßenarbeiten verrichteten. 1907 wurde während des Baus eine Felsspitze weggesprengt, die einen großen Geröllblock zurückließ; dieser balancierte unsicher auf einem kleineren Stein. Sieber hatte sich während der Apachenkriege nicht gescheut, auf Indianer zu schießen, aber er erkannte hier die Gefahr und hielt die Apachen zurück, um selbst den Stützstein herauszuschlagen. Wegen seines lahmen Beines konnte er nicht schnell genug zurückspringen und wurde von dem nachstürzenden Fels getötet. Das geschah am 19. Februar 1907. Mit militärischen Ehren wurde er in Globe beigesetzt. Als sein Tod in Phoenix bekannt wurde, verschob die gesetzgebende Versammlung ihre Sitzung auf den folgenden Tag, um damit seinem Andenken Ehre zu erweisen. Auf dem Friedhof in Globe errichtete ihm die Territorialbehörde ein Denkmal; ein zweites wurde ihm an der Stelle, an der er gestorben war, gesetzt — hierfür gaben die Apachen die Anregung, und sie halfen bei der Aufstellung. Der Berg, auf dem dieses Denkmal steht, trägt den Namen „Sieber". Bei den Apachen blieb der „Mann aus Eisen" unvergessen.

Sieber wurde von Historikern zu den hervorragendsten Gestalten der Grenzgeschichte Arizonas gezählt und neben Persönlichkeiten wie Clum oder Mangas Coloradas gestellt. Der bedeutendste Apachen-Führer war Cochise. Sein Grab ist unbekannt geblieben. Der Berg Say Yahsedut, auf dem nach dem Glauben der Apachen die Toten hausen, heißt Cochise Head, weil seine Form an das Gesicht des Häuptlings erinnert. Im Stronghold Canyon in der Nähe des Apachenpasses ist das „Ghostland" von Cochise — hier ernten die Apachen keine Ahorns.

Die letzte Grenze

Im Jahre 1910 gab es etwas über acht Millionen Amerikaner deutscher Herkunft. Sie pflegten zwar das kulturelle Erbe der Heimat, aber sie fühlten sich stets als Amerikaner, und vermutlich hätten sie sich mit der Zeit vollständig assimiliert, wenn der Erste Weltkrieg nicht eine Welle des Deutschenhasses in den USA erzeugt hätte. Wie die Deutschen wurden auch die Deutschamerikaner als „Hunnen" und „Barbaren" diffamiert. Es entstanden Sicherheitskomitees, die, meist illegal, auf angebliche deutsche Spione Jagd machten. Jeder Pazifist wurde als prodeutsch gebrandmarkt. Hunderttausende gesetzestreuer Deutschamerikaner hatten Furcht vor amerikanischem Pöbel. Die deutsche Sprache wurde verboten, ebenso deutsche Veranstaltungen. Deutsches Essen wurde aus den Restaurants verbannt. Selbst das „Sauerkraut" wurde in „Liberty Cabbage" umbenannt. Es kam zu Straßenkämpfen und Lynchmorden. Präsident Wilson sah dabei in einer für ein Staatsoberhaupt unverständlichen Einseitigkeit nahezu tatenlos zu.

Zwar verlor sich die antideutsche Hysterie nach dem Krieg, aber von dem damals erlittenen Schlag hat sich die deutsche Kulturgemeinschaft in Amerika nicht mehr erholt. Zwischen 1920 und 1933 wanderten viele Deutschamerikaner nach Deutschland zurück. Doch wurde seit 1920 wieder ein Deutscher Tag gefeiert, und 1930 entstand die Carl-Schurz-Memorial-Foundation.

Die zwanziger und dreißiger Jahre waren in Amerika von schweren Wirtschaftskrisen geprägt. Ein scharfer Kritiker des gesellschaftlichen Lebens in dieser Zeit war der deutschstämmige Dichter Theodore Dreiser. 1933 wurde Franklin D. Roosevelt Präsident; kein anderer Präsident hat so viele deutsche Juden unter seinen Beratern gehabt wie er. Sein erster Kriegsminister — bis 1936 — war der deutschstämmige Politiker George Dern aus Nebraska, sein Innenminister der Pennsylvaniendeutsche Harold Ickes (bis 1946). In Deutschland kam Hitler an die Macht. Während die Deutschamerikaner im Ersten Weltkrieg teilweise mit dem Deutschen Reich sympathisierten, stießen die Vorgänge im nationalsozialistischen Deutschland bei ihnen auf heftige Ablehnung. Den Nazis gelang es auch nie, einen ebenso umfassenden Sabotage- und Spionagering in den USA zu organisieren wie dem Deutschen Reich im Ersten Weltkrieg.

Die Flüchtlinge aus Hitler-Deutschland, die in den USA Zuflucht fanden, sind Legion: Künstler, Schriftsteller, Architekten, Wissenschaftler, Dirigenten, Komponisten, Regisseure — wir können ihre Namen hier nicht aufzählen. Die Physiker Albert Einstein und Otto Stern gehörten dazu, und ebenso die Brüder Thomas und Heinrich Mann, die Schauspielerin Marlene Dietrich oder der Architekt Walter Gropius. Viele bedeutende deutsche Persönlichkeiten haben wesentlich zum Aufbau Amerikas in diesem Jahrhundert beigetragen.

In der amerikanischen Armee dienten im Zweiten Weltkrieg zahlreiche Deutschamerikaner. Die Vorfahren von General Eisenhower, dem späteren Präsidenten, stammten aus Deutschland, und der erfolgreich im pazifischen Raum operierende Generalleutnant Walter Krueger war sogar in Deutschland geboren worden. Das schaurige Spiel des Zweiten Weltkriegs endete mit dem Abwurf der ersten Atombombe, an deren Entwicklung auch deutsche Spezialisten — wie Robert Oppenheimer — beteiligt waren. Albert Einstein hatte ihren Bau vorgeschlagen, und Klaus Fuchs, einer der Mitarbeiter, verriet einen Teil der Pläne an die Sowjets. Roosevelts Nachfolger Truman befahl den Abwurf wider alle Vernunft und Notwendigkeit. Trumans Innenminister war der Deutschamerikaner Julius A. Krug aus Wiskonsin. Unter dem Eindruck des Abwurfs rief der Österreicher Viktor Paschkis in Amerika eine „Gesellschaft für Verantwortung in der Wissenschaft" ins Leben, die es nun auch in Europa gibt. Das Zustandekommen des Hilfswerkes für das deutsche Volk nach dem Krieg war vor allem dem Berliner Emigranten Leonard Enders zu verdanken.

Auch nach dem Krieg wanderten viele Deutsche nach den USA aus. Viele deutsche Wissenschaftler und Hochschulabsolventen fanden in den USA wesentlich bessere Arbeitsmöglichkeiten als in der Bundesrepublik Deutschland. Berühmtheit in aller Welt erlangten die deutschen Raketenfachleute mit Wernher von Braun an der Spitze. Für viele gilt er als bedeutendster und erfolgreichster Deutscher in Amerika. Der Astronaut Frank Borman, der Kommandant von „Apollo 8", die Weihnachten 1968 den Mond umrundete, hat deutsche Vorfahren.

Neben den Wissenschaftlern wurden deutsche Regisseure und Schauspieler in Amerika bekannt, die es nach Hollywood zog. Max Kade und Henry Kaiser brachten es zu reichen Industriellen, sie waren „Selfmademen" beinahe im Stile Johann Jakob Astors. Zehn von den fünfzig bedeutendsten amerikanischen Schwimmern von 1910 bis Mitte der fünfziger Jahre waren deutscher Abstammung.

Ein Spötter suchte einmal auf die Frage eine Antwort, was wohl geschehen wäre, wenn Amerika im Zweiten Weltkrieg von Deutschland erobert worden wäre, und kam belustigt zu der Antwort, daß auch ohne tatsächliche Eroberung Amerika von den Deutschen beherrscht würde. Deutschamerikanische Präsidenten-Berater oder Kabinettsmitglieder waren in keinem Jahrhundert so zahlreich wie in diesem. Eines der letzten Beispiele dafür gab der in Fürth geborene Außenminister Henry

Kissinger. Und die Entwicklung von Wirtschaft und Wissenschaft in Amerika ist ohne Deutsche nicht zu denken.

Noch immer existieren deutsche Zeitungen (wie die „New Yorker Staatszeitung und Herold") in Amerika, deutsche Vereine und sogar deutsche Radioprogramme. Noch immer werden deutsche Gottesdienste gefeiert und deutsche Sängerfeste abgehalten. 1948 entstand die Steuben-Schurz-Gesellschaft, die die Beziehungen zwischen Deutschland und Amerika fördert. In jedem Jahr findet am letzten Samstag im September die Steuben-Parade in New York statt, die größte öffentliche Demonstration des Deutschamerikanertums. Große Verdienste erwarb sich um die Parade der gebürtige Schlesier Willie E. Schoeps. Als ihm von Bundespräsident Lübke das Bundesverdienstkreuz Erster Klasse verliehen wurde, meinte er: „Der Dank gebührt allen, die selbstlos und unermüdlich an der Steubenparade, am deutsch-amerikanischen Vereinsleben und an der besseren Verständigung zwischen den Vereinigten Staaten und der Bundesrepublik gearbeitet haben."

Während sich der Aufstieg der USA zur Weltmacht vollzog, blieb eine Bevölkerungsgruppe im Schatten: die Indianer. Vom Wilden Westen sind nicht viel mehr als Klischeevorstellungen und falsche Romantik übriggeblieben. Der Kampf der Indianer um ihre Behauptung und ihre Anpassung war nicht minder schwer als der um ihre Freiheit. Wo Indianer und Weiße in Nachbarschaft lebten oder arbeiteten, warfen die Weißen den Indianern fast immer nur Knüppel zwischen die Beine. Arbeitslosigkeit, Resignation, Alkoholismus, hohe Selbstmordraten — das sind die für viele Reservationen typischen Kennzeichen.

Die humanen Pläne von Schurz und die darauf fußenden Vorstellungen des Dawes-Gesetzes scheiterten nicht nur, sondern sie wurden ins gerade Gegenteil verkehrt. Das Ziel, die Indianer am wirtschaftlichen und gesellschaftlichen Leben der USA gleichberechtigt teilnehmen zu lassen, liegt noch immer in weiter Ferne. Zwischen 1887 und 1934 wurden die Indianer um mindestens eine Milliarde Dollar in bar betrogen. Hatte man ihnen damals 55,2 Millionen Hektar Land zugesprochen, so waren 1934 davon nur noch 19 Millionen übrig — und zwar immer nur der schlechteste Teil. Und obwohl die Indianer 1924 die amerikanische Staatsbürgerschaft erhielten, sind sie nach wie vor „Mündel" des Indianerbüros, die, wenn sie auf Reservaten leben, keine rechtsgültigen Verträge schließen können.

Nur zu Beginn der New-Deal-Ära unter Roosevelt konnten der pennsylvaniendeutsche Innenminister Harold Ickes und der Indianerbeauftragte John Collier versuchen, auch für die Indianer die Lebensverhältnisse zu verbessern, aber Roosevelt hatte bald mit anderen Schwierigkeiten zu kämpfen und wandte sich „wichtigeren" Problemen zu. Auch in den fünfziger und sechziger Jahren wurden viele Stämme im Zuge der „Terminationspolitik" um ihr Land gebracht. Man verpflanzte die Indianer ohne Übergang in die Zivilisation und gab ihnen zwar formell die gleichen Rechte wie sie die Weißen hatten, man übersah aber völlig, daß die Indianer aufgrund ihrer Traditionen und ihres andersartigen Welterlebnisses ein Leben wie die Weißen nicht führen konnten. Wohlhabende Stämme wie die Menomini wurden ruiniert, und andere Stämme wie die Cherokee in Oklahoma an den Bettelstab gebracht. Profitgier, Streben nach individuellem Besitztum, das durchtriebene Ränkespiel in einer höchst komplizierten Wirtschaftsordnung – all das bleibt den Indianern fremd. Konnten schon viele Einwanderer aus Europa in einem derartigen System nicht heimisch werden, um wie viel schwieriger war das noch für die „ersten Amerikaner", die eine ganz andere Mentalität besitzen und den Intrigen weißer Firmen heute ebensowenig gewachsen sind wie früher den Machenschaften der Agenten und Händler.

In Deutschland wird das Schicksal der Indianer in weiten Bevölkerungskreisen mit großer Sympathie verfolgt. Es liegt sicher nicht nur an der Verzauberung, die von Karl-May-Lektüre auf die Jugend noch immer ausgeht, aber sie hat zweifellos großen Anteil daran. So erscheint es auch ungerecht, daß in einigen neuen Büchern über die von den Weißen in Amerika verübten Untaten darauf hingewiesen wird, daß hier die „Realität" aufgezeigt und mit Mayschen „Phantasiegespinsten" aufgeräumt werde. May war wohl ein „Märchen-Erzähler", aber sicher nicht im negativen Sinn. May hat „Tagträume" erzählt; er hat die

Welt in Worte gekleidet, mit der sich der Heranwachsende einer bestimmten Altersstufe identifizieren kann, und hat damit für die unterdrückten Ureinwohner wahrscheinlich mehr Sympathie geweckt als viele der „realistischen" Schilderungen, deren Wahrheitsgehalt auch nicht immer unanfechtbar ist.

Wenig bekannt geworden ist, daß sich Karl May im hohen Alter auch philosophisch mit dem Schicksal der indianischen Rasse auseinandergesetzt hat. Niedergelegt sind diese für einen „Abenteuer- und Jugendschriftsteller" immerhin erstaunlichen Gedanken in seinem letzten Roman „Winnetou Band IV", der heute als „Winnetous Erben" im Handel ist. Man kann zu diesen Gedankengängen stehen wie man will, man wird aber einen ähnlichen Versuch, das indianische Schicksal von der philosophischen Seite her zu betrachten, in der deutschen Literatur ein zweites Mal nicht finden.

„Winnetou IV" beruht auf den Eindrücken, die May während seiner Amerikareise 1908 (seiner einzigen) gewann. In symbolischer, ins Surrealistische vorstoßender Form beschäftigt sich May darin mit Problemen, Aufgaben und Zukunft der Indianer. Was er als „seelischen Schlaf" der Indianer bezeichnete, erwies sich in dieser Zeit (und leider teilweise noch heute) tatsächlich in den Reservaten: Für die Indianer gab es nur noch Resignation, Apathie und Hoffnungslosigkeit. Begraben der Vergangenheit, Aussöhnung mit den Weißen, Teilnehmen an der Zivilisation in Form aktiver Mitgestaltung, nicht in Form passiver Hinnahme — das sind für May die entscheidenden Punkte zur Überwindung des Traumas. Aber das Buch weist im Schlußteil — mystisch überhöht (der bekannte Schriftsteller Arno Schmidt hat May als „letzten Großmystiker der deutschen Literatur" bezeichnet) — noch mehr aus: Weiße und Indianer verbrüdern sich in einem Bündnis, einem „Clan", der sich über die ganze Welt verbreiten und überallhin den Gedanken der Nächstenliebe tragen wird. Amerika wird zum Ursprungsland einer weltumspannenden Bewegung des Friedens und der Humanität. Entscheidender Einfluß kommt dabei nach

Mays Ansicht deutschem Geistesgut zu. Als Symbol dafür gilt der deutsche Lehrer Winnetous: Klekih-petra sowie Old Shatterhand, in der sich die den Indianern gestellte Aufgabe verkörpert, und man kann vermuten, daß May von Schurzschen Ideen berührt gewesen ist.

Karl May ist den Indianern kein Unbekannter geblieben. Karl-May-Filme zu zeigen, beschlossen vor ein paar Jahren Sioux-Indianer in Süd-Dakota. Im August 1963 hatte Häuptling R. Pine beim Indian-National-Council in Winnipeg erklärt: „Mein Stamm kennt Karl May, und der Name Winnetou ist mir geläufig wie mein eigener. Karl May verdient, in Kanada ein Denkmal gesetzt zu bekommen." Und im Januar 1928 hatte der Sioux-Häuptling Susetscha Tanka (Große Schlange) am Grabe Karl Mays gesagt: „Dein Gesicht war weiß, aber dein Herz war rot wie das deiner roten Brüder. Wir möchten dir Totempfähle in jedem Dorf aufstellen, allein, es gibt keine Dörfer des roten Mannes mehr, sie sind zu Schutt und Asche verbrannt. Vergessen sind die Zeiten, wo der rote Mann gegen den weißen Mann kämpfte, vergessen die Ströme Blutes, die flossen, um dem roten Mann das Land zu erhalten, in dem seine Väter den Büffel jagten."

Die Weißen machten es den Indianern unmöglich, den Weg zu beschreiten, den May sich für sie gewünscht hatte. Nur ganz wenigen Stämmen gelang es, ihre eigene Mentalität mit den Ansprüchen der modernen Welt so weit zu versöhnen, daß sie ein vernünftiges Leben führen können. Das bemerkenswerteste Beispiel dafür gaben die Tlinkit in Alaska, die mit dem Dorf Metlakatla unter Anleitung des Missionars William Duncan schon vor der Jahrhundertwende das fortschrittlichste und vorbildlichste indianische Gemeinwesen schufen. Metlakatla blüht noch immer, Carl Schurz und Karl May hätten, jeder auf seine Weise, ihre Freude daran gehabt. Wie Duncan gab es immer wieder Weiße, die die Indianer nicht als Ausbeutungsobjekt ansahen, das man betrügen und übervorteilen konnte, und einige von ihnen waren Deutsche. So erwarb sich Pater Bernard Strassmaier, der im November 1886 auf die Standing Rock Reservation kam, als „Apostel der Sioux" um die Dakota große Verdienste. Der Benediktiner-Missionar, der aus Bayern stammte und 1940 in Fort Yates starb, hat Sitting Bull noch persönlich kennengelernt. Aber die Dakota haben den Sprung in die moderne Welt nicht geschafft, die Oglala zählen zu den ärmsten Indianern Nordamerikas, hier konnten auch Bewegungen wie die Red-Power-Bewegung eher Fuß fassen, die nach Jahrzehnten des Abwartens und Hoffens endlich lautstark Reformen verlangt.

Viele Freunde unter den Weißen fanden die Schwarzfuß-Indianer, die im 19. Jahrhundert erbitterte Feinde der Pelzhändler und Siedler gewesen waren. Ihr Häuptling Büffelkind Langspeer (1893–1932) war einer der erfolgreichsten Indianer überhaupt: ein West Pointer, Flugschein-Inhaber, Schriftsteller, Film-Regisseur u. a. m. Zu den Weißen, die sich der Schwarzfüße annahmen, gehörte der Maler Winold Reiss, dessen Vorfahren aus dem Schwarzwald stammten und der in München studierte. Er emigrierte zu Anfang dieses Jahrhunderts nach New York und zog in den zwanziger Jahren nach Montana. Viele Jahre hielt er sich bei den Schwarzfüßen in St. Mary's Chalets im Gletscher-Nationalpark auf. Die Schwarzfüße adoptierten ihn und gaben ihm den Namen Kseks Tauepons, Biberkind. Berühmtheit erlangten seine Portraits zahlreicher Indianer, die zu den besten zählen, die es von den Schwarzfüßen gibt.

Anpassungsfähig erwiesen sich vor allem die Indianer des Südwestens, die Irokesen und die im Osten zurückgebliebenen Cherokee. Diese und die Apachen brachten es zu Wohlstand, weil sie den Tourismus geschickt auszunutzen verstanden. Zu den Weißen, die den Apachen halfen, sich mit der Vergangenheit auszusöhnen, gehörte der Rostokker Reverend Franz Uplegger, der 1919 als Missionar ins Apachenreservat kam. Mit seiner Frau mußte er zunächst wie die Indianer in einer Hütte leben. Nach und nach gewann er das Vertrauen der Indianer. Uplegger verfaßte als erster eine Grammatik der Apachen und erfand für sie eine Schrift. Er war bei den Apachen sehr beliebt, als „Gentleman-Missionar" lebt er in ihrem Gedächtnis fort.

Überlebt und mit den Weißen arrangiert haben sich auch die Pueblo-Indianer und die Navaho. Als Kuriosität sollte erwähnt werden, daß ein deutsches Fernsehteam Mitte der sechziger Jahre bei den Navaho eine Blaskapelle vorfand, die am besten einen deutschen Marsch spielen konnte.

Auf Regierungsebene bemühte sich der „Outstanding American Indian" Benjamin Reifel um eine Verbesserung der Verhältnisse. Reifels Mutter war die Sioux-Indianerin Lucy Lily Burning Breast, sein Vater der Deutsche William Reifel. In einem Blockhaus in Parmelee, Süd Dakota, kam Ben 1906 zur Welt. Er war von 1933 bis 1960 einer der führenden Leute im Indianerbüro und zwischendurch mehrere Jahre Superintendent für die Dakota. Für seine Verdienste erhielt er eine Reihe von Auszeichnungen, so 1956 den Ehrentitel „Hervorragender Amerikanischer Indianer". Schließlich zog er als Abgeordneter Süd Dakotas ins Repräsentantenhaus ein und gehörte dem 87., 88., 89. und 90. Kongreß der Vereinigten Staaten an.

Viele deutsche Reisende besuchten die Indianer und versuchten dann zu Hause, Sympathien für sie zu wecken. So ist das Leben des Zirkusdirektors Hans Stosch-Sarrasani mit Amerika verbunden. Schon 1912 hatte er mit Hilfe von Zack Miller Sioux-Indianer nach Deutschland gebracht. Millers Großvater, der sich noch Müller schrieb, hatte sich in Oklahoma niedergelassen und dort Indianern gegen Weiße Schutz geboten. Zack Miller war teilweise bei Indianern aufgewachsen. Zu den Indianern, die er nach Deutschland brachte, gehörte Häuptling Two Two, der 67jährig 1914 in Dortmund starb. Sein letzter Wunsch war es, in Dresden begraben zu sein: „Das wahre Glück dieses Lebens war mir in den letzten beiden Jahren in Deutschland beschieden, dort will ich zu Erde werden, in der schönsten Stadt dieses Landes, in Dresden."

Vom Zirkus zu den Indianern fand der ehemalige Wiener Gärtnerlehrling Ernst Tobis, der sich Patty Frank nannte und langjähriger Verwalter des Karl-May-Museums in Radebeul war. Als Karl May 1908 in New York an Land ging, wartete auch Patty Frank in der Menschenmenge. Frank begleitete „Buffalo Bill" Codys Wildwestschau und entdeckte dabei seine Liebe zu den Indianern. Als Historiker und Sammler indianischer Gebrauchsgegenstände machte er sich einen Namen; er errang sich auch das Vertrauen der Indianer in großem Maß.

Der frühere deutsche Bundeskanzler Konrad Adenauer besuchte im Juni 1956 anläßlich seines Amerikaaufenthaltes unter anderem Milwaukee. Die „Consolidated Tribes of American Indians" hatten Vertreter zu seiner Begrüßung entsandt, weil sie gehört hatten, daß der Kanzler an ihren Gebräuchen interessiert war. Sie führten den Zeremonientanz vor, durch den man in einen Stamm geleitet werden kann. Danach ernannte Morris Wheelock Dr. Adenauer zum Ehrenmitglied der „Consolidated Tribes", und er erhielt einen indianischen Kopfschmuck und den indianischen Namen „Ein wertvoller Mensch, der in hohem Ansehen bei seinem Volke steht".

Zahlreiche Deutsche berichteten über ihre Erlebnisse mit Indianern. Der bekannte Psychologe C. G. Jung spricht an einer Stelle davon, daß er sich „mit einem Pueblo-Indianer, meinem Freund Ochwia Biano (der Bergsee) . . . in der menschlichen Ursprache des inneren Gesichts unterhalten konnte." In neuerer Zeit sind Joseph Balmer, Axel Schultze-Thulin und Thomas Jeier, die alle drei die Verhältnisse aus eigener Anschauung kennen, mit Arbeiten über die Indianer hervorgetreten. Freunde unter den Santi, Chippewa und Algonkin gewannen die bedeutenden Völkerkundler Julius und Eva Lips.

Bei ihren Reisen nach Labrador haben die Lips die Grenze der Zivilisation in doppeltem Sinn überschritten. Zwar leben die meisten amerikanischen Indianer noch immer jenseits der Grenze einer Zivilisation, von deren Errungenschaften sie ausgenommen bleiben, aber im Norden Alaskas und Kanadas nicht nur im übertragenen, sondern in dem konkreten Sinn, den der Begriff „Frontier" seit jeher gehabt hat. Die „letzte Grenze" des zivilisierten Amerika verläuft entlang der meisten Reservate und dann am Rande der unberührten Natur, der riesigen Wald- und

Tundrengebiete im „wilden Norden" des Kontinents.

Mit der Erforschung Alaskas sind manche deutschen Namen verbunden. Schon der Beringschen Expedition, die 1741 Alaska entdeckte und für Rußland in Besitz nahm, gehörte der deutsche Arzt und Naturforscher Georg Wilhelm Steller an. Und Teilnehmer an späteren Expeditionen waren die bedeutenden Naturforscher Thaddäus Haenke (1792), Georg Freiherr von Langsdorff (1805) und Adalbert von Chamisso (1816), der die zweite russische Weltumseglung unter Otto von Kotzebue mitmachte.

Ende des 19. Jahrhunderts wurde die Geschichte Alaskas vor allem von den Goldfunden beherrscht. Bemerkenswerterweise wurde das erste Gold in Alaska von dem deutschen Baron Otto von Bendeleben gefunden (1865), der zu den Männern gehörte, die eine Telegraphenleitung von Amerika nach Asien und Europa verlegen sollten. Auch deutsche Wissenschaftler waren in Alaska unterwegs. Im Jahre 1882 überquerte der Bremer Geograph Arthur Krause als erster den Chilcoot-Paß. Julius Klotz, als Sohn eines Kieler Emigranten in Kanada geboren, nahm dreißig Jahre lang an Expeditionen in Britisch Kolumbien, in Alaska und im kanadischen Nordwesten teil, bevor er 1908 Direktor des kanadischen Zentral-Observatoriums wurde. 1883 begann der Deutschamerikaner Frederick Schwatka, der vor allem durch seine Forschungsfahrten in der Arktis berühmt wurde, seine Expeditionen am Yukon Fluß. Schon 1886 war er wieder in Alaska und machte sich an die Besteigung des Mount Elias. Mit seiner letzten Forschungsfahrt in Alaska (1891) öffnete er etwa 700 Meilen neues Territorium.

Einer der bedeutendsten amerikanischen Anthropologen und Ethnologen war der Mindener Franz Boas (1858–1942), der seine Forschungen bei den Eskimos in Grönland und 1886 bei den Indianern an der Küste Britisch Kolumbiens begann und insgesamt mehr als 40 Jahre Forschungsexpeditionen zu den Eingeborenen unternahm. Kein anderer hatte auf die Entwicklung der amerikanischen Anthropologie mehr Einfluß als er.

Auch heute ist Alaska noch immer nicht voll erschlossen. Deutsche Geowissenschaftler haben in den sechziger und siebziger Jahren an Forschungsvorhaben in Alaska teilgenommen wie die Geophysiker G. Lamprecht, Eduard Berg oder Heinz Miller. Im August 1971 führten der Münchner Geograph W. Fürbringer und der Professor für Geographie H. J. Walker von der Universität Louisiana, an der auch Fürbringer damals tätig war, Feldarbeiten zur Sedimentologie am Delta des Colville Flusses im unwirtlichen Norden Alaskas durch. Am Kotzebue-Sund und am Kobuk-Fluß untersuchte der Geograph H. Grabowski aus Münster das Arbeitskräftepotential (1973) und erstellte Richtzahlen für die Anwerbung einheimischer, d. h. indianischer und eskimoischer Arbeitskräfte für den Fall eines immer weiteren Vordringens der Industrie.

Ausgezeichnete Bücher haben über Alaska Autoren geschrieben, die in den fünfziger bzw. sechziger Jahren nach Alaska kamen: der Journalist Werner G. Krug („Sprungbrett Alaska"), der auch über Metlakatla berichtete, und der bekannte Schriftsteller Hans Otto Meissner.

Meissner bereiste auch den Nordwesten Kanadas. Der Hohe Norden Kanadas wurde ebenfalls Ziel deutscher Geowissenschaftler. Meereisuntersuchungen wurden 1972 von deutschen und kanadischen Geologen und Geophysikern am Eclipse Sound, einem Meeresarm zwischen Nord Baffin Island und Bylot Island durchgeführt. Zur deutschen Gruppe gehörte der Geograph E. Treude, der auch das Genossenschaftswesen in der kanadischen Arktis und den seit seiner Einführung 1959 eingeleiteten Wandel in der Gesellschafts- und Wirtschaftsstruktur dieser Gebiete untersuchte.

Neben den Geowissenschaftlern waren es vor allem Tierforscher, die im Norden Kanadas reiche Arbeitsmöglichkeiten fanden und auf den Spuren von Carl Hagenbeck zogen, des Hamburger Tiergartengründers, der auf seiner Tierfangexpedition 1879 auch nach Labrador und Alaska gekommen war. „Expeditionen ins Tierreich" unternahm in unseren Tagen Heinz Sielmann. Eugen Schuhmacher spürte den „letzten Paradiesen" nach. Hans Domnick befuhr die „Traumstraße der Welt". Bernhard Grzimek suchte letzte „Plätze für Tiere". Und Lutz Heck vom Berliner Zoo schließlich verfolgte „Tierfährten in Kanada" und ließ dabei die Grenze der Zivilisation hinter sich: „Das Leben in den nördlichen Wäldern stellt heute wie je harte Anforderungen an Körperkraft und Widerstandsfähigkeit. Auch wir mußten uns auf eine Art Trapperdasein gefaßt machen ... Es liegt ein ganz besonderer Reiz darin, gerade solche Gegenden der Erde kennenzulernen, die heute noch dem Urzustand unserer Heimat vor ihrer Umwandlung durch den Menschen gleichen. In Europa findet man freilich eine solche Urlandschaft kaum noch oder nur als kleines ‚Muster' erhalten, eher schon in den schwer erreichbaren Gebieten des weiten nördlichen Asien — nirgends aber schöner als im westlichen Kanada, im ‚Wilden Westen' unserer Jugendträume. Dort konnte ich noch jungfräuliches Land betreten, erfüllt von all dem Zauber unberührter Natur, der auf uns Menschen eines überzivilisierten Zeitalters so mächtig einwirkt."

Verzeichnis der ausgewerteten Literatur

Anmerkung: Die Angaben bezüglich einzelner geschichtlicher Ereignisse sind in der Literatur nicht immer ganz einheitlich. Es wurde darauf verzichtet, dies im Text stets anzumerken, sondern es wurde den allem Anschein nach fundierteren Versionen der Vorzug gegeben.

I. Literatur speziell zum Thema „Deutsche in Amerika"

Chamisso, Adalbert v.: Reise um die Welt, 1. u. 2. Teil. In: Chamisso's Werke, hrg. v. W. Rauschenbusch, 1. illustrierte Ausgabe, 2. Bd., 4. Auflage, Berlin 1884

Cronau, Rudolf: Im Wilden Westen — Eine Künstlerfahrt durch die Prärien und Felsengebirge der Union. Braunschweig 1890.

Deubel, Stefan: Der Deutsch-Amerikaner von heute. Cleveland o. J.

Faust, Albert Bernhardt: Das Deutschtum in den Vereinigten Staaten in seiner geschichtlichen Entwicklung. Leipzig 1912.

Forst-Battaglia, Otto: Karl May — Traum eines Lebens, Leben eines Träumers. Bamberg 1966.

Freidel, F.: Francis Lieber. Nineteenth Century Liberal. Baton Rouge 1947.

Frenzel, H. A. und E.: Daten deutscher Dichtung. München 1966, 3. Auflage.

Fünfzig Jahre Karl May Verlag, Bamberg 1963

Gerstäcker, Friedrich: Die Flußpiraten des Mississippi. Bearb. Ausgabe, Berlin 1950.

Gillhoff, Johannes: Jürnjakob Swehn der Amerikafahrer, Berlin (Gebr. Weiss-Verlag)

Graewert, Theodor: Otto Ruppius und der Amerikaroman im 19. Jahrhundert. Eisfeld/Thüringen (Dissertation)

Grinstein, Hyman: The Rise of the Jewish Community of New York 1654—1860. Philadelphia 1945

Groma, Peter: Auf Winnetous Spuren. Berlin 1965

Hagen, Victor W. v.: Der Ruf der Neuen Welt, Deutsche bauen Amerika. München-Zürich 1970

Hartmann, Horst: George Catlin und Balduin Möllhausen. Berlin 1963

Heck, Lutz: Tiere — mein Abenteuer. Berlin 1952

Heinemann, Erich: Balduin Möllhausen. In: „Blätter für Volksliteratur", Nr. 1/März 1968; Nr. 2/Juni 1968; Nr. 3/September 1968 (hrg. v. Verein der Freunde für Volksliteratur, Graz) — Die „Blätter" wurden mir freundlicherweise von Herrn Alfred Schneider, Hamburg, aus seinem Archiv überlassen.

Jugend der Welt. Beiträge verschiedener Autoren, bearb. v. H. Müller, München 1961 (Verlag Sebastian Lux)

Jung, C. G.: Bruder Klaus. In: Zur Psychologie westlicher und östlicher Religionen. Ges. Werke Bd. 11, Olten-Freiburg 1971

Koch, Ekkehard: Winnetou Band IV. Versuch einer Deutung und Wertung. In: Jahrbuch der Karl-May-Gesellschaft 1970 und 1971, hrg. v. Claus Roxin, Hamburg (Hansa-Verlag)
Krell-Fiedler: Deutsche Literaturgeschichte. Bamberg 1965
Krug, Werner: Sprungbrett Alaska. Darmstadt 1962
Lebeson, Anita Libman: Pilgrim People. New York 1950
Literaturgeschichte der Vereinigten Staaten. Hrg. v. Robert E. Spiller, Willard Thorp, Thomas H. Johnson, Henry Seidel. Canby-Mainz 1959
Lonn, Ella: Foreigners in the Union Army and Navy. Baton Rouge 1951
Maass, Joachim: Der unermüdliche Rebell. Hamburg 1949
Maisel, Albert Q.: They all chose America. New York 1955
Meissner, Hans-Otto: Bezaubernde Wildnis. Stuttgart 1963
Moshage, Julius: Energie bewegt die Welt. Reutlingen 1960
Nadler, Josef: Geschichte der Deutschen Literatur, 2. ergänzte Auflage 1961, Regensburg
Nadler, Josef: Literaturgeschichte der deutschen Stämme und Landschaften, IV. Bd., Der deutsche Staat 1814–1914, 3. Auflage, Regensburg 1932
Nunis, Doyce B. Jr. (Hrg.): The Golden Frontier. The Recollections of H. F. Reinhart 1851–1869, mit einer Einführung von N. B. Cunningham. Austin 1962
Ozoroczy, Amand v.: Karl May und der Friede. In: Karl-May-Jahrbuch 1928. Hrg. v. Ludwig Gurlitt u. E. A. Schmid. Radebeul 1928
Pfeiffer, Ida: Meine zweite Weltreise. 3. Teil, Wien 1856
Plischke, Hans: Von Cooper bis Karl May. Eine Geschichte des völkerkundlichen Reise- und Abenteuerromans. Düsseldorf 1951
Pochmann, Henry A.: German Culture in America. Madison 1957
Riedesel, Friederike Freifrau zu Eisenbach: Die Berufsreise nach Amerika. Briefe von Friederike Riedesel, Freifrau zu Eisenbach, Geborene von Massow, und Friedrich Riedesel, Freiherr zu Eisenbach, Braunschweiger Generalleutnant 1776–1783. – Neudruck der 2. Auflage, Berlin 1801. Mit einer Einführung von Joachim Graf von Bernstorff. Berlin 1965 (Haude und Spener)
Ruppius, Otto: Der Pedlar und sein Vermächtnis. Bearb. v. Heinz Stolte und Alfred Schneider, Bamberg 1969
Schiel, Hubert: Vorwort zu Friedrich Gerstäckers „Germelshausen", erschienen in der Reihe der „Münchner Lesebogen", Nr. 138 (hrg. v. Walter Schmidkunz, Münchner Buchverlag)
Schurz, Carl: The Autobiography of, gekürzte Ausgabe von Wayne Andrews, Einführung von Allan Nevins, New York 1961
Sealsfield, Charles: Tokeah. Bearb. v. Karl Bamberger, Stuttgart 1962 (Boje)
Seelig, Carl: Albert Einstein. Zürich 1954
Terzian, James P.: Defender of Human Rights: Carl Schurz. Messner 1965

Vagts, Alfred: Deutsch-Amerikanische Rückwanderung. Beihefte zum Jahrbuch für Amerikastudien, 6. Heft, Heidelberg 1960
Wied-Neuwied, Maximilian Prinz zu: Reise in das Innere Nord-Amerikas, 2 Bde., Koblenz 1839—1841
Wittke, Carl: Refugees of Revolution. Philadelphia 1952
Wittke, Carl: The German Language Press in America. University of Kentucky Press 1957
Wollschläger, Hans: Karl May. Reinbek 1965
Wood, Ralph: The Pennsylvania Germans. Princeton 1942
Zucker, A. E. (Hrg): The Forty-eighters. New York 1950

II. Allgemeine Literatur zur Geschichte Amerikas

Alsberg, Henry G. (Hrg.): Arizona. A State Guide. New York 1956
Alsberg, Henry G. (Hrg.): New Mexico. American Guide Series. New York 1953
Arnold, Elliott: Cochise. Bamberg 1964
Arnold, Elliott: Blutsbrüder. Bamberg 1964
Austin, Victor (Hrg.): Der Amerikanische Bürgerkrieg in Augenzeugenberichten. Berlin-Darmstadt-Wien 1963
Bahti, Tom: South Western Indian Tribes. Flagstaff 1968
Bakeless, John: Lewis and Clark. New York 1947
Balmer, Joseph: So lebten die Prärie-Indianer. Kalumet-Sonderheft Nr. 1, 1967, hrg. v. der Interessengemeinschaft für Indianerkunde, Eddersheim
Bancroft, H. H.: History of Washington, Idaho and Montana 1845—1890. San Francisco 1890
Berger, Erwin: Todeskampf der Sioux Nation. Western Journal 1. Jahrgang, Nr. 12/1969
Bernatzik, Hugo A.: Die Neue Große Völkerkunde. Frankfurt 1954
Billington, Ray A.: Westward Expansion. A History of the American Frontier. New York 1949
Bitterli, Urs: Die „Wilden" und die „Zivilisierten". Grundzüge einer Geistes- und Kulturgeschichte der europäisch-überseeischen Begegnung. München 1976
Blegen, Theodore C.: Minnesota. A History of the State. Minneapolis 1963
Brown, Dee: Begrabt mein Herz an der Biegung des Flusses. Hamburg 1972
Brown, Dee: Pulverdampf war ihr Parfum. Die sanften Helden des Wilden Westens. Hamburg 1974
Butze, Herbert: Die Entdeckung der Erde. Gütersloh 1962/64
Cartier, Raymond: Europa erobert Amerika. München 1958
Chidsey, Ronald B.: Victory at Yorktown. New York 1962
Clark, Ronald W.: Die Entdeckungsgeschichte der Erde. Ravensburg 1964

Coddington, Edwin B.: The Gettysburg Campaign — A Study in Command. New York 1968
Corle, Edwin: The Gila River of the South West. New York 1951
Corle, Edwin: The Story of the Grand Canyon. New York 1951
Dahms, Helmuth G.: Geschichte der Vereinigten Staaten von Amerika. München 1953
Dengler, Hermann: Die Oglalla und ihre Häuptlinge, In: Karl-May-Jahrbuch 1928, hrg. v. Ludwig Gurlitt u. E. A. Schmid. Radebeul 1928
De Voto, Bernard: Across the Wide Missouri. Boston 1947
De Voto, Bernard: Das Jahr der Entscheidung. Wien 1948
Dunn, J. P. Jr.: Massacres of the Mountains — A History of the Indian Wars in the Far West 1815—1875. New York 1886
Eaton, Clement: A History of the Old South. New York 1949
Fernis-Haverkamp: Grundzüge der Geschichte von der Urzeit bis zur Gegenwart. Berlin 1966
Finnerty, John F.: War-Path and Bivouac or The Conquest of the Sioux. Norman 1961
Frank, Patty: Die Indianerschlacht am Little Big Horn. Berlin (Ost) 1973, Erzählerreihe 191
Gagern, Friedrich von: Das Grenzerbuch. Hamburg 1954
Gittinger, Roy: The Formation of the State of Oklahoma 1803—1906. Norman 1939
Görlitz, Walter: Abraham Lincoln. Heidelberg 1948
Goetzmann, William H.: Army Exploration in the American West 1803—1863, New Haven 1959
Goetzmann, William H.: Exploration and Empire. New York 1967
Haebler, Konrad: Amerika (ergänzt von Johannes Hohlfeld). In: Helmolts Weltgeschichte, 9. Band: Amerika/Australien, Leipzig 1922
Häuptling Büffelkind Langspeer erzählt sein Leben. München 1958 (List)
Hamilton, Charles: Der Ruf des Donnervogels. Zürich 1960
Haug, Gerhart: Der Pfadfinder. Das abenteuerliche Leben des David Crockett. Lux-Lesebogen 242 (Verlag Sebastian Lux München)
Hearting, Ernie: Die großen Indianerhäuptlinge. Nürnberg 1964
Herrmann, Paul: Das große Buch der Entdeckungen. Reutlingen 1958
Howard, Robert W. (Hrg.): Der Wilde Westen. München 1964 (Heyne)
Hyde, George E.: Spotted Tail's Folk. A History of the Brulé Sioux. Norman 1961
Jeier, Thomas: Die Verlorenen. Der Kampf der Apachen um ihre Freiheit. Bayreuth 1971
Jeier, Thomas: Die letzten Söhne Manitous. Das Schicksal der Indianer Nordamerikas. Düsseldorf 1976
Jenness, Diamond: The Indians of Canada. Ottawa 1963, 6. Auflage
Kelsey, Vera: Red River Runs North. New York 1951
Kennedy, John F.: Zivilcourage. München 1967 (Heyne)

La Farge, Oliver: A Pictorial History of the Amerikan Indian. New York 1957, 3. Auflage
La Farge, Oliver: Die große Jagd. Olten 1961
La Farge, Oliver: Die Welt der Indianer, Ravensburg 1960
Lamar, Howard: Dakota Territory 1861—1889, New Haven 1956
Lavender, David: Land of Giants. Garden City, N. Y. 1956
Lips, Eva: Das Indianerbuch. Leipzig 1964
Mc Reynolds, Edwin C.: Oklahoma. A History of the Sooner State. Norman 1954
Melbo, Irving C.: Our Country's National Parks. 2 Bde. New York 1950
Miller, Joseph: The Arizona Story. New York 1952
Monaghan, Jay: The Overland Trail. Indianapolis-New York 1947
Müller, Werner: Geliebte Erde. Bonn 1972
Nye, R. B. u. J. E. Morpurgo: Geschichte der USA. München 1964
Ogle, R. H.: Federal Control of the Western Apaches 1848—1886. Albuquerque 1970
Pole, J. R.: Foundations of American Independence 1763—1815. London 1973
Richardson, E. P.: Painting in America. New York 1965
Richardson, Rupert: Texas. Englewood Cliffs N. J. 1958
Riegel, Robert E.: America Moves West. 1930
Ruxton, George F.: Life in the Far West. Hrg. v. Leroy R. Hafen. Norman 1951
Schönemann, Friedrich: Die Vereinigten Staaten von Amerika. 2 Bde. Berlin 1932
Schwarzer Hirsch: Ich rufe mein Volk. Aufgeschrieben von John Neihardt. Olten 1954
Seydlitz-Bauer: Das Weltbild der Gegenwart 8/9, 1965
Steuben, Fritz: Der Rote Sturm. Stuttgart 1962
Steuben, Fritz: Der Strahlende Stern. Stuttgart 1958
Strätling, Barthold: So war der Wilde Westen. Würzburg 1963
Strätling, Barthold: Entdecker am großen Strom. Würzburg 1964
Tanner, Stephen: Fremde Welt in ferner Wildnis. Plochingen 1959
Thane, Eric: High Border Country. 1942
Valentin, Veit: Illustrierte Weltgeschichte. München-Zürich 1959
Vaughn, J. M.: With Crooks at Rosebud. Harrisburg 1956
Wäscha-kwonnesin: Männer der letzten Grenze. Stuttgart, 12. Auflage
Washington. American Guide Series. Washington 1941
Whitehead, Don: Die FBI-Story. Berlin 1962
Wiltsey, Norman B.: Die Herren der Prärie. Stuttgart 1965
Wood, Norman B.: Die großen Häuptlinge der Indianer. Weimar 1974
Wyllys, Rufus K.: Arizona. Phoenix 1950
Zischka, Anton: Das Ende des amerikanischen Jahrhunderts. Oldenburg/Hamburg 1972

III. Nachschlagewerke, Enzyklopädien

Allgemeine deutsche Biographie. Leipzig 1875– 1900
Appleton's Cyclopedia of American Biography, ed. by James G. Wilson and John Fiske. New York 1888
Collier's Encyclopedia, ed. by William D. Halsey, 24 Bde. 1966
Concise Dictionary of American Biography, ed. by Joseph G. E. Hopkins, New York 1964
Congressional Directory 90th Congress, First Session, March 1967, Washington 1967
Dictionary of American Biography, ed. by Allen Johnson, New York 1928–1936 (20 Bde.)
Dictionary of American History, ed. by James T. Adams (6 Bde.), New York 1946–1961
Encyclopedia Americana, verschiedene Auflagen 1918–1968, New York
Encyclopedia Britannica
Encyclopedia Canadiana, Ottawa 1958–1965
Encyclopedia of American History, ed. by Richard B. Morris, New York 1965
Encyclopedia of the American Revolution, by Mark M. Boatner, New York 1966
Funk & Wagnalls Standard [R] Dictionary of the English Language. International Edition, 2 Bde. New York 1969
Genealogisches Handbuch der freiherrlichen Häuser, 1963, Bd. 5
Handbook of American Indians North of Mexico, 2 Bde. Washington 1907, 1910
Heitman, Francis: Historical Register of the United States Army from Its Organization September 29, 1789 to September 29, 1889. Washington D. C., National Tribune Company 1890
New Century Cyclopedia of Names, ed. by Clarence L. Barnhart, New York 1954
Powell, William H.: Records of Living Officers of the United States Army, Philadelphia 1890
Powell, William H.: List of Officers of the United States Army 1779–1900, New York 1900
Prodolliet, Ernest: Lexikon des Wilden Westens, München 1967 (Heyne)
Stoutenburgh, John L. Jr.: Dictionary of American Indian. New York o. J.
The Encyclopedia of American Facts and Dates, ed. by Gorton Carruth and Associates, New York 1964, 3. Auflage
Warner, Ezra: Generals in Blue. Life of the Union Commanders. Louisiana State University Press (ca. 1964)
Who's Who in America, Bd. 33 (1964/65)
Who Was Who in America, Historical Volume 1607–1896, Chicago 1967
Who Was Who in America Bd. 1 1897–1942, Chicago 1943

IV. Zeitschriften, Zeitungen

Kalumet. Hrg. v. der Interessengemeinschaft für Indianerkunde, Eddersheim.
Polarforschung. Zeitschrift der Deutschen Gesellschaft für Polarforschung, Münster
Stafette 5. Jahrgang, 2. September-Heft, 1961
Stern. Nr. 43, 18. 10. 1973
The New York Times. Obituary Index 1858–1968
The Sunday Times Magazine. Beitrag von Nicholas Taylor über Chicago, 1. 9. 1968

Personenregister

Adams, Ch., 199ff
Adams, C. T., 192
Adams, J. Q., 87
Adenauer, K., 241
Adler, F., 153
Altgeld, J. P., 210
Alvarado, J. de, 135f.
American Horse, 181
Amherst, 45, 48f.
Andrews, 118
Apache Kid, 230f.
A-ra-poo-ash, 73, 75
Armand s. Strubberg, F. A.
Ashburner, W., 144
Ashley, W., 69
Assuwana s. Fischer, R.
Astor, J. J., 67f., 69, 70, 107, 234
Atzerodt, G., 220

Baegert, J., 213
Bagwunagitschik, 161
Balmer, J., 241
Bancroft, G., 107
Barnsbach, J., 65
Barnwell, J., 25
Beck, C., 93
Becker, G., 150
Beckler, 19
Becknell, W., 109
Beckwith, 120, 126
Bedinger, G. M. 57, 61f.
Beissel, J. K., 32
Belmont, A., 152
Bendeleben, O. v., 242
Benteen, 179
Bentley, W., 107
Benton, T. H., 112, 114, 117
Berg, E., 243
Bergenroth, G., 140f.
Berger, H., 182
Berger, J., 69, 74f.
Berger, V., 209
Berghold, 164
Bergmann, C., 133

Bering, V., 242
Berkeley, W., 20
Bernatzik, 83
Bernays, C., 149
Beyrich, 101
Biberkind s. Reiss, W.
Bien, J., 183
Bierstadt, A., 166
Big Tree, 174f.
Bismarck, 35, 91, 209, 211
Bitter, K., 207
Black Kettle, 172f.
Blake, J., 227
Blaujacke, 62
Blunt, T., 25
Blutiger Deutscher s. Wetzel
Boas, F., 242
Bodmer, K. 72–76, 79
Boettcher, C., 184
Bogen, L., 164
Bolsch, M. u. W., 159
Boone, D., 39, 47, 51ff., 56, 58f., 79, 99
Booth, 220
Borcke, H. v., 151
Borman, F., 234
Bouquet, H., 43f., 49f.
Bowie, J., 97
Bowman, John, 57
Bowman, Joseph, 56
Brackenridge, 118
Braddock, 41
Brant, J. 55
Braun, W. v., 13, 234
Brewer, W. H., 144f.
Bridger, J., 109, 115, 137
Bright Eyes s. La Fleshe, S.
Brock, I., 64
Brokmeyer, H. A., 90f.
Brown, D., 186, 200, 231
Bryant, E., 137
Büffelkind Langspeer, 239
Bullis, J., 231
Bunsen, G., 97

Burger, K., 138
Burgoyne, J., 48, 55, 171
Burning Breast, L. L., 240
Byerly, A., 50
Byrd, H., 57f.
Byrd, W., 27

Caballero, 220
Cadette, 219
Cairook, 128f.
Calloway, 52
Cammerhoff, J., 5, 12, 40f.
Canasatego, 37
Carleton, J., 219
Carpenter, 69
Carpenter, C. C., 196
Carson, C. „Kit", 113, 115f., 199, 219f.
Castro, H., 97f.
Cathcart, 118
Catlin, G., 76, 101
Chaffee, A., 228
Chamisso, A. v., 87f., 242
Charbonneau, J. B., 71
Charbonneau, T., 73
Chato, 219
Chatto, 227f.
Chihuahua, 227
Chingachgook, 88
Chivington, 169
Christiaensen, H., 16
Chunz, 222, 224
Clark, B., 173
Clark, G. R., 54, 56ff.
Clark, W., 67, 71, 73
Clarke, J., 5, 204
Clous, J. W., 170, 173, 175ff.
Clum, J., 224ff., 227, 232
Clyman, J., 137
Cochinay, 222, 224
Cochise, 167, 215, 219, 221f., 225f., 232
Cody, W. F., 79, 241
Cogswell, J., 107
Collier, J., 236
Colorow, 199f.
Colvig, J. L., 228

Conried, H. 211
Contzen, F. u. J., 216
Cooper, J. F., 44, 51, 88, 108, 131
Cordua, T., 136
Cornstalk, 52f.
Crawford, E., 229
Crazy Horse, 178f., 181f., 198, 204
Creuzefeld, F., 117f., 120, 126
Crockett, D., 69, 97
Croghan, G., 39
Cronau, R., 6, 205f.
Crook, G., 177f., 180ff., 198, 221f., 224f., 228f.
Cunningham, N. B., 143
Cushing, H., 221
Custer, E., 171
Custer, G. A., 169, 170–173, 175, 177–180, 182, 198, 206

Damrosch, L., 211
Daniels, J., 144
David, Ch., 37
Davis, J. 121, 149
Degener, E. 106
De Haas, P. de, 50
Delshay, 222, 224
Dern, G., 233
Detzel, 49
Diehl, V., 137
Diemer, 38
Dieskau, L. A., 42
Dietrich, H., 151
Dietrich, M., 233f.
Dock, Ch., 32
Dodge, H., 101
Dönniges-Racovitza, H. v., 148
Dohasan, 174
Domnick, H., 244
Doniphan, 110f.
Donner, G., J. u. T., 137–139
Douai, C., 105f.
Dreidoppel, 72
Dreiser, T., 233
Duden, G., 81
Dübeld, A., 134

Duncan, W., 238
Dunmore, 53
Dyer, I., 97

Ebert, C., 143
Edison, T. A., 185
Edwards, B. u. H., 96
Egloffstein, F. W. v., 120, 126, 127–130, 144
Ehrenberg, H. v., 215f.
Eickemeyer, R., 210
Eiffe, C. C., 185
Einstein, A., 233f.
Eisenauge s. Cronau
Eisenhower, 234
Elliott, J., 173
Emerson, R. W., 108
Emmanuel, A., 97
Emory, W., 119, 121
Enders, L., 234
Engelmann, G., 94, 103
Ermatinger, F., 76
Ernst, F., 102
Eskiminzin, 222, 231
Esteyneffer, J., 213
Estrella, 219
Everett, E., 107
Ewert, H., 185

Feck, A. E., 35
Felmer, J., 221
Fernow, B., 193
Fetterman, 167, 169
Fichter, 221
Fink, M., 68f.
Finkel, F., 179f.
Finley, J., 51
Fischer, R., 174, 176
Fitzpatrick, T. 114, 117
Flandrau, C., 160
Floyd, J. B., 108
Flugge, C., 136
Folday, 16
Forbes, J., 44
Ford, J., 198
Fraeb, H., 69
Frank, P. s. Tobis

Franklin, B., 33, 39, 41, 43, 109
Frei, J., 183
Fremont, J. C., 108f., 112–119, 120, 121, 135f., 139, 154f., 189
Freud, S., 38
Freudenberg, C. G. 180ff.
Friedrich der Große, 47f.
Friedrichsen, Q., 17
Fröbel, 188
Fuchs, K., 234
Fürbringer, W., 243

Gagern, F. v., 53, 56, 64
Gallichwio s. Cammerhoff
Garcés, 129
Garfield, 193
Garrison, 184
Georg III. v. England, 50
Geronimo, 225ff., 229f.
Gerstäcker, F., 8, 100f.
Gerstenhauer, E., 158, 164
Gerstle, L., 148
Geyer, C., 154
Gibbon, J., 179
Gilsa, L. v., 190
Gist, Ch., 50
Gist, N., 86
Glass, H., 74
Godey, A., 118, 120
Goessmann, C., 210
Goethe, J. W. v., 107, 133
Goodnight, C., 183
Goyatlay s. Geronimo
Grabowski, H., 243
Graffenried, C. v., 23ff.
Grant, U. S., 163, 167, 169, 178, 191f., 221
Grattan, 169
Greeley, H., 192
Gregg, J., 109ff.
Groma, P., 102, 106, 174, 176
Gropius, W., 234
Großer Adler, 159
Grubler, 142
Grzimek, B., 244
Guess, J. s. Sequoiah
Gunnison, 120, 126

Guter Donner, 161 f.

Haebler, 134
Haenke, T., 242
Hagen, V. W. v., 109, 186
Hagenbeck, C., 243
Hager, J., 26
Hamilton, H., 56 f.
Hammer, K., 65
Hammerstein, v. 168 f.
Hammond, W. H., 195
Hancock, 172, 181
Harbaugh, H., 94
Harmar, J., 60 f.
Harper, 27
Harris, B., 76
Harrison, W. H., 64 f.
Harrod, J., 50, 52 f., 56
Hart, Dr., 53
Hassler, F. R., 112
Hastings, L., 137 f.
Hawthorne, 108
Hayes, R. B., 166, 192, 194 f., 203
Hazen, 176
Hebel, 94
Heck, L., 244
Hecker, F., 155
Heckewelder, J. G., 59, 63
Hedde, F., 184
Hegel, 91
Heilman, J., 90
Heinige, L., 144
Heinsel, H., 218
Heinzen, K. P., 133
Helm, L., 56 f.
Henderson, R., 53 f.
Hendrick, 12, 22, 38, 42
Henguig, 24
Herkimer, N., 54 f.
Herzog, 144
Hesse, E., 57 f.
Heyl, 181
Hexamer, C., 212
Hiawatha, 35
Hilgard, H. s. Villard
Hill, G., 144
Hite, J., 27
Hitler, A., 233

Hoffmann, C. F., 144 ff.
Hoffmann, M. v., 184
Hofman, 181
Hofmann, L., 151
Hooker, 190
Hooker, T., 46
Hoppe, J., 136
Horn, T., 229
Houston, S., 97
Howard, 181, 221 f.
Huber, H., 136
Hudson, H., 16
Humboldt, A. v., 70, 108 f., 111, 116, 121, 128
Humboldt, W. v., 107
Hunter, R., 21 f.

Ickes, H., 233, 236
Inkpaduta, 163
Iretaba, 121, 128 f.
Iron Jacket, 173
Ives, J. C., 127-130

Jackson, A., 87 f, 166
Jäger, G., 52
Jäger, L. J. F., 216 f.
Jakob, II. v. England, 25
Jefferson, T., 67, 89, 109
Jeffords, T., 221 f., 227
Jeier, T., 241
Johnson, Alonzo, 128, 216
Johnson, Andrew, 190
Johnson, James, 214
Johnson, John, 54 f.
Johnson, William, 38 f., 42, 54
Joseph d. Ältere, 123 f.
Joseph, 195
Juan José, 214
Juh, 221, 225, 227 f.
Jung, C. G., 241

Kade, M., 234
Kaiser, H., 234
Kalb, J. de, 47
Kamaiakan, 123 f.
Kapp, E., 105 f.
Kapp, F., 104, 164
Kapp, W., 164

Karl II. v. England, 25
Kaufmann, D., 97
Kautz, A. V., 125f., 151, 220, 225ff.
Keffer, 16
Keller, I., 214
Kennedy, J. F., 112, 210
Kenton, S., 56
Kern, B., 117f.
Kern, R., 120
Keseberg, L., 138
Kicking Bird, 174f.
Kilmarten, 221
King, C., 145
King, H., 118
Kinkel, G., 187f.
Kino, F., 213
Kipp, J., 70
Kissinger, H., 234f.
Kleine Schildkröte s. Michikinikwa
Klekih petra, 238
Klotz, J., 242
Knyphausen, W. v., 48
Kocherthal, J., 21
Körner, G., 94, 189
Kolumbus, Ch., 15
Kooweskoowe s. Ross, J.
Kossuth, 188
Kotzebue, O. v., 87, 242f.
Kraus, J., 133
Krause, A., 242
Krause, W., 66
Krüger, W., 234
Krug, J. A., 234
Krug, W. G., 243
Kseks Tauepons, s. Reiss, W.
Kühn s. Kino
Küster, 171
Kurz, R. F., 79

La Farge, O., 85, 90
Lafayette, M. J. de M., 47
La Fleshe, J., 202
La Fleshe, S., 202f.
Lahmer Weißer Mann, 180
Lambach, H., 183

Lamprecht, G., 243
Langsdorff, G. v., 242
Lassalle, F., 148
Lawson, J., 23ff.
Lawyer, 123f.
Lederer, J., 20, 27
Lederstrumpf, 11, 51
Lee, R. E., 171
Leif d. Glückliche, 15
Leisler, J., 46
Lenau, N., 94
Leshi, 123ff.
Lessing, 133
Lewis, A., 53
Lewis, M., 67, 71
Lick, J., 148
Lieber, F., 93, 151
Lienhard, H., 136
Lincoln, A., 51, 137, 143, 145, 149f., 163, 184, 189f., 194, 220
Lindheimer, J., 103f., 106
Linkhorn, 51
Lips, E. u. J., 241
List, F., 94
Little Crow, 159—162
Loco, 228f.
Löhr, J. v., 147
Lössing, H., 213
Logan (Tahgajutah), 36, 52f.
Logan, B., 53f., 58
Logan, J., 36
Lone Wolf, 174f.
Longfellow, 108
Ludvigh, S., 158
Ludwig I. von Bayern, 141
Ludwig XIV. s. Sonnenkönig
Ludwig, C., 47
Ludwig, Ch., 32
Lübke, H., 235
Lüders, 114
Luther, J., 19
Luther, M., 36, 46
Lutterloh, H., 47
Lyburz, D., 136

Maass, J., 202, 207
Mackenzie, K., 69f., 74f.

Mackenzie, R., 174 ff.
Malmrose, O., 162
Mangas Coloradas, 215, 219, 232
Mankato, 160 f.
Mann, H. u. T., 233
Mann aus Eisen s. Sieber
Mansker, C., 51
Mark Twain, 108, 209
Marshall, 139
Martin, J., 53
Marwedel, E., 148
Massai, 230 f.
Mather, C., 26
Mato tope, 75
Maximilian zu Wied-Neuwied, 8, 72–75
May, C. J., 16
May, K., 5, 7 f., 11 f., 64, 131, 222, 236 ff., 240
Mazzini, 188
McGehee, 118
McGillicuddy, V., 198
McIntosh, W., 87
McLoughlin, James, 206
McLoughlin, John, 115, 123
Meeker, N., 200
Meissner, H. O., 243
Memminger, O. G., 149
Mergenthaler, O., 210
Mesikehota, 129
Metacomet, 20
Meusebach, O. H. v., 98, 102 f.
Meyer, C. H., 218 f.
Meyer, G. v. Lengerke, 211
Meyer, M., 188
Michel, F. L., 23, 25
Micheltorena, 136
Michikinikwa, 60 ff.
Michler, N., 103, 119
Miles, N. A., 195, 198, 229
Miller, H., 243
Miller, Z., 240
Millet, 76

Minnewitt (Minuit), P., 16–19
Mitchell, D., 70, 74 f.
Möllhausen, H. B., 8, 77 f., 121 f., 127–131

Monroe, 44
Montcalm, 44 f.
Montez, L., 141
Moore, J., 25
Morpurgo, 209
Müller, A., 27
Muhlenberg, J. P., 47
Myers, V., 176
Myrick, A., 159

Nachise, 225, 227, 230
Nägele, L., 158, 164
Nagel, C., 211
Nahl, H. u. K. Ch., 140
Nana, 225, 227
Napoleon, 67, 72, 185, 205
Nast, T., 194
Na-ti-o-tish, 228
Newberry, 127
Nicolay, J., 149
Nicollet, J. N., 112, 154
Nies, K., 211
Nitsell, J., 143
Nix, J., 156, 160 f.
Nock-ay-del-klinne, 227
Nokoni s. Peta Nokona
Norris, S., 96
Nye, 209

Ochwio Biano, 241
Ohneberg, S., 59
Old Shatterhand, 5, 9, 12, 222, 238
Olmsted, F., 104
Onate, J. de, 213
One Bull, 205
Oppenheimer, R., 234
Osceola, 90
Osterhaus, P. J., 150
Ottendörfer, O., 133
Otto, B., 163
Otto, W. T., 12, 163
Ouray, 199 ff.
Owhi, 123

Palm, W., 183
Palmer, J., 123

257

Papin, A., 78
Parker, C. A., 173f.
Parker, E. S., 163, 167
Paschkis, V., 234
Pastorius, F. D., 26
Pattie, J. O., 129
Patzki, J. H., 180
Paul v. Württemberg, 70ff., 77ff., 121
Paulli, 49
Peaches s. Tso-ay
Peissner, E., 141
Penn, W., 25f.
Pestalozzi, 32
Peta Nokona, 173
Petrasch, R., 217
Peu-peu-mox-mox, 123
Pfänder, W., 155—164
Pfefferkorn, I., 213
Pfeiffer, I., 141f.
Pierz, F., 156f., 161
Pine, R., 238
Pining, D., 15
Plato, 107
Poe, E. A., 108
Pokai-po, 5
Pomp s. Charbonneau, J. B.
Pontiac, 46, 49f.
Pope, 213
Post, F., 38f., 41f., 44, 59
Postl, K. A. s. Sealsfield
Poston, C., 215f.
Powhatan, 16
Pratt, R., 203f.
Preetorius, E., 191
Preuss, C., 112—116, 120, 127, 136
Prevost, J., 43
Priber, C. G., 12, 83ff.
Printz, J. B., 18f.
Proctor, 64

Quagnant, 35
Quanah (Parker), 173—176
Quiemuth, 125

Rafferty, W., 228
Rapp, G., 72f.

Rauch, 37
Rauch, F., 107
Reck, P. G. F. v., 83
Red Cloud, 169, 198
Reed, James, 137f.
Reed, John, 89
Reichmann, K., 185
Reifel, B., 240
Reifel, W., 240
Reinhard, K., 142
Reinhardt, J., 138
Reinhart, H. F., 141—144
Reiss, W., 239
Reitzel, R., 211
Reno, 179
Richthofen, F. v., 144ff.
Ridge, J., 85, 89
Riedesel, F. A. v., 48, 55, 90, 171
Ripstein, J., 137
Ritter, G., 23
Rittinghausen, W., 32
Rockefeller, 210
Roebling, J. A., 95
Rogers, R., 43, 45
Roman Nose, 172
Roosevelt, F. D., 233f., 236
Roosevelt, T., 193, 206
Ross, J., 86
Rothschild, 152
Rotten Belly s. A-ra-poo-ash
Rottenburg, F. v., 64f.
Rousseau, 104
Ruppius, O., 94

Sacajawea, 71, 73
Sänderl, S., 65
Salomon, E., 161f.
Sassacus, 20
Satank, 174f.
Satanta, 174f.
Saur, Ch., 32, 36
Schade, L., 151
Schenk, 205
Schiel, J., 120, 126
Schiller, F., 133
Schmelzer, S., 110
Schmidt, A., 237

Schnauffer, C., 133
Schoeps, W. E., 235
Schott, A., 119
Schuhmacher, E., 243f.
Schultze-Thulin, A., 241
Schurz, C., 5, 8, 12, 132f., 149f., 155, 181, 186–204, 206ff., 225, 235, 238
Schurz, Chr., 186
Schurz, M., 186
Schuyler, W., 222
Schwan, T., 197f.
Schwanbeck, K. A. s. Adams, Ch.
Schwarzfisch, 56
Schwatka, F., 242
Sealsfield, C., 8, 64, 82, 88f., 96, 131
Sedelmair, J., 214
Seifert, C. A., 121, 127
Sequoiah, 86f.
Shakespeare, 133
Sheridan, P. H., 169f., 172, 177, 196
Sherman, W. T., 150, 167, 169f., 194ff., 201
Shikellamy, 12, 35f., 39, 52
Sibley, H., 162
Sieber, A., 12, 222ff., 227–232
Sielmann, H., 243
Sigel, F., 150, 155, 181
Silverheels, 52
Sitting Bull, 8, 166, 178–181, 204ff., 239
Skenandoah, 55
Ski-Be-Nan-Ted s. Apache Kid
Sloss, L. 148
Smith, 194, 225
Smith, J. S., 109
Sohon, G., 122ff.
Solms-Braunfels, C. v., 98
Sonnenkönig (Ludwig XIV.), 21
Sorge, F., 209
Spangenberg, A. G., 38, 40, 42
Spangler, E., 220
Speyer, A., 111
Spies, A., 210

Spitzer, A., 138
Spotted Tail, 197f.
Spreckels, K., 148
Staël, 107
Standing Bear, 202
St. Clair, A., 60ff.
Steiner, M., 50, 53
Steinmetz, K., 210
Steinwehr, 190
Steller, G. W., 242
Stepperfeldt, 118
Sterling, A., 227
Stern, O., 233
Sterne, A., 96f.
Steuben, F., 11, 64
Steuben, W. F. v., 8, 13, 47f.
Stevens, I. I., 122–125, 127
Stieffel, H., 169
Stiegel, 32
Stille, I., 44
Stockton, 136
Stoneman, G., 221
Stoner, M. s. Steiner
Stosch-Sarrasani, H., 240
Strassmaier, B., 238f.
Strauß, L.; 140
Strubberg, F. A., 8, 99ff., 102, 131
Struck-by-the-Ree, 162
Stuart, 151
Sublette, W., 109
Susetscha Tanka, 238
Sutro, A., 148
Sutter, J. A., 115, 134–137, 139f., 146f.
Sutter, J. A., jr., 136

Taft Hainta, 176
Tahgajutah s. Logan
Tall Bull, 172
Taplin, C. C., 118
Ta-weet Tueka-kas s. Joseph d. Ältere
Taza, 225
Tecumseh, 11, 46, 63ff., 87f.
Tedyuskung, 40, 42, 44
Teller, D., 184

259

Ten Bears, 173
Tenskwatawa, 63
Terry, A. H., 178f.
Thayendanega s. Brant, J.
Thomas, T., 212
Thomen, H., 137
Thompson, C., 44
Thornburgh, 200
Tibbles, T. H., 202f.
Ticknor, G., 107
Tilden, 192
Timothy, 123f.
Tiyanoga s. Hendrick
Tobis, E., 240f.
Tokeah, 64, 88
Torrey, J., 119
Treude, E., 243
Truman, 234
Tso-ay, 228
Two Moons, 177
Two Two, 6, 240
Tyrkir, 15

Ulffers, H., 151
Unger, 16
Uplegger, F., 239

Valentin, V., 132
Vanderburgh, H., 74
Vehlein, J., 95
Victorio, 219, 227
Villard, H., 184f.
Vincenthaler, L., 118
Von Brahm, 32

Wackenroder, 146
Wagener, J., 91
Wagner, B., 19
Wagner, C., 151
Wah-pow-e-ty, 126
Waldseemüller, M., 15
Walker, H. J., 243
Walker, T., 50
Walsen, F., 184
Walther, K., 95
Walz, J., 217f.
Wanamaker, J., 211
Ward, N., 171

Warren, G. K., 126
Washington, G., 41, 47f., 109
Wayne, A., 62
Weatherford, W., 87
Weber, C. M., 136
Weber, M. v., 150
Wedekind, F., 140
Wedekind, F. W., 140
Weedon, G., 47
Weichmann, L., 220
Weisenberg, C., 54
Weiser, J. C. jr, 12, 34—39, 41, 43, 45
Weiser, J. C., sr., 21ff., 34
Weiser, S., 43
Weiss, S., 97
Weißenfels, F. v., 56
Wenapsnoot, 123
Wetherholt, A., 43
Wetzel, L., 58, 61
Weyatenatemany, 123
Weyerhäuser, F., 164
Weyss, J., 120
Wheelock, M., 241
Whipple, A. W., 121f., 126f.
Whipple, H. B., 162, 204
White Bull, 179
Whitman, 108
Whitman, M., 123
Whitney, J. D., 144ff.
Wickenburg, H. s. Heinsel, H.
Wieden, v. d. s. Weedon
Wied-Neuwied s. Maximilian
Willcox, O. B., 227
Williams, B., 117f.
Williams, R., 46
Williamson, 120
Williamson, D., 59
Willich, A. v., 150
Wilson, 233
Wimar, C., 79f.
Winnetou, 5, 7ff., 12, 64, 237f.
Wirt, W., 211
Wirz, H., 151
Wiser, 217
Wislizenus, F. A., 76f., 110f.
Wistar, C., 32
Wolfe, J., 45

Wolff, A., 158
Wolfinger, 138
Wolf-Metternich, 187
Wolfskill, W., 109
Wool, 110, 123
Woolf, 144
Wright, 124
Wundes, J., 16

Yesler, H., 124
Young, B., 142

Zeisberger, D., 38 ff., 49, 59 f., 63, 80
Zenger, J., 46
Zerrahn, C., 133
Ziegler, D., 60 ff.
Zindel, L., 114, 154
Zins, G., 137
Zinzendorf, N. v., 37

Sach- und Ortsregister (Auswahl)
(I = Indianerstamm; R = River)

Abolitionismus, 133, 184
Achtundvierziger, 104f., 132ff., 140f., 147, 150ff., 153—156, 158, 164, 180, 182, 183ff., 187, 191
Alabama, 82, 84, 87
Alamo, 97
Alaska, 148, 238, 241—244
Albany, 16, 20f.
Algonkin (I), 35, 41, 241
Amerikanische Pelzgesellschaft, 67f., 70, 73, 77, 80
Anaheim, 144
Andersonville, 151
Angloamerikaner, 29f., 33, 66, 95, 157
Apachen (I), 12, 119, 167, 208, 212—216, 219—232, 239
Apachen-Scouts, 224, 229
Appalachen, 20, 50, 53, 66
Arapaho (I), 116
Arbeiterbewegung, 93, 209f.
Arizona, 13, 95, 119, 129, 212—232
Arkansas, 90, 100f., 121
Assiniboin (I), 70f., 74f.
„Assiniboin" (Dampfschiff), 73, 75
Astoria, 68
Atombombe, 234
Auswanderung, 19ff., 23f., 26ff., 66, 81f., 95, 97f., 112ff., 132ff., 136ff., 155ff., 184f., 209, 233f.

Baden, 125, 134, 155, 185, 187, 211, 222
Bärenflaggenrevolte, 117, 139
Baltimore, 26, 107, 125, 133, 158
Bannock (I), 195
Bauern, deutschamerikanische, 13, 28ff., 66, 157f., 185

Bayern, 47, 81, 141, 148, 152f., 184, 210, 239
Bethlehem, 32, 37f., 42, 72
Black Hills, 177
Blattern, 48, 68, 75
Blaue Lecken, 56, 58, 62
„Blue Jeans", 140
B'nai B'rith, 153
Böhmische Brüder, s. Mährische Brüder
Boonesburg, 53, 56
Bosque Redondo, 220
Boston, 17, 72, 107, 206, 211
Briten, s. England/Engländer
Britisch-Kolumbien, 242
Brulé (I), 80, 197
Büffel, 127, 151, 166
Bürgerkrieg, 90, 100, 105f., 116, 119, 125, 130, 141, 149ff., 152, 159f., 164, 168, 170ff., 177, 180f., 189f., 191, 197, 199, 209, 216, 219f., 222
Bundesrepublik Deutschland, 234f.
Bush Run, Schlacht, 50
Butler's Rangers, 54

Camp Grant Massaker, 221, 231
Carlisle Institute, 203f.
Carl-Schutz-Memorial-Foundation, 233
Casas Grandes, 214
Cayuga (I), 35, 54
Cayuse (I), 123
Charleston, 83f., 91
Chemehuevi (I), 128
Cherokee (I), 12, 31, 52f., 82—87, 89f., 196, 236, 239
Cheyenne (I), 113, 169f., 172, 175, 177—180, 196ff., 202
Chicago, 66, 155f., 189, 210, 212
Chickasaw (I), 58, 82, 90
Chihuahua, 110f., 231

Chillecothe, 53, 56 f.
China/Chinesen, 67, 140, 144, 146
Chippewa (I), 13, 49, 156, 161, 241
Chiricahua (I), 215, 221 f., 225 f., 229
Chocktaw (I), 82, 90
Cincinnati, 62, 66, 72, 93, 138, 155 f., 192
Colorado, 116, 184, 199 ff.
Colorado-R., 121, 128 ff., 214, 216
Columbia-R., 67, 116
Comstock-Minen, 145, 148
Conestoga-Wagen, 29, 41 f.
Connecticut, 38, 46
Cree (I), 74 f.
Creek (I), 64, 82 f., 85−88, 90 f.
Crow (I), 73, 80
Custer-Schlacht, 163, 179 f.

Dakota (I), 6, 64 f., 69, 73, 101, 113, 155 f., 159 ff., 163, 166, 169 f., 177−182, 194, 196 ff., 201 f., 204 ff., 225, 239 f.
Dakota-Territorium, 177, 183 ff., 195 f.
Dawes-Gesetz, 204, 235
Delaware-R., 18 f., 36
Delawaren (I), 36 f., 40 ff., 44, 49, 52, 56, 59, 61, 63, 65
Demokratische Partei, 133 f., 158, 191 f.
Detroit, 49, 56, 65, 162
Deutschamerikaner/Deutsche in Amerika, 87 f., 11 ff., 15, 26−30, 32 ff., 36−39, 43-48, 50, 54, 65, 81 f., 93 ff., 98-103, 106, 132 ff., 147-152, 154 ff., 160 ff., 168, 180, 183 ff., 185, 188 f., 191 f., 209-214, 216, 220, 233 ff.
Deutschamerikanischer Nationalbund, 212
Deutsche Apotheke, 210 f.
Deutscher Tag, 233
Deutsche und Indianer, 9, 11 ff., 25, 33 f., 43, 79 f., 85, 136, 156 f., 159 ff., 205
Deutschland/Deutsche, 6, 7 ff., 11, 16, 20 f., 23, 26 f., 32 f., 64 f., 71, 79, 81, 88, 91, 93 ff., 97, 103 f, 107 ff., 110, 120 ff., 126 f., 132, 135 f., 144, 149, 154, 157, 164, 168, 183 ff., 187, 209, 211, 217, 233 ff., 236 ff., 240 f., 243 f.
Disney-Land, 144
Donner-Reed-Gesellschaft, 137 ff.
„Dreißiger", 104, 183, 215

Ehrenberg, 216, 218
Eisenbahnlinien, 103, 117 ff., 120 ff., 166, 170, 183 ff.
Elsaß, 50, 57, 137, 183, 185
England/Engländer, 11, 12 f., 15 f., 19, 21, 22, 25 f., 32, 35, 38 f., 41 f., 43 ff., 50, 54, 56−59, 64 f., 68, 81−85, 115, 122, 141, 168, 188
Englisch-amerikanischer Krieg, 64 f., 68
Englisch-französische Kriege, 22, 38, 41 ff.
Ephrata, 32
Erster Weltkrieg, 103, 211 f., 229, 233
Eskimos, 242 f.
Ethische Bewegung, 153
Europa/Europäer, 8, 11, 20, 41, 67, 79, 85, 95, 100, 107, 113, 141, 152, 157, 184 f., 210, 212, 216, 220, 234, 236, 242, 244
„Explorer" (Dampfschiff), 128 f.

Fallen Timber, Schlacht, 62 f.
Farmer, s. Bauern, deutscham.
Felsengebirge, s. Rocky Mountains
Fetterman-„Massaker", 167, 169
Flachkopf-Indianer, 122
Florida, 57, 82, 90, 175, 195, 204, 229 ff.

Forschungszüge, 13f., 50f., 67, 70f., 72ff., 76ff., 103, 108, 109–122, 126–130, 144ff., 154f., 213f., 242ff.
Fort Hall, 77, 115
Fort Laramie, 77, 113, 137, 169, 177
Fort Mackenzie, 70, 73f., 76
Fort Ridgely, 159, 162, 164
Fort Sill, 175f., 208, 229
Fort Union, 70, 73ff., 79, 122
Fort Washington, 60ff.
Fort William Henry, 42, 44
Forty-eighters, s. Achtundvierziger
Frankreich/Franzosen, 15f., 19, 21ff., 30, 34ff., 38, 41f., 43ff., 48ff., 82–85, 97, 114, 134, 154, 162, 168, 183, 188, 205, 211
Franziskaner, 87, 213
Französisch-indianischer Krieg, 41–45, 48
Fredonia, 96
Friedrichsburg, 100f., 103, 105f., 174
„Fünf deutsche Jungs", 136
Fünf Zivilisierte Stämme, 85–91
Fundamental Orders, 46

Geistertanzbewegung, 206
Georgia, 28, 32, 37, 82f., 85, 87, 89
Geowissenschaftler, 243
Germantown, 26, 32
Gettysburg, Schlacht, 150f., 170f., 181, 222
Gila-R., 214, 216, 222
Gnadenhütten-Massaker, 59, 63
Goldfunde, 13, 81, 89, 115, 123, 134, 139–144, 146, 215f., 217f., 242
Grand Canyon, 14, 129f.
Großer Salzsee, 109, 114f.
Großes Becken, 109, 126
Große Seen, 45, 49, 67
Gros Ventre (I), 73, 113
Guttenberg, 154

Harvard-Universität, 107, 206, 210
Havasupai (I), 129
Haymarket-Attentat, 210
Herrnhuter (s. auch Mährische Brüder), 31, 42
Hessians/Hessen, 48f., 89, 210
Hidatsa (I), 75
Holland/Holländer, 12, 15–19, 21, 23, 37, 50
Hollywood, 234
Holsteiner, 66
Hopi (I), 130
Hualpai (I), 129
Hudson Bay Company, 68f., 76, 115, 123
Hunkpapa (I), 178

Idaho, 77, 142, 184f., 195
Illinois, 56f., 60, 63, 65, 76f., 94, 133, 137, 141, 150, 154, 189, 210
Impressarios, 95
Indiana, 56, 60, 63ff., 189
Indianer (allg.), 7f., 11ff., 17, 19f., 27, 49, 63, 68, 79f., 85, 110, 116, 120, 123, 125, 127, 131, 135f., 138, 140, 142f., 152, 157, 160, 166, 173, 178, 185, 213, 219, 226, 235f., 237f., 240f., 243
Indianerpolitik, 12, 17, 19, 24, 26, 34, 48, 60, 87, 136, 163, 166ff., 186, 193–204, 235f.
Indianerterritorium, 194, 196, 202
Iowa, 66, 183
Irland/Iren, 13, 21, 82, 91, 137, 156f., 168, 180, 212
Irokesen (I), 5, 12, 17, 19, 22, 25, 30, 35f., 37, 38ff., 41f., 51, 54ff., 163, 239
Italiener, 168

Jamestown, 17, 166
Jesuiten, 212ff.
Juden, deutsche, 97f., 148, 152f., 188, 233

Kalifornien, 13f., 87f., 95, 109, 111, 115, 118f., 120, 124, 127, 134−148, 152, 183, 213, 215f., 222, 227
Kanada/Kanadier, 13, 26, 45, 48, 54, 63ff., 77, 113, 124, 142, 162, 180, 185, 195, 204, 238, 241f., 243f.
Kansas, 63, 142, 152, 169, 173, 185
Karolina-Kolonien, 20, 23ff., 32, 54, 82
Kartographen, deutschamerikanische, 14, 15, 32, 116, 126f., 130, 144, 183
Kentucky, 26, 39, 50−54, 56−58, 61f., 65, 67, 99, 177, 215
Kentucky-Büchse, 39
Kindergarten(bewegung), 91, 133, 148, 188, 212
Kiowa (I), 77, 101, 173−176, 195, 199, 203
Komanchen (I), 101f., 173-176, 220
Kommunismus, 108
Konföderation (s. auch Südstaaten), 149ff., 160, 171, 194, 220
Konquistadoren, 214
Korps topographischer Offiziere, 111−130

Land des Grünen Rohres, s. Kentucky
Lateinbauern, 104f.
Lewis-Clark-Expedition, 67, 71
Liberalismus/Liberale, 81, 108, 132f., 157, 164, 188, 209
Liberalrepublikanische Partei, 191f.
Literatur, deutschamerikanische, 88, 94, 100f., 131, 143f., 148, 211f., 237
Little Bighorn,
  Schlacht, s. Custer-Schlacht
Llano Estacado, 103
Lost Dutchman Mine, 13, 217f.
Louisiana, 243
Louisiana-Territorium, 59, 67, 109
„Louisville Plattform", 133

Mährische Brüder, 32, 36ff., 59f., 72, 85, 103
Männer der Berge, 68f., 70, 76, 109
Maler, deutschamerikanische, 75f., 79f., 108, 122, 126f., 140, 166, 169, 205, 239
Mandan (I), 71, 73, 75, 80
Manhattan, 16f.
Manifest Destiny, 193
Manitoba, 185
Marxisten/Marxismus, 105, 209
Maryland, 19, 26, 39, 53f., 119
Massachusetts, 15, 83
„Mayflower", 15, 46
Mennoniten, 19, 26, 185
Menomini (I), 49, 65, 236
Mescalero (I), 219f., 229
Metlakatla, 238, 243
Metropolitan Opera, 211
Mexiko/Mexikaner, 72, 86f., 95−98, 109ff., 119, 121, 125, 136, 139f., 175, 212f., 214f., 225f., 227f.
Mexiko-Krieg, 97, 100, 110, 117, 136, 139, 215
Miami (I), 49, 56, 60−63, 65
Michigan, 60, 66, 107, 156
Milwaukee, 66, 93f., 158, 181, 241
Mimbreno (I), 215, 228f.
Minnesota, 13, 154−165, 169, 204, 222
Missionsarbeit, 36ff., 40, 59f., 63, 65, 85, 156f., 212ff., 238f.
Mississippi-R., 27, 39, 41, 57, 63, 67ff., 70f., 79, 82, 87f., 101, 111, 155f.
Missouri, 59, 66, 91, 93, 110, 150, 154, 170, 191
Missouri-R., 67, 69f., 71, 76f., 80, 109, 116
Mittelwesten, 13, 45, 49, 57, 59,

62f., 65f., 82, 153, 209
Mohaven (I), 121, 128f.
Mohawk (I), 35, 37f., 54f.
Mohawk-R., 22f., 54f.
Mohikaner (I), 37f.
Montana, 67, 71, 142f., 164, 169, 180, 184f., 239
Mormonen, 115, 127, 129, 142, 231
Munsey (I), 59
Muskingum-R., 50, 59, 63
Musikwesen, deutschamerikanisches, 93, 105f., 132f., 148, 211f., 235

Nacogdoches, 96f.
Nationalsozialismus, 233
Nativisten, 134, 210
Navaho (I), 127, 130, 220, 240
Nebraska, 73, 184f., 197, 202, 227, 233
Neger (s. auch Sklaverei), 27, 91, 98, 140, 193, 220
Neu Amsterdam, 17, 19
Neu Bern, 23ff.
Neu Braunfels, 98, 100, 103, 105f.
Neu England, 15, 20, 30, 32, 34, 137
Neu Frankreich, 45
Neu Harmony, 72
Neu Holland, 16ff.
„Neuländer", 21
Neu Mexiko, 95, 103, 119, 121, 212f., 214, 216, 219ff., 226
Neu Schweden, 18f.
Neu Ulm, 154, 156—165
Neu Ulm, Schlacht, 160f.
Nevada, 108, 146, 148, 184, 222
New Jersey, 27
New Orleans, 27, 66, 70, 72, 78, 96f., 100
New York, 16f., 19, 21f., 30, 32, 34, 37—40, 46, 54, 67, 72, 91, 93, 110, 119, 120, 130, 133, 135, 141, 149, 152f., 168, 177, 181, 183, 189, 206ff., 211f., 235, 239f.
„New Yorker Staatszeitung", 93, 133, 235
Nez Percé (I), 123f., 195
Nisqualli (I), 123, 126
Nord Dakota, 154, 184
Nord Karolina, 23ff., 31, 53, 89, 137
Nordstaaten, 106, 149ff., 152, 190
Nordwest-Territorium, 60
North-West-Company, 68
Nuova Helvetia, 135f.

Österreich/Österreicher, 120, 141, 156f., 168, 209, 218, 234
Oglala (I), 77f., 178, 239
Ohio, 59f., 62f., 100, 125, 150, 171, 179, 189
Ohio-R., 44f., 50ff., 56, 59f., 61ff., 66, 69f., 93
Oklahoma, 87, 90f., 176, 195f., 198, 201f., 236, 240
Omaha (I), 73, 78, 202
Oneida (I), 35, 40, 54f.
Onondaga (I), 35, 37, 54
Oregon, 14, 67f., 112—116, 123f., 135f., 137, 142, 144, 147, 152, 185, 204, 220
„Oregon Fieber", 114f.
Oregon Trail, 77, 109, 114f.
Oriskany, Schlacht, 55
Oto (I), 73, 78
Ottawa (I), 49, 65

Paiute (I), 129
Pawnee (I), 73, 77f., 113, 116
Pazifik, 67, 108, 111, 142, 216, 234
Pazifik-Pelzgesellschaft, 68
Pelzhandel, 18, 63, 67f., 70, 75ff.
Peneteka (I), 102
Pennsylvanien, 13, 23, 25f., 28ff., 32, 33—42, 44—50, 54, 59, 63, 65, 69, 93, 146, 150, 161, 171, 189, 203, 222
Pennsylvanien-Deutsche, 13, 26,

28—31, 33f., 41, 43f., 46f., 51, 57, 66, 94, 148, 211f., 233, 236
Pfalz/Pfälzer, 12, 20—25, 26f., 28, 32f., 34f., 49, 54f., 81, 185, 187
Philadelphia, 26, 33, 36, 43, 47, 49, 72, 93, 132, 188, 212
Pietismus, 30, 40, 46
Pilgerväter, 15, 18, 46
Pima (I), 213f.
Pittsburgh 41, 49f.
Platte-R., 71, 78, 109, 113, 116
Pommern, 18, 199
Ponca (I), 80, 198, 201ff.
Pony Express, 183
Potawatomi (I), 49
Potomac-R., 27
Potomac-Armee, 150, 170
Präriegebiete, 13, 76f., 80, 151ff., 154, 166, 169, 177, 183ff.
Pueblos (I), 213f., 240f.
Puritaner, 12f., 15, 26, 46, 66, 93, 192

Quäker, 19, 25f., 33f., 43, 51
Quahadi (I), 173

Redemptionisten, 28
Red Power Bewegung, 239
Red River, 70, 175
Republikanische Partei, 119, 134, 158, 188f., 191f.
Reservate, 159, 166, 175, 177, 181, 196ff., 199, 202f., 220, 221f., 224f., 229f., 235f., 237, 241
Rhode Island, 19, 46, 48
Rocky Mountains, 68, 71, 74, 77, 109, 112f., 166
Roger's Rangers, 43
Royal Americans, 43ff., 49f.
Rußland/Russen, 70, 87, 157, 168, 185, 241

Sacramento-R., 135, 139, 145

Salzburger, 28, 32
San Carlos Reservat, 222, 224f., 226ff., 230
San Francisco, 117, 127, 135, 140, 145, 147f., 215
Santa Fe, 110f., 135
SantaFe Trail, 77, 109
Santi (I), 12, 159—164, 169, 241
Sauk und Fox (I) 65, 137
Schöner Fluß, s. Ohio-R.
Schoharie-R., 22
Schoschonen (I), 71
Schott-Iren, 11, 27, 29, 32ff., 43, 46, 157
Schwaben, 66
Schwarzfüße (I), 69f., 71, 73ff., 124, 239
Schweden, 15, 18f.
Schweiz(er), 23f., 27f., 43, 66, 77, 117, 134, 136f., 142, 151, 187f.
Seattle, 124, 227
Sechs Nationen, s. Irokesen
Sekten (wesen), 21, 26, 32f., 34, 65, 72
Seminolen (I), 64, 82, 90
Seneka (I), 35, 54
Serie (I), 213
Sezessionskrieg, s. Bürgerkrieg
Shamokin, 36, 40
Shawnee (I), 37, 44, 49, 52f., 56f., 58, 60, 63, 65
Shenandoah-Tal, 20, 27
Siebte Kavallerie, 172, 177, 179, 206
Sierra Nevada, 137, 145f.
Sioux, 35, 72, 167, 196, 202, 238f., 240
Skandinavien/Skandinavier, 132, 157, 168
Sklaverei, 24f., 26, 33, 62, 88, 96, 102, 106, 108, 133f., 149, 188f., 190, 213
Sonora, 213f.
Sozialismus, 108, 157f., 209f.
Spanien/Spanier, 15, 17, 27, 57f., 67, 82, 94f., 143, 162, 176, 189, 206, 212ff.

267

Staatsdienstreform, 191 ff., 207
Steuben-Parade, 235
Steuben-Schurz-Gesellschaft, 235
St. Louis, 58, 66 ff., 71 ff., 77, 79 f., 91, 93 ff., 110 ff., 114, 116 f., 133, 135, 143, 154 f., 183, 191
Süd Dakota, 154, 184, 201, 238, 240
Süd Karolina, 27, 32, 84, 89, 91
Südstaaten, 72, 90, 99, 149 ff., 170, 183, 190, 192
Susquehanna-R., 23, 27 f.

Tennessee, 26, 50, 60, 66, 82 f., 86, 109
Texas, 60, 69, 95–106, 119, 173–176, 183, 211, 215
Texas-Rangers, 174
Theaterwesen, deutschamerikanisches, 93, 105, 133, 148, 164
Tippecanoe, 64
Tiswin, 229
Tlinkit (I), 238
Trapperzeit, 67 f., 69 ff., 75 ff., 79
Tubac, 215 f.
Tucson, 216, 218, 221
Turnen/Turner, 93, 105, 133, 148, 154, 155 ff., 164
Tuskarora (I), 23 ff., 35, 54

Umatilla (I), 123
Unabhängigkeitskrieg, 29 f., 47 f., 54 ff., 59 f., 85, 163, 171

Ungarn, 82, 185
Union (s. auch Nordstaaten), 149 ff., 163, 183, 190, 220
Universitätswesen, 107
Utah, 109, 116, 126 f., 142, 183, 201
Ute (I), 77, 116, 118, 120, 199 ff.,

Vancouver, 115, 125, 135
Vereinswesen, deutschamerikanisches, 93 f., 105, 132 f., 147 f., 235

Vincennes, 56 f.
Vinland, 15
Virginia/Virginier, 15 f., 20, 25 ff., 32 ff., 39, 51–54, 56 f., 60, 89, 136, 183, 203, 211

Walla Walla (I), 123
Wallonen, 16
Wappinger (I), 17
Washington, 25, 109, 130, 146 f., 149, 168, 176, 191, 193–196, 198, 200, 202, 205, 216 f., 225
Washington (Staat), 114, 122, 185, 195
Washita-Massaker, 172 f., 175
Weihnachtsbräuche, 132
Westfalen, 26 f., 32, 66, 138
Westindische Handelsgesellschaft, 17 f.
West Point, 48, 90, 112, 125, 171, 176 f., 182, 239
West Virginia, 50, 53, 58, 61
Whigs, 134
White Mountain Apachen (I), 225
Wickenburg, 218
„Wilder Westen", 7 f., 11, 19, 72 f., 78 f., 104, 110, 143, 152, 183, 185, 212, 217, 226, 235, 244
Winnebago (I), 65, 162
Wiskonsin, 60, 66, 93, 150, 161 f., 184, 188 f., 234
Wounded Knee – Massaker, 16, 166, 206
Württemberg/Württemberger, 28, 65 f., 72, 103, 149, 170, 185, 210
Wyoming, 184

Yakima (I), 123
Yankton (I), 80
„Yellowstone" (Dampfschiff), 70, 73
Yellowstone-R., 70, 80, 179, 181
Yerba Buena, 135
York, 28, 47
Yorkville, 212

Yosemite Nationalpark, 145
Yuma (I), 214, 216
Yuma, 128, 130, 216f.

Zeitungswesen, deutschamerikanisches, 32, 46, 93f., 103, 106, 132f., 147, 157f., 164, 184, 191f., 209, 211, 235
Zweiter Weltkrieg, 176, 234

Inhalt

Geleitwort	7
Vorwort	11
Der große Aufbruch	15
Zwischen den Fronten	32
Der Kampf um den Mittelwesten	46
Immer weiter nach Westen	67
Der „Zug der Tränen"	81
In unberührtes Land	93
Jenseits des Felsengebirges	107
Der „Goldene Staat"	132
Im „Land des himmelfarbenen Wassers"	149
Der Kampf um die „Hohen Ebenen"	166
Ein neuer Weg für die Indianer	183
Der sterbende Widerstand	209
Die letzte Grenze	233
Verzeichnis der ausgewerteten Literatur	245
Personenregister	252
Sach- und Ortsregister (Auswahl)	262